JN299213

まだある 旅客機・空港の謎と不思議

谷川 一巳

東京堂出版

はじめに

航空業界の動きが目まぐるしくなっています。ボーイングとエアバスの旅客機開発競争は熾烈さを増しています。日本も小型機ながら国産ジェット旅客機を開発中です。果たしてこの先、世界の空を制する旅客機メーカーはどこなのでしょう？　今後を占うにはまず現在飛んでいる旅客機のことをよく知る必要があります。本書では旅客機の発達史から最新事情、また旅客機にまつわる素朴な疑問を集めてみました。旅客機の仕組みも紹介しますが、合わせて実際の運用にも迫ります。性能と実際の運用は異なるものですから。

以前に比べて航空会社のイメージもかなり変わりました。ＬＣＣ（格安航空会社）の活躍で空の旅も年々気軽なものになっています。近い将来、日本でも航空旅客の半分がＬＣＣを利用する日が来るでしょう。そんな時代の航空旅行術はどんな点に気を配ればいいのかも考えてみたいものです。今後もＬＣＣは世界で活躍場所を拡大するでしょうが、迎え撃つ大手航空会社は生き残りのためにどのような対抗策があるでしょうか。興味の尽きないところです。

旅客機とともに空港も注目されています。羽田空港が再国際化されましたが、関西空港や中部空港は発着数が増加しておらず、苦しい経営を強いられています。いっぽうでアジア各国では好調な空港が多いようです。その違いはどこにあるのでしょうか。日本では地方空港も赤字経営に苦しんでいます。問題点も探ってみたいと思います。

本書執筆にあたっては、編集をしていただいた株式会社東京堂出版の太田基樹氏に多大なご協力をいただきました。また、いつも校正を頼んでいる妻にも、改めて感謝します。

２０１１年（平成23）11月　　　谷川　一巳

まだある旅客機・空港の謎と不思議●目次●

はじめに……1

第1章　旅客機の謎――7

001 巨人機A380就航で空の旅が変わった……8
シャワー完備の機体もある

002 ANAに就航したB787はこんなにすごい機体……14
窓にシェードなし、トイレも温水洗浄便座！

003 B787の対抗機はエアバスA350XWB……18
対抗機は相手の邪魔をする？

004 日本の空からジャンボが消える!?……22
いっぽうで新しいジャンボも間もなく就航

005 日本製ジェット旅客機が間もなく初飛行……26
RJ機が世界で増えている

006 それでも踏んばるプロペラ機……30
なぜプロペラ機は必要なのか

007 LCCの定番はB737とA320ファミリー……34
なぜこの2機種に人気があるのか

008 人間重視のボーイング、ハイテクのエアバス……38
どちらかが優れているわけではない

コラム① 消えた航空券……42

第2章　旅客機発達の謎――45

009 レシプロ機で30時間かけて太平洋を飛んだ頃……46
現代よりも豪華な機内だった

010 ジェット旅客機第一号は空中分解……50
人類にとって未知だったジェット旅客機

011 ジャンボの成功、コンコルドの失敗……54
棚から牡丹餅だったジャンボの誕生

012 エアバスはA300で巻き返し……58
イースタン航空へは無償リースを行った

013 A320開発でエアバスは世界に普及……62
FBW全面採用でエアバス躍進のきっかけになった機体

014 マクドネル・ダグラスの消滅……66
個性あるスタイルの機体は激減

015 B777人気の秘密……70
双発機の性能向上で3発機は激減した

016 エアバスも実は老舗メーカーが作っている!?……74
コンコルドとエアバスは同一メーカー製
コラム② 消えた機材……78

第3章 機体の謎――81

017 主翼、水平尾翼、垂直尾翼の役目……82
民間機と軍用機の違いはここにある
018 進化しているエンジン……86
同じジェットエンジンでも隔世の感
019 フラップ、エルロン、スポイラーの動き……90
メカニカルな動きは機窓の楽しみ
020 同じ機体でもバリエーションがある理由……96
形式の付け方にルールはない
021 B767がセミワイドボディ機と呼ばれる理由……102
ちょっとした工夫で同サイズのA300はワイドボディ機扱い
022 与圧装置のない機体に乗ってみよう……106
高度5000フィート、ジェット機より地上に近い空の旅
023 同じ機体でも使い方によって定員は倍になる……110
標準座席数、航続距離は目安に過ぎない
024 旅客機の一生はどうなっているのか……114
役割を増している航空機リース業
コラム③ 消えた航空会社（日本編）……118

第4章 旅客機運航の謎――121

025 飛行機の状態が分かる「運航状況」を見よう……122
モニターの数字には謎がいっぱい
026 旅客機の運航に大きく影響する偏西風……126
冬季は給油のための寄港も行う
027 経由便には理由がある……130
空港の標高や滑走路の長さなど理由はさまざま
028 航空機の燃料給油はシビアに行われる……136
離陸にも着陸にも重さの条件がある
029 世界で最も長い距離を飛ぶ定期便は？……140
300席以上の機体にたった100席!?
030 羽田や成田を発着する機体の運用……144
便数を増やしてこまめに飛ぶ
031 旅客機は向かい風で離着陸するのが原則だが……148
実際の運用では例外も多い

032 旅客機にまつわる記号……152
2レターコード、3レターコード、都市コード、空港コード

コラム④ 消えた航空会社（海外編）……156

第5章 航空会社の謎――159

033 産業保護政策に守られた日系航空会社……160
それぞれの役割は国に決められていた

034 日本でLCCはスカイマーク1社のみ……164
エア・ドゥもソラシドエアもLCCとは言えない

035 パンナムはなぜ潰れたのか?……168
アメリカの規制緩和で強くなった会社、破綻した会社

036 航空連合の誕生で主要航空会社は派閥化……172
ノースウエストとKLMからはじまった

037 空のサバイバルレースは世界へ波及……176
全日空は連合参加で成功

038 シンガポール航空の人気には理由がある……180
あらゆる国からの利用者を取り込む

039 航空会社の旅客輸送実績が示すものは?……184
上位はメジャー航空会社ばかりではない

040 日本を発着する国際線で最も便数が多いのは?……188
発展途上国の航空会社やLCCは少ない

コラム⑤ 消えたルート……192

第6章 空港の謎――195

041 日本の空の玄関は成田空港のはずなのだが……196
関西と中部は伸び悩み、羽田は再国際化

042 羽田再国際化でもアジア経由が便利な理由……200
空港と航空会社はセットで考える

043 どうして地方空港がこんなに増えたのか……204
対新幹線に打つ手はあるのか

044 ハブ空港はアメリカの国内線向けに始まった……208
脇役に徹することが大切

045 日本は空港アクセス鉄道先進国だが……212
トータルの所要時間を短くしたい

046 国や地域で温度差がある空港内施設……218
日本の空港はまるでテーマパーク?

047 滑走路は長ければいいのか……222
費用対効果が重要

048 複数の滑走路はどう運用しているのか……230
羽田や成田で検証する
コラム⑥ 消えた空港、消えた国際線……234

第7章 航空運賃の謎――237

049 国内線の割引運賃はこうして生まれた……238
きっかけは意外なことが多かった
050 国際線航空運賃の波乱に満ちた経緯……242
日系航空会社の権益を守るために
051 格安航空券のたどった過程……246
さまざまな抜け道があった
052 ビジネスクラスはなぜ誕生したか……250
エコノミー普通運賃利用者救済のためだった
053 欧米では域内需要の半分はLCCが担う……254
低価格実現へのあくなき努力
054 利用方法によってLCCは大手より高くなる……258
LCC利用時の注意点は？
055 意外と大手系列が多いアジアのLCC……262
エアアジアとジェットスターが日本にも進出
056 マイレージ・プログラムはどんな過程を経たか……266
一時ほどのメリットが感じられないのが残念

付録

日本および日本に乗り入れる航空会社のコード……271
航空年表（空港関連）……279
航空年表（航空会社関連）……285
航空年表（機体関連）……289

本文イラスト＝角 愼作

第1章　旅客機の謎

エアバス最新鋭A380を90機も発注しているエミレーツ航空。（香港空港）

謎001

巨人機A380就航で空の旅が変わった

シャワー完備の機体もある

世界最大の旅客機は現在ジャンボ機（B747）ではなくエアバスA380である。一部2階建てのジャンボ機は最大500席以上に対し、総2階建てのA380は最大800席以上にできる。近年は「小型機材でこまめに飛ぶ」というのが航空界の流れだが、A380は「今後も拠点間は大量輸送が必要」という需要予測の元に開発された。

定期就航は2007年、シンガポール航空のシドニー便が最初、続いてロンドンに就航した。シドニー～シンガポール～ロンドン間は「カンガルールート」（同社だけではなく、アジア経由のオーストラリア～ヨーロッパ間を指す）と呼ばれ、オーストラリアはイギリスが開拓した新大陸で、移民が多く、世界的に需要の高い長距離ルートである。「カンガルー」と呼ばれるのはオーストラリアを象徴する動物であることと、シドニー～ロンドン間などは、長距離のため直行できずアジアを経由するが、それをカンガルーがぴょんと跳ねる動きに例えている。イギリスは現在でも階級社会の名残もあり、出張客以外でもビジネスクラスなどの需要が高い。広いキャビンを持つA380の豪華な優等クラスの魅力が活かされている路線である。

次にシンガポール航空がA380を就航させたのが成田で、2008年から。これが日本発着初のA380路線だった。そして2011年からは成田経由ロサンゼルス行きに運航するようになっ

図１-１　空の旅を大きく変えたA380。(成田空港)

た。旅行会社のパンフレットにも「A380で行く○○」といったものが多くあり、明らかに他の機材の便より高い搭乗率を示した。その後同社のA380は香港、メルボルン、チューリヒ、フランクフルト、パリ、ニューヨークにも運航、A380の便数は世界最大を誇る。

A380を最も多くの都市に就航させるのはエミレーツ航空である。ドバイからニューヨーク、トロント、ロンドン、シドニー経由オークランド便で運航をはじめ、その後ソウル、北京、上海、バンコク、クアラルンプール、ジェッダ、ヨハネスブルク、ローマ、ミュンヘン、パリ、マンチェスターと就航都市を増やした。同社はA380を90機も発注しており、今後も就航都市が増える。路線構成を眺めると、ここでも「カンガルールート」にいち早くA380が運航され、このルートの需要の高さが分かる。従来このルートはヨーロッパ、オセアニア、そしてシンガポール航空などアジアの航空会社が競っていたが、現在は中東の航空会社も攻勢をかけている。ソウル便も高需要路線だったが、B777などで1日2便運航するより、一度に大勢運ぶほうが経済的という理由でA380が投入された。4発エンジンの大型機ゆえに運航経費がかかるが、満席になるような需要があれば、A380は1人あたりを輸送するコストが最も低くなる機材だ。

続いてA380を就航させたオーストラリアのカンタス航空は、シドニーからロサンゼルスとシンガポール経由ロンドン便に運航させた。ロサンゼルスへは7495マイルをノンストップ運航し、A380は、大きいだけでなく航続距離も長いことを実証した。ロンドン発、ロサンゼルス発ともにシドニー着は翌々日着になる長いフライトだ。

4番目にA380を運航したのはエールフランスであった。4番目にしてA380生産国の航空会社に回ってきたことになる。パリからニューヨーク、ワシントン、モントリオール、ヨハネスブルク、そして成田に運航。A380にとって初めてのアフリカ便となった。続いてやはり生産国のルフトハンザもA380の運航を開始した。フランクフルトから成田、北京、シンガポール、ヨハネスブルク、ニューヨーク、マイアミ、サンフランシスコに運航する。2011年には大韓航空にもA380が納入され、成田、香港、パリ、ニューヨーク、ロサンゼルスへ運航する。A380が6社運航している時点で、成田空港にはそのうちの4社が乗り入れており、成田は世界で最もA380が多く乗り入れる空港である。

広いキャビンゆえに機内の座席配置も各社でかなり異なる。エアバス側の標準プランでは、3クラス525席（当初555席だったが、航続距離を長くして座席数を少なくした）だが、実際には最も定員の多いエールフランスで538席、最もゆったり配置の大韓航空では407席と、標準座席配

図１−２　A380のアッパーデッキは2階席とは思えない広い空間だ。（シンガポール航空機内）

置より１００席以上少ない。

また標準プランではエコノミークラスはメインデッキとアッパーデッキに分散している。どうしてもエンジン後方は騒音が大きく、後部座席は優等クラスには不向きであるが、意外にも標準プランに沿った座席配置を採用するのはシンガポール航空とエールフランスの2社のみである。アッパーデッキを優等クラスだけにする配置が多く、それだけエンジンが静粛性に優れているということであろう。大きい機体であるが騒音は小さい。

広いキャビンは設備にも変化をもたらしている。一時期減っていたファーストクラスが、より豪華になって存在感が増し、ビジネスクラスも充分なスペースをとれるため、各社とも設備の充実度で競合が激しくなっている。加えて世界的に航空運賃自由化の流れにあり、各社とも優等クラス利用者獲得が活発なのである。フルフラットシートなどは当たり前で、各社とも個室感覚の座席の開発

表1　A380の座席配置。

	アッパーデッキ				メインデッキ		合計席数
	ファースト	ビジネス	プレミアムエコノミー	エコノミー	ファースト	エコノミー	
大韓航空		94			12	301	407
シンガポール航空(タイプ1)		60		88	12	311	471
シンガポール航空(タイプ2)		86			12	311	409
カンタス航空		72	32		14	332	450
エミレーツ航空(タイプ1)	14	76				427	517
エミレーツ航空(タイプ2)	14	76				399	489
ルフトハンザ	8	98				420	526
エールフランス		80		106	9	343	538

などに力を入れている。シンガポール航空のスイート（Ａ３８０のファーストクラスに相当）ではダブルベッドになる座席を備えているほか、エミレーツ航空では優等クラスの乗客用にシャワールームを備えている。これは政府専用機などを除くと世界で初めてのサービスである。

今後は中国南方航空、タイ国際航空などに順次納入されるが、Ａ３８０を発注している航空会社が多いのは圧倒的にオイルマネーで潤う中東地域と、需要が旺盛なアジア地域である。いっぽう日本ではスカイマークが国際線で運航する計画を立てているが、日系大手からの発注がなく、日本の国内線で使われる可能性は低くなった。以前は日本国内専用のジャンボ機が開発されるほど日本国内は大型機の需要が高く、エアバスも「日本からはまとまった受注がある」と考えていたに違いない。しかし現実は「小型機でこまめに飛ぶ」というスタイルに変わっているのである。

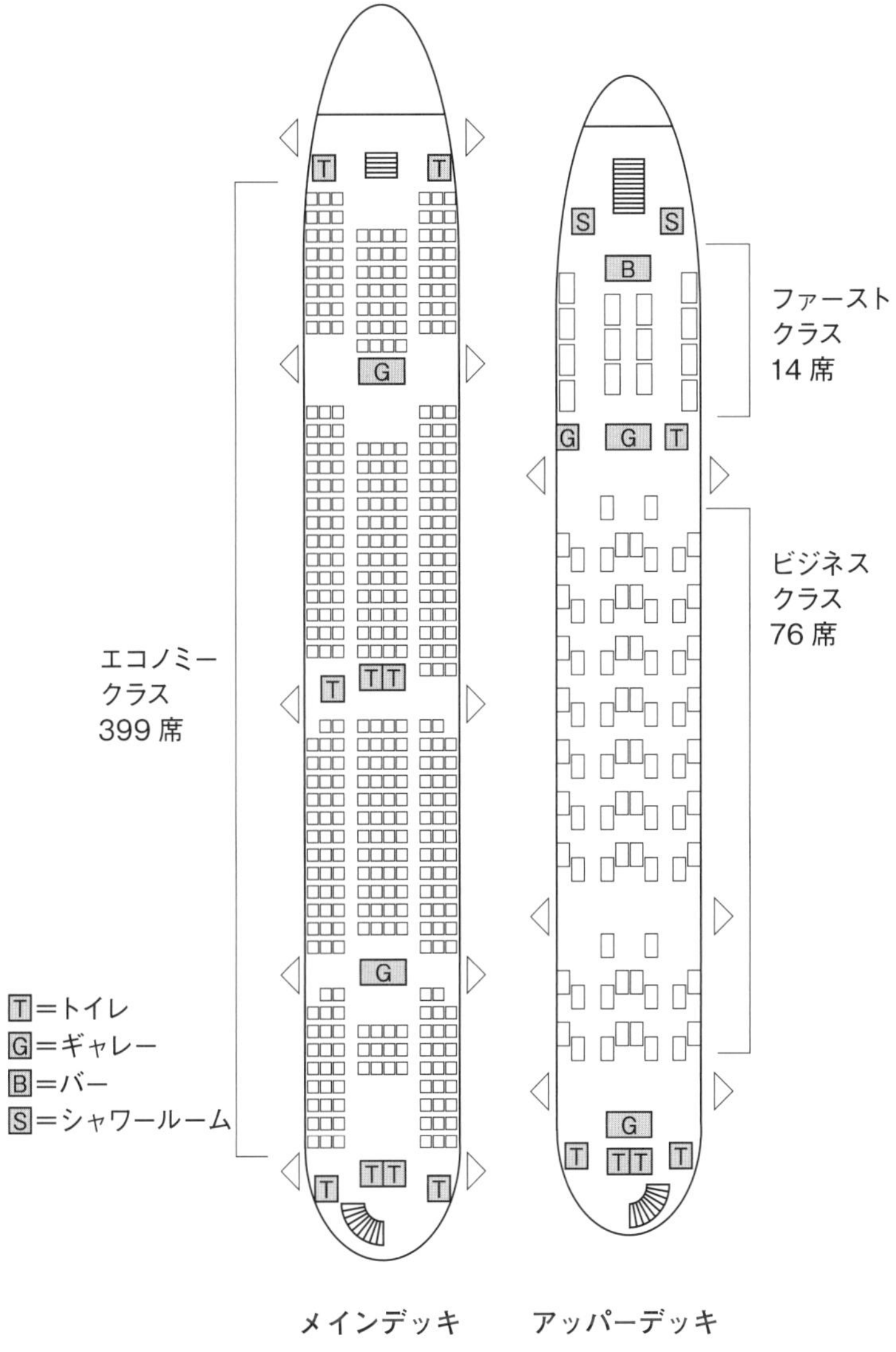

図1-3　A380の機内座席配置例（エミレーツ航空の場合）。

謎002

ANAに就航したB787はこんなにすごい機体

窓にシェードなし、トイレも温水洗浄便座！

　2011年11月、ANAに待望のボーイングB787が国内線に就航する。ANAが世界に先駆けて発注したボーイングの最新鋭機で、2009年に初飛行、ANAが世界で最初にB787を運航する航空会社になった。しかし本来ならB787は2008年にはANAに就航するはずだった。遅れに遅れてやっと就航に漕ぎ着けたのである。

　このB787はどんな旅客機なのであろう。標準座席定員が224席（3クラスの場合）なので、それほど大きな機体ではない。中型のワイドボディ機で、エコノミークラスの横配置は2－4－2席の8列である。一見して地味なありふれた機体に思える。しかし長距離性能も有していて成田～ニューヨーク間などを楽にノンストップで飛ぶことができる。

　最大の特徴は経済性にある。軽い機体に低燃費の強力なエンジンを装備した機体だ。軽さの秘密は全面的に複合材（炭素繊維素材）が使われていること。簡単にいえば従来の旅客機が金属製とすれば、B787はプラスチック製ということだ。従来の機体でも「複合材を多用して軽量化を図った」といわれたが、B787はエンジンや着陸装置など以外は全面的に複合材が使われ、機体の重量比では50％になる。従来はB747が1％、B767が3％、B777が10％強なので、いかにB787では大幅に複合材が使われたかが分かる。

そしてその軽くて強い複合材を下支えしているのが日本の技術である。複合材を提供しているのは、多くが日本企業なのだ。B787はボーイング、つまりアメリカ製の旅客機であるが、イギリス、イタリアなど多くの国の企業が製造に携わっており、日本でも三菱重工業や富士重工業などが関わっていて、アメリカ企業の分担割合が35％なのに対し、日本企業の分担割合も35％を占めている。主翼や胴体の一部も日本製で、B787は準日本製旅客機といってもいいかもしれない。

近年の航空旅客にとって「燃油サーチャージ」が悩みの種であるが、航空会社も燃料費用の増大は最大の関心事である。そのため世界の航空会社はB787の就航を待ち望んでいて、1号機も就航していない時点で800機以上の受注を得ていた。燃費のいいB787を導入して収益の改善を図ろうというもくろみの航空会社が世界にはたくさんある。

複合材を使うことで乗り心地も変わりそうである。それは従来の機体に比べて窓が大きくなり、眺望は格段に良くなる。従来の機体では窓側以外に座ると眺望はほとんど期待できないが、それがかなり改善される。通常、旅客機の機体は骨組みがあって、そこに合金を張り合わせたような構造で、骨組みの部分に窓を設けることはできず、窓は小さかった。しかしB787には骨組みに相当する部分がない。また複合材の強さからも、大きな窓が可能になった。窓にシェード（日よけ）がないというのも新鮮で、電子カーテンを使用し、乗客は光の透過量を調節できるようになっている。

B787は2004年にANAが50機という大量発注をしたことで開発がスタートした。ANAはローンチカスタマー（最初に発注し、その発注によって開発がスタートした場合、その発注者をローンチカスタマーという）なので、開発にも携わることになったが、同社の提案でB787は旅客機のトイレとしては初めて温水洗浄便座がオプションで取り付けられるようになった。

いっぽうでB787は開発スケジュールが何度も遅延している。中には開発遅延を理由に発注を取り消した航空会社もあるほどだ。そして開発が遅れた理由のひとつに、やはり国際共同開発であるという点があった。各国で別個に製造された部分や部品をアメリカでひとつにまとめるので、1カ所不具合があるとフィードバックに時間を要する。これからも大きな旅客機開発は1国でできるとは思えず、今後の課題である。

どのような背景でB787は開発されたのであろうか。B787はまだ商用運航が行われていない時点で、世界の航空会社から800機以上の受注を受けていたのはなぜなのだろう。

古くはボーイングのジャンボ機B747が米軍輸送機の不採用案から始まってベストセラーになっているが、いつの時代も誕生の経緯と実際のセールスは合致しないことが多い。旅客機の開発は計画から初飛行、そして路線就航までには長い月日がかかるため、その間にその機体を取り巻く環境も変わる。

エアバスの巨人機A380に対抗するためボーイングはB747の改良案747X、そして亜音速機ソニッククルーザーなどを計画するものの、航空会社の関心を引くに至らず、暗中模索の末、最終的に具体化したのがB787であった。747Xは従来のB747に少し改良を加えたもの、ソニッククルーザーはスピードが少し速くなるものの、経済性に優れているとはいいがたく、航空会社の関心を引くことができなかった。

エアバスは「拠点空港間は大型機が必要」としてハブ&スポーク路線が続き、大型機の需要はあるとしていたが、ボーイングは「空港整備が進み、小ぶりな機体でポイント・トゥ・ポイント」の時代が来ると予測し、大型機より中型機の需要が高まると判断した。そしてB787はANAの50機という大量発注でローンチした。確かにANAにしてみれば、日本は成田空港B滑走路の2500メートル化や羽田空港D滑走路稼働などを控えていたので、ボーイングの予測と合致していた。

しかし「中型である」ということより、燃費の良さが注目された。2001年のアメリカ同時多発テロ以降、航空会社の経営が悪化、加えて燃料高騰がこの機体の受注に追い風となった。ボーイングは「小ぶりな機体でポイント・トゥ・ポイント」を提唱していたが、今となればそれはどうでもよかったようにも思われる。

B787の標準座席配置は横8列であることは前述したが、通路を若干狭くすれば9列配置が可能で、実際にも9列配置にする航空会社が多いという。どこの航空会社も経営が厳しく定員を多くしたいのだ。航空会社にとって待ち望まれる機体なのである。

図2　ANAがキックオフカスタマーとなったB787。(羽田空港)

謎003 B787の対抗機はエアバスA350XWB

対抗機は相手の邪魔をする？

世界の旅客機開発競争はどうなっているだろう。現在、およそ100席以上の旅客機を開発しているのはボーイングとエアバスの2社と考えていい。ロシアや、近年は中国でも旅客機開発が進められているが、世界全体から見るとボーイングとエアバスの2社がほとんどのシェアを占めている。シェア比率でいえばほぼ両社の割合は拮抗《きっこう》している。そして2大メーカーとなると競争も熾烈である。

ボーイングにはB737というベストセラー機があり、対抗するエアバス機にはA320ファミリーがあり、やはりベストセラー機だ。ボーイングのB767やB777に対抗する機種にはエアバスのA330やA340がある。ではエアバスのA380に対抗するボーイング機材はというと対抗機がない。A380ほどの大きい機体となると、導入できる航空会社は限られており、大量に売れるものではない。そのためボーイングではA380に対抗する機体は開発していない。事実A380の確定発注数は236機（2011年8月現在）に過ぎない。

しかし就航前に800機以上の受注を得ていたB787の対抗機を、エアバスが開発しないというわけにはいかない。このサイズの機体は需要が多く、もしB787の対抗機をエアバスが開発しなかったら、B787サイズの需要はすべてボーイングに持っていかれることになってしまうから

図３　B787に対抗するエアバス機材はA350XWB。（写真提供：エアバス）

だ。表現はよくないかもしれないが、対抗機種とは相手の邪魔をするように開発しなければならない。

思えばヨーロッパのエアバスが旅客機産業に参入したとき、アメリカ製旅客機が世界の旅客機需要をほぼ独占していた。そのためエアバスはアメリカ製にはないサイズを特徴とする旅客機としてＡ３００を世に送り出したが、世界の２大メーカーとなった現在では、そのような控えめな開発はできない。積極的な「攻め」の姿勢で対抗機を開発しなければ、１社の独占になってしまう。このようにライバル機があることで、そこから生まれる競争によって技術レベルは向上していく。

このような背景のもとにエアバスが開発中なのがＡ３５０（Ａ３５０ＸＷＢ）である。ボーイングのＢ７８７はＡ３８０の対抗機種開発を模索した結果、Ｂ７８７に落ち着いたが、Ａ３５０誕生の経緯はずばりＢ７８７の対抗機種開発である。

エアバスにしてみればA330やA340があり、これらの機種と用途的に重なる機体など開発したいという気持ちはなかったであろう。それよりも当時、開発が遅れていたA380のことで頭がいっぱいだったはずである。「開発したい」ではなく「開発しなければ」でスタートしたのがA350で、開発ありきでスタートしているので、B787でいうANAのようなローンチカスタマーがはっきりしないのも特徴である。A350は、開発に迫られてスタートした機体なのだ。

当初のA350はA330を改良する程度の機体として計画されたが、航空会社からの評判が悪かった。小手先だけの対応で、胴体もA330の「流用」だった。そこでA350XWB（eXtra Wide Body）として、全く新しい機体を1から開発することになった。エアバスではそれまで2階建てのA380を除いてワイドボディの胴体直径は統一されていたが、A350XWBではその名の通り胴体直径は太くなり、横3－3－3配置の9列となったほか、格安航空会社用には3－4－3の10列配置も可能な大きさとなった。基本型の座席定員は270席（3クラス）で、B787の定員を46席上回る。B787がワイドボディ機では小柄なのに対し、A350XWBは大柄なワイドボディ機といった印象になるだろう。

A350はB787の対抗機として開発が始まったものの、B787にはない特色を出すために胴体を太くした結果、B787より大型の機材となった。経済性でB787に対抗できると同時に、大きさではB777にも対抗できる大きさである。

A350XWBはエアバスのお家芸ともいえる、従来機材との操縦性の統一などをアピールしながら、複合材を多用した燃費のいい経済性に優れた機体であることをセールスポイントに販売しているのである。ただ日本ではA350XWBを発注している航空会社がなく（日本ではそもそもエアバスを運航する航空会社が少ない）、知名度は低いが、まだ実機がないにもかかわらず、２０１１年８月現在５６７機もの確定受注を得ている。Ｂ７８７とＡ３５０ＸＷＢはボーイングとエアバス、世界の２大旅客機メーカーの次期主力双発ワイドボディ機だが、２機種合計すると１４００機近くの確定受注を得ていることになり、世界がいかに低燃費の機体を欲しているかがうかがえる。

またＢ７８７はＢ７８７－８という長距離型が基本型で、ほかにＢ７８７－３という中距離型と、基本型の胴体を延長したタイプを開発予定だが、Ａ３５０ＸＷＢは派生型が予定されているものの、その内容が少し異なる。Ａ３５０ＸＷＢはすべて長距離タイプで中距離型の開発予定がない。Ｂ７８７が国内線などから長距離国際線までをカバーする機材なのに対し、Ａ３５０ＸＷＢは長距離専用機材ということになる（「大は小を兼ねる」的に短距離便にも利用できることはいうまでもないが）。エアバスではＡ３５０は長距離用機材と位置付け、短・中距離用には従来通りＡ３３０と棲み分けをするのであろう。

いっぽうＢ７８７には中距離用のＢ７８７－３も用意されていて、Ｂ７８７－８の航続距離が８５００ノーティカルマイル（Nautical Mile）なのに対しＢ７８７－３は３５００ノーティカルマイルと短く、代わりに座席定員が２９６席（２クラス）と多くなっている。このＢ７８７－３はＡＮＡとＪＡＬのみが発注し、いわば日本の国内線専用機材となるはずだったが、開発の遅れからＡＮＡもＪＡＬも発注を基本型のＢ７８７－８に切り替えている。世界的にも国内線など短距離便にはさらに小さいサイズのＢ７３７やＡ３２０といった機体が多用されるようになっており、Ｂ７８７開発段階よりさらに世界の航空業界は、短距離では小型機を頻繁に飛ばすという運航スタイルが進んでいるのだ。

謎004 日本の空からジャンボが消える!?

いっぽうで新しいジャンボも間もなく就航

2011年2月、JALの国内線からジャンボジェット機ことB747が姿を消した。3月には国際線からもB747が、ホノルル便を最後に運航を終了している。ANAでも3月で国際線のB747は運航を終了しているが、同社では2010年10月から時刻表上は国際線のB747は姿を消していた。貨物便を除くと、残る日系航空会社のジャンボ機はANAの国内線（主に羽田～沖縄間）を残すのみとなった。しかし残るANAの国内線ジャンボ機も早晩引退するものと思われる。「ジャンボ機」の愛称で親しまれたB747だが、急速に姿を消してしまった。

ジャンボジェット機ことB747といえば世界を代表する大型ジェット旅客機で、大型ジェットの代名詞的な存在であった。空港でも「ジャンボ」はいつも人気者、「ジャンボ」で旅行をするというとワクワクしたものだし、他の機材に乗ってからジャンボに乗ると「やっぱりジャンボはゆったりしている」と感じたものである。

実は2000年代に入り、旅客用のジャンボは世界的に減少傾向だった。これはA380の開発が進んでいたとかが理由ではない。同じボーイングのB777など、双発機の性能が向上、ジャンボ機のような4発機でなくても大勢の旅客を運べるようになり、また双発機でも太平洋横断などの長距離洋上飛行が可能になったことが影響している。B777などよりジャンボ機のほうが定員は多いが、1人当たりを輸送する燃費ではジャンボ機は低燃費とはいいがたくなっていた。

そのため世界の主要航空会社ではジャンボ機の引退を進め、双発機への切り替えを行っていた。日本でもジャンボ機からB777への切り替えは行っていたが、世界のそれからするとスピードは緩やかで、2000年代前半は「日本ではそれでもジャンボ機が主役」であった。しかし2010年に入って、日本のジャンボ機は急速にその数を減らした。JALは経営破綻から、路線そのものが大幅に減少したが、燃費の悪いジャンボ機は真っ先に廃止の対象となった。というより、JALは前述のように双発機など、低燃費の機体への切り替えが進まなかったことも、経営を悪化させた主要因とされている。ジャンボ機は4発ゆえに騒音も大きかった。2006年からは騒音の問題で伊丹空港に4発機の離発着が禁止されていて、ジャンボ機は発着できなくなった。

思えばかつての日本航空は世界最大のジャンボ機カスタマーであり、100機以上のジャンボが国内外に飛んでいた。世界のジャンボ機の1割はこの小さな国土の日本にあるといわれたものである。初期のジャンボ機にはB747SR（Short Range）という短距離型のバージョンが、B747-400でもB747-400D（D＝Domestic）というバージョンがあり、これら機材は当時の日本航空と全日空のみが日本の国内線専用に購入した。世界ではジャンボ機といえば長距離国際線用だったので、機内食提供の設備すらなかった日本の国内線専用ジャンボ機は、特殊な存在だった。日本の国内だけで、B747の派生型を複数開発させてしまうほどの需要があったのだ。それほどに日本ではこのジャンボ機との関わりが深く、多用されていた。それが間もなく、残るANAの国内線用ジャンボも引退となると、日系航空会社のジャンボ機は貨物専用機のみとなってしまうのである。

しかしアジアの航空会社などは、ジャンボ機を減らすのも早かったが、かといって完全に引退しているわけではない。大韓航空、アシアナ航空、キャセイパシフィック航空、タイ国際航空など、現在でもジャンボ機で日本へ乗り入れる航空会社は多い。それでは日本ではなぜ急激にジャンボ機が少なくなったのか。前述の理由のほかに、空港の問題もあった。日本は空港設備の整備が遅れていたため、発着量を抑える必要があり、一度に大勢運べる機材が必要だった。しかし羽田空港や成田空港の滑走路整備が進み、便数を増やすことができるようになったことも、ジャンボ機の退役につながった。そして発展するアジア経済と比較すると、日本は停滞期に入っており、航空需要が伸び悩んでいることもひとつの理由であろう。

それでは、このままジャンボ機はいずれ消えてしまうのか、というと、いっぽうで新しいジャンボ機も誕生している。当初A380の対抗機として計画された747Xは、航空会社の関心を引くことができずに延期になっていたが、B787開発で培われた技術を応用することで、B747－8という新しいジャンボ機の派生型として復活している。B747－8はB747－400の後継機になる。2010年には初飛行も終えている。

旅客型のB747－8IC（Inter Continental）と貨物型のB747－8F（Freighter）があり、貨物型の受注が主となっていて、旅客型の受注はルフトハンザ、大韓航空、中国国際航空の3社からのみにとどまっている。現在B747－400を最も多く運航しているのはブリティッシュ・エアウェイズだが、同社はA380を発注した。その理由のひとつに、B747－8のエンジンがアメリカのGE（General Electric）製のものに限られる、ということがある。B747が誕生した頃、

図4　最後の活躍をするANA国内線のジャンボ機B747-400D。（那覇空港）

エンジンは3社のものから選択でき、その中にはイギリスのロールスロイスが含まれていて、オーストラリアやニュージーランドなどイギリス系の国ではロールスロイス製が選ばれていたのだ。ともあれ、ジャンボ機は新しいジャンボになって生まれ変わっている。進化したジャンボ機が飛ぶ日も近い。

　B747－8の外観の特徴としては、機体が長くなったこと、主翼先端の形状、エンジン形状などが挙げられる。B747－400の主翼先端には折れ曲がった形状のウィングレットを装備していたが、代わりに主翼先端に後退角《こうたいかく》を付けた「レイクドウィングレット」（主翼先端がカーブした形状）というものに改められている。エンジンにはエンジンナセル（外装）後方にギザギザがあり、これによりエンジン排気とバイパスした空気の流れがスムーズになり、騒音を軽減している。これらはB787でも採用されたアイデアである。

謎005

日本製ジェット旅客機が間もなく初飛行

RJ機が世界で増えている

日本の空からジャンボ機が次々に姿を消しているが、ジャンボ機だけでなく、総じて小さめの機体が多くなった。B777やB767などの通路が2列あるワイドボディ機からB737やA320などの通路が1列のナローボディ機に、さらにボーイングでもエアバスでもないRJ（Regional Jet）機なる機体の占める割合が増えた。

ここで機体サイズのおさらいをしよう。世界の二大航空機メーカーであるボーイングとエアバスは、申し合わせたように100席以上の機体しか開発していない。RJ機は100席以下の機体が多く、カナダのボンバルディアとブラジルのエンブラエルが世界の二大メーカーになっている。従来「小型のジェット機」というと、100席台の定員の機体を指していたが（RJ機が普及するまでは100席以下のジェット機はほとんどなかった）、近年では100席以下の機体も含めて小型機と呼ばれている。あるいは小型機よりさらに小さな機体ということでRJ機と表現されることも多い。

RJ機の歴史は浅く、普及したのは20年くらい前から、それまで100席以下の機体はプロペラ機が主流だった。ジェット機は価格、運航経費ともに高額で、50席程の定員では経済面で成りたたなかった。しかしカナダのカナディア（後にボンバルディアと統合）が、主にプライベート機や社用機として開発したチャレンジャーを民間機に転用する形でCRJ（Canadia Regional Jet）を開発した。1991年に初飛行、定員50席、後に普及し、少量輸送のジェット化が実現した。日本で最も多く運航しているプロペラ機（ボンバルディアDHC－8－400）の定員が74席なので、50席のジェット機というのはかなり小ぶりである。

日本国内でいえば、大阪～松山間はジェット機でもプロペラ機でも所要時間はほぼ同じである。巡航速度はジェット機のほうが速いが、巡航高度も高いので、その高度に達するまでに時間を要してしまうからだ。しかし大阪～秋田間など距離が長くなれば、ジェット機とプロペラ機の所要時間差は大きい。需要の少ない路線はプロペラ機で飛んでいたが、RJ機の普及で距離の長いローカル線のスピードアップが図られた。日本では当初、主に地方都市間を飛んでいたが、現在は機体サイズの適正化などから、羽田～南紀白浜間など羽田発着便でも飛ぶようになった。名古屋～福岡間など、少し以前はワイドボディ機しか飛んでいなかったような区間にも進出している。地方空港の滑走路が整備されたこともRJ機普及が進んだ理由で、滑走路が短く、プロペラ機しか就航できない空港は、離島などに限られるようになった。

海外に目を移せば、アメリカでは大手傘下のコミューター航空会社が何百機という単位でRJ機を運航し、ヨーロッパ内では、RJ機は国際線にも多く使われている。旅客機は、国際線などに使われる花形機材が注目を浴びるが、たとえばアメリカの最大手航空会社のアメリカン航空を例にすると、国内線にB737などの小型機を100機以上運航していて、国内線主力機といえるが、RJ機はさらに多く200機以上を運航する。アメリカン航空の本拠地ダラスはテキサス州にあるが、テキサス州だけでも日本の国土より広い。そして州内路線の多くはこのRJ機で運航している。それほどにRJ機の需要は高い。

また１００席以下の機体では、航空運賃の割引が難しく、流行りのＬＣＣには向かない機体だが、アメリカのＬＣＣ大手ジェットブルーエアラインズでは、まとまった数のＲＪ機を運航していて、新型エンジンの開発で経済性も日進月歩で改善されつつある。そのようなことから、ここ数年でＲＪ機の活躍場所は飛躍的に増えている。

日本ではカナダ製ボンバルディア機を、ＪＡＬが伊丹空港を拠点に、ＡＮＡ系列のＩＢＥＸエアラインズが仙台空港を拠点に運航。またブラジル製エンブラエル機を、ＪＡＬが伊丹空港を拠点に、フジドリームエアラインズが静岡空港を拠点に運航している。

ＲＪ機はじわじわとボーイングやエアバスの領域にもシェアを拡大中で、ボンバルディアでは１００〜１４５席のＣシリーズを開発中で、アジアでもすでに大韓航空が発注している。このようにＲＪ機は需要を伸ばしていて、ボーイング、エアバスの最小機体であるＢ７３７−６００とＡ３１８は、ＲＪ機と用途が重なるため売れ行きが芳しくないほどである。

ＲＪ機のシェアはボンバルディアとエンブラエルが二分していて、さながらボーイングとエアバスのようなライバル同士だが、ＲＪ機は大型機と違い、世界で必要としている機数が多く、中国、ロシア、そして日本までが開発に乗り出している。中国やロシアで開発が進んでいる理由としては、ともに国土が広く、必要としている機数が多く、国際線など看板機材はボーイングやエアバス製を購入しても、ローカル線用機材くらいは国産でまかなえるという事情がある。中国、ロシアとも国産旅客機開発の経験があり、技術やノウハウは持っている。小ぶりな機体なので、Ａ３８０やジャンボ機のような脚光を浴びることはないが、航空業界では動向が注目されている機体である。

日本ではＹＳ−11プロペラ機以来の国産旅客機

の開発となるが、これが巷で話題の三菱航空機のMRJ（Mitsubishi Regional Jet）である。2008年にANAが25機発注したことでローンチしていて（仮発注を含む）、2012年初飛行、2014年就航を予定、三菱重工、トヨタ自動車、三菱商事、住友商事、三井物産他数社が出資するオールジャパン体制の事業である。しかしYS－11のときは日本航空機製造という特殊法人を立ち上げ、そこに三菱重工、川崎重工、富士重工など全6社が参加していたが、今回は三菱重工の子会社の三菱航空機がイニシアチブをとって開発する。78席のMRJ－70と92席のMRJ－90が開発中で、アメリカなど海外にも売り込んでいて、すでにユナイテッドエクスプレスを運航するトランスステイツ航空から100機（仮発注を含む）もの受注を受けている。同社は現在ブラジル製エンブラエル機を運航しているが、将来の機体に日本製を選んだというのは注目されることである。

図5　YS-11以来の国産旅客機となるMRJ。（写真提供：三菱航空機）

謎006

それでも踏んばるプロペラ機

なぜプロペラ機は必要なのか

前項で紹介したようにRJ機が世界的に普及したため、50~100席程度の「少量輸送でもジェット」という流れになってきた。すると「もはやプロペラ機は不要?」とも思われる。2006年には国産旅客機だったYS-11が日本の民間航空から引退しているが、それもその流れだったのだろうか。実際プロペラ機の需要は減っていて、多くの航空機メーカーがプロペラ機生産から撤退している。しかしプロペラ機が不要になったわけではない。そこにはどんな事情があるのだろう。

まずYS-11引退の直接の理由は、2007年から日本を飛ぶ30席以上の民間旅客機に対して、衝突防止装置の装備が義務付けられたことだ。YS-11には装備されていなかった。YS-11の定員は64席、装備することも可能だったが、すでに機体が古く、多額の費用をかけての装備は不経済ということから2006年中の引退になった。

それではRJ機の普及によってジェット機の守備範囲が広くなった現在、プロペラ機のメリットとは何か。大きく分けると低騒音であること、短い滑走路で離着陸できること、そして短距離の場合はジェット機に比べて所要時間で遜色はなく、燃費がいいことなどが挙げられる。

プロペラ機のほうが同じサイズのジェット機に対して30%ほど燃費がいいといわれる。しかし低燃費の新型エンジン開発でジェット機の経済性が有利といわれた時期もあるが、いっぽう燃料高騰でプロペラ機が再認識されてもいる。実際海外では、域内のみを運航する航空会社が、それまで運航していたボーイングやエアバス機をやめ、低燃費のＲＪ機のみを運航する例があったし、それまで運航していたジェット便をやめてプロペラ機に切り替えた例もある。騒音に関しても同じサイズの機体であればジェット機よりプロペラ機のほうが騒音は小さいが、やはり技術の進歩は日進月歩で、一昔以前のプロペラ機と新型ジェット機を比べると、ジェット機のほうが静かなこともある。

国内路線の実態はどうだろう。まずプロペラ便は離島路線に多い。たとえば鹿児島県の喜界島、沖永良部島、与論島などの空港は滑走路が１５００メートルに満たない。日本でジェット便が発着する空港で最も滑走路が短いのは石垣島の１５００メートルだが、ジェット便が離陸するからにはある程度長距離便が飛ぶことが前提であり、実際にはジェット便を飛ばすのであれば２０００メートルくらいは欲しいところだ。ところが離島の空港では、地形などの制約から滑走路を長くすることができないのが現状だ。そのため離島便の多くはプロペラ機で運航している。

次にジェット便が多く発着する空港同士を結ぶ便でもプロペラ便は多い。たとえば福岡〜鹿児島間、福岡〜宮崎間、福岡〜松山間、伊丹〜出雲間、伊丹〜松山間、伊丹〜高知間などである。これらの路線に共通しているのは距離が２００マイル以下の短距離路線だということ。ＪＡＬが運航する伊丹〜出雲間、福岡と鹿児島、宮崎、松山の間は全便がプロペラ便である。ＡＮＡが運航する伊丹と松山、高知の間もほとんどがプロペラ便である。ＡＮＡの伊丹〜松山間ではジェット便も運航するが、所要時間を比べるとジェット便50分に対し、プロペラ便50〜60分である。ジェット便の巡航速度が時速８００〜９００キロに対し、プロペラ便では時速600～700キロ。しかしジェット便の飛行高度がおよそ2万フィート以上なのに対し、プロペラ便は8000～1万6000フィートと低い高度を運航するので、距離が短い場合は所要時間差がほとんどない。そのためこれらの区間ではあえてジェット化する必要がない。いっぽう、仙台～新千歳間のANA便にはやはりジェット便とプロペラ便が混在するが、この間は335マイルあるため、ジェット便で1時間10分に対し、プロペラ便は1時間30分と所要時間差は大きくなる。このように比較的距離の長い路線にプロペラ機が使われる場合もあるが、それは運用の都合である。前述の離島路線でも、奄美大島は2000メートルの滑走路を持つが、鹿児島～奄美大島間も全便がプロペラ便である。ジェットかプロペラかという問題とともに、機材を統一して、メンテナンスなどを合理化することも重要だ。

ちなみに日本発着の国際線にもプロペラ便が1

図6　日本発着国際線唯一のプロペラ便はサハリン航空のユジノサハリンスク便。（新千歳空港）

路線だけある。サハリン航空の新千歳〜ユジノサハリンスク間で２７９マイルある。およそ３００マイル以下ならプロペラ便でも充分ということになる。ＪＡＬはＲＪ機導入により伊丹〜新潟間をジェット化したが、この間は３１４マイルある。

そんなプロペラ機だが、以前は50席以上のプロペラ機を生産しているメーカーとして、カナダのボンバルディア、フランスとイタリア共同のＡＴＲ、イギリスのＢＡＥシステムズ、スウェーデンのサーブ、オランダのフォッカーが競い合っていた。しかしＲＪ機の普及と、アメリカ同時多発テロの影響を受けて、現在ではボンバルディアとＡＴＲの２社が生産するにとどまっている。

日本でもＪＡＬ系列、ＡＮＡ系列ともにＹＳ－11の後継機としてカナダのボンバルディアＤＨＣ－８を運航している。ＪＡＬ系列の日本エアコミューターや北海道エアシステムではスウェーデンのサーブ製プロペラ機も運航しているが、すでにサーブは旅客機の生産を行っていない。ＹＳ－11の後継機はカナダのボンバルディアが選ばれたというよりは、50席以上のプロペラ機自体に、選択の幅が少なくなっていたという状況がある。かつて名古屋の小牧空港を拠点に中日本エアラインサービスという会社がオランダのフォッカー製プロペラ機を運航し、後にＡＮＡ系列のエアーセントラル（現在は他社と合併しＡＮＡ　ス）となってからもＡＮＡ便として活躍したが、後継機はボンバルディア機になった。

大型ジェット旅客機を生産していたのは世界でも数社に限られていたが、プロペラ機ならスウェーデン、オランダ、イギリス、ドイツなど多くの国で生産していた。日本でもＹＳ－11を誕生させた。しかし現在はこれらの国はプロペラ機開発から撤退した。その需要の多くはプロペラ機からＲＪ機へと移行したともいえ、ＲＪ機を開発する国が増えた要因ともなっている。

謎007

LCCの定番はB737とA320ファミリー

なぜこの2機種に人気があるのか

ここ数年で世界にはLCC（Low Cost Carrier）と呼ばれる格安航空会社が倍増したが、LCCの機材はボーイングではB737、エアバスではA319、A320、A321などのA320ファミリーである。派手さはないが世界で最も売れている定員100～190席の機体である。これは自家用車でいえば「カローラ」のような存在だ。これらの機体はナローボディ機の代表格で、LCCに限らず大手でも多く使われている。

現在は「格安だから便数が少ない」では航空会社のビジネスは成功しない。毎日決まった時間に飛んでいることもLCCの条件だ。大型機材で一度に多くの乗客を運ぶのではなく、150席程度の機体で便数を多くしないと顧客は定着しない。

世界で初めて現在のLCCのビジネスモデルを確立したのはアメリカのサウスウエスト航空といわれる。通常大手の航空会社は運航する距離によって短距離用、中距離用、長距離用などと、また路線の需要によって小型、中型、大型と複数の機材を保有する。ANAを例にすればプロペラ機を含めて7機種を保有している。しかしサウスウエスト航空は1971年就航以来、一度B727をリースしたが、一貫して機材はB737に統一している。一度も他の機材を購入したことがないという、世界でも珍しい存在である。現在はこのB737を500機以上保有、ボーイングにとって

図7-1　オーストラリアのLCCヴァージンオーストラリアはB737を主力機材にする。（ケアンズ空港）

は最も大切なユーザーである。

　B737はバージョンによって定員100～190席、航続距離2000～3000ノーティカルマイル、基本的には短距離用である。サウスウエスト航空は短距離路線に特化し、飛行時間が短いことから機内食などのサービスを省略できた。こうしてLCC運航のスタイルを確立していった。

　立席の機材を提案したり、トイレの有料化を検討したりと、何かと過激な話題が多いヨーロッパを代表するLCCであるアイルランドのライアンエアーも、保有する機材をB737に統一している。ほかにもインドネシアのライオンエアラインズ、オーストラリアのヴァージンオーストラリアなど、B737を主力とするLCCは多い。

　スカイマークも1998年に羽田～福岡間を大手航空会社運賃の半額で就航した当時は、B767に309席と多めの定員にし、1日3往復でスタートしたが、現在は177席のB737でこの間を1日10往復している。LCCといえども便数を多くしなければ利用者の利便は保てない。同社も機材をB737に統一、世界のLCCの慣例にならった感じだ。航空会社が空港に払う着陸料も機体の大きさ（重さ）によって定められており、小ぶりな機体を運航することで経費を圧縮できる。

このB737、「737」というくらいだからB747ジャンボ機よりも開発は古い。初飛行は1967年、以来改良に改良を重ね、受注は実に9000機を超え、7000機近くの機体が世界の航空会社に納入されている超ベストセラー機、B737の受注数はボーイングのジェット旅客機全体の42％を占める。現在では5500ノーティカルマイルを飛べる長距離タイプも登場している。

いっぽうB737のエアバス版といえるのがA320ファミリーといわれる機体で、ファミリーと呼ばれる理由は、A320の胴体を短くしたA319、さらに胴体を短くしたA318、胴体を長くしたA321があるからで、この4機種をまとめてA320ファミリーと呼んでいる。しかしB737とて1種類ではなく、胴体の短い-600、胴体の長い-800などがあるが、形式として分けなかっただけである。定員は110〜190席、航続距離は1500〜3000ノーティカルマイル。初飛行は1987年（A320）と、B737に比べると新しい機体だが、すでにファミリー全体では8000機近くの受注を得、5000機近くが世界の航空会社に納入されていて、これはエアバス全体の旅客機受注数の72％に及ぶ。

LCCではエアアジア、ジェットスター・アジア航空、イギリスのイージージェット、上海片道4000円で話題になった春秋航空がA320ファミリーに機材を統一、ANA系列のピーチアビエーションやエアアジア・ジャパンもA320を運航予定である。

なぜこれらの機体がLCCに人気なのかという

図7-2　エアアジアは機材をA320に統一している。（シンガポール空港）

と、現在製造されている機材の中で、1機種で運航するとなると、おのずとB737、A320に落ち着くというのが大きな理由である。ともに最大公約数的な機体なのだ。1日に300人の需要がある路線があっても、その路線のために大型機を用意するより、B737などで2往復したほうが効果的なのである。

しかし、いっぽうで規模の大きなLCCはエアバスの大型機を運航するケースもある。A320は世界で初めて旅客機にFBW（Fly By Wire）を採用して大幅にコンピュータ制御化されたが、以降エアバスでは全機種でこの方式を採用していて、大型機でもA320で培われてきた操縦性に統一している。そのためA320ファミリーを採用している航空会社はワイドボディで航続距離も長くなるA330などを採用しやすい。実際にエアアジアの機材構成はA320、長距離部門のエアアジアXはA330を運航している。

謎008

人間重視のボーイング、ハイテクのエアバス

どちらかが優れているわけではない

旅客機市場ではボーイングとエアバスが世界を二分している。このほかにも世界にはボンバルディアやエンブラエルといったメーカーもあるが、100席以上の旅客機となると、ボーイングとエアバスでその大半を占め、その受注数はここ数年均衡していて、2010年の1年間でいえば、ボーイングは625機、エアバスは644機という確定受注数であった。

ところがこの割合に合致しない経済大国が世界に一カ国だけあり、それが日本なのだ。JALは、大型機から小型機までそろえる世界の有力な航空会社では唯一エアバスを発注した経験が一度もない。JALは最近までA300を国内線に運航していたが、それは日本エアシステムが運航していたもので、JALが発注したわけではない。ANAも国内線と近距離国際線にA320を運航するが、エアバスの大型機の運航経験はない。そしてJAL、ANAともにエアバス機の後継機にはボーイング機があてられることも決まっている。

日本の新興航空会社もボーイング派が多く、唯一エアバス機を使っているのはスターフライヤーのみである。日本はB787では、胴体や主翼まで生産しており、もはやボーイング機は準日本製といえなくもないが、それにしてもボーイング機の割合が多い。スカイマークがA380を発注したことで空気はずいぶん変わったと思うが、日本

図８　アメリカ大手航空会社は意外にも多くのエアバスを運航。（ユナイテッド航空のA319、メキシコシティ空港）

は世界一の親ボーイング国なのである。

というのも、アメリカの航空会社はボーイングばかりかというと決してそうではないからだ。意外かもしれないが、ユナイテッド航空では国際線機材こそボーイングでそろえられているが、国内線用にはエアバスを１００機以上運航している。デルタ航空の日本便は約半分がエアバス機で占められている。USエアウェイズでは最も看板路線となる大西洋便をエアバスで運航している。アメリカの航空会社は決してボーイング一色ではない。

いっぽうヨーロッパに目を向けると、エールフランスでもボーイング機の占める割合は決して少なくないし、ルフトハンザも多くのボーイング機を運航していて、同社は最新型のジャンボ機（B７４７－８）の旅客型を発注している数少ない航空会社だ。このように米欧双方の機材を運航している航空会社はことのほか多い。

また現在世界で最も航空需要が伸びている中国

の航空会社はここのところ毎年のように、ボーイング、エアバス双方に多くの発注を行っている。ボーイングの新鋭機B787をまとまった数で発注したかと思うと、エアバスのA320ファミリーは1年で何百機単位の発注をしている。一見効率が悪いのでは？　とも思うが、こうすることで2005年にはA320の中国での現地組み立て工場建設や技術供与の約束を取り付け、2008年には天津に完成したエアバスと中国側3社連合の組立工場が稼動、2009年には中国で生産されたA320が登場している。おそらく双方の機材を発注することで、価格や技術供与などで、よりいい条件を得ているものと思われる。

日系航空会社では、1社の機材にそろえることで部品の互換性、パイロットの訓練、メンテナンス技術の養成などでの優位性が重んじられているが、それはしょせんその航空会社1社の利益にしかつながらないし、長い目で見た場合の利益はまた別のところにありそうに感じる。そういった面から考えると、両社を競争させるというのも、航空界全体にとってはプラスになるはずである。

「両社を競争させる」と記したが、やはり二大メーカーはお互いに刺激しあって、より安全で、より快適で、より経済性の高い機体を開発してほしいものであるが、同じように見えてボーイングとエアバスでは設計思想はけっこう異なっている。

エアバスではA320以降に開発された機体はすべてFBW方式が採用されているが、ボーイングでFBW方式が採用されているのはB777とB787のみ。エアバスではA320以降の機体には操縦桿がないのに対し、ボーイングはB777やB787でも操縦桿を残している。他のボーイング製機材のパイロットが操縦ライセンスを取りやすくするためともいえる。パイロットは機種ごとに操縦免許が必要だが、エアバスの各機種は操縦方法がきわめて似ていて、1人が複数機種の運航に携わりやすいシステムになっている。

操縦システムは人間優先のボーイング、機械優先のエアバスといわれる。人間としてはボーイング方式に信頼が持てそうなのだが、考え方としてはスポーツの審判にたとえると、人間優先というのは審判の技量に任せる方法で、機械優先というのはVTR判定などを最初から用いる方法、「機械でできる部分は機械で」という考えかただ。

ボーイング機材は1機種ごとに「その用途で最もいいものを作る」といったそろえかただったのに対し、エアバスではA300、A310、A330、A340（すべてワイドボディ機）、またA318、A319、A320、A321（すべてナローボディ機）はそれぞれ胴体直径が同じで、最大公約数的な開発を行ったので、効率的であった。いっぽうでエアバスのワイドボディ機は一回り大きな貨物コンテナを収納するために、床面が高く、客室は同じサイズのボーイング機に比べて天井が低く圧迫感があると感じる利用者も多い。しかしA380では総2階建ての機体を開発、B787に対抗するA350XWBでは胴体を1から開発することになったため、エアバスもボーイングとの対抗上機体サイズが多種になったが。

B747ジャンボ機やA380などの巨人機以外の長距離洋上飛行に対する考えかたも若干異なり、ボーイングでは信頼度の高いエンジンを装備して「世界中どこでも双発機で飛ぶのが経済的」といった機材のそろえかたに対し、エアバスは「今後も4発機の需要あり」という機材構成だ。ボーイングは強力なエンジン2基に対し、エアバスは強力なエンジン2基、もしくは推力を分散して4基という選択肢を残している。

どちらかが優れているというわけではないものの、考えかたが異なるボーイングとエアバス、今後もお互いに切磋琢磨していい機体の開発にあたってもらいたいものである。

Column ①

消えた航空券

現在航空券といえばEチケットが当たり前だが、以前は紙の航空券が主流であった。海外旅行では「命の次に大切なパスポート、次が帰国便の航空券」といわれた時代である。そしてこの航空券、航空会社のカウンター発券のものは、ロゴマークのデザインの表紙が付き、旅行の記念に収集する人も多かったものである。

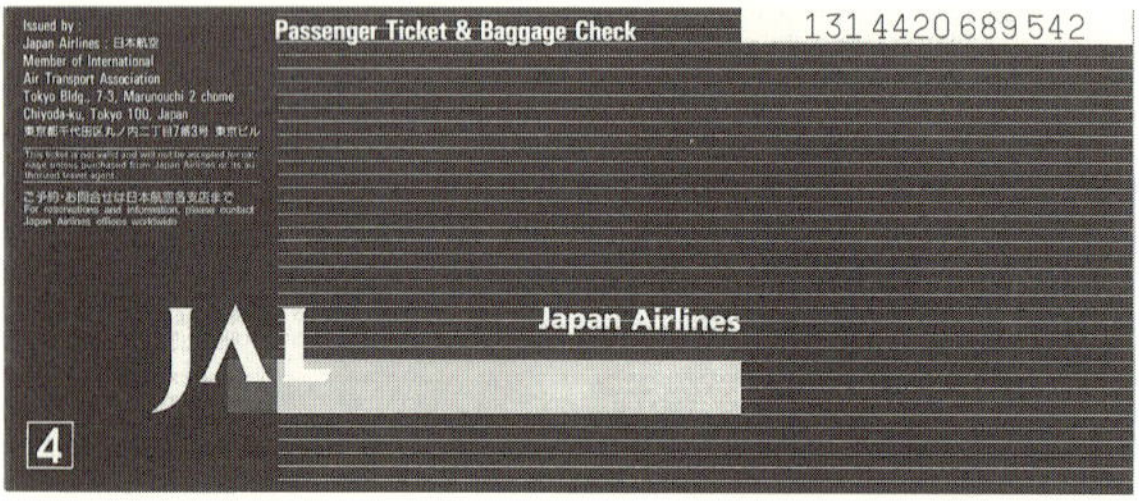

図①-1　日本航空にも日本エアシステムと統合以前、国際線に紙の航空券が存在した。グレーのシックなデザインにJALのロゴマークが入っていた。

図①-2　キャセイパシフィック航空の紙の航空券、香港が中国に返還され、イギリスの航空会社から中国の航空会社へと生まれ変わったときのデザインのものである。

図①-3　カンタス航空の航空券、機体と同じデザインの表紙で、カンガルーをデザインした尾翼と同じマークが入っている。

図①－４　ルフトハンザの航空券は黄色一色にドイツ語表記、いかにもドイツらしい几帳面な雰囲気のある表紙デザインであった。

図①－５　ノースウエスト航空はかつて太平洋便を最も多く運航するアメリカの航空会社であった。グレーの機体に赤の尾翼が印象的であったが、その時のデザインが航空券にも表れていた。

図①－６　アフリカから日本へ乗り入れる航空会社は数少ないが、かつて南アフリカ航空が関西に乗り入れていた時期がある。航空券にもSAAとSAL、英語とアフリカーンス語双方の表示があった。

第2章　旅客機発達の謎

コンコルドは燃費、騒音、オゾン層の破壊などの問題から世界に普及しなかった。（マイアミ空港）

謎009

レシプロ機で30時間かけて太平洋を飛んだ頃

現代よりも豪華な機内だった

この章では航空機の発達史を簡単に振り返りたい。といっても航空機の歴史は驚くほど浅く、アメリカでライト兄弟が人類初の有人飛行に成功したのは1903年のことで、それから100年ちょっとしか経っていない。世界で初めての定期航空便もアメリカで、フロリダ州のセントピーターズバーグ～タンパ間35キロを、旅客定員1人の航空機が所要20分で飛んだ。日本での定期航空便は1922年、日本航空輸送研究所という会社が大阪の堺から徳島に飛んだのが最初であった（日本航空とは無関係）。世界初の定期便、日本初の定期便に共通しているのは、現在のような空港に離着陸するのではなく、海上を離着陸する水上飛行機での運航であったことで、空港が整備されるのは後になってからである。

日本に空港が建設されるようになったのは民間用ではなく旧日本軍の軍事用であった。現在民間用に使われている空港も、ルーツをたどると旧日本軍が建設、それが第二次世界大戦の敗北でアメリカに接収され、後に日本に返還、以後は民間機が発着、あるいは自衛隊と共用しているといったケースが多い。一般人が空の移動ができるようになったのは第二次世界大戦後といえ、戦前は一般人が旅客機を使う機会はほとんどなかった。

戦後、日本航空が発足、初の国内定期旅客便は1951年、羽田から札幌、大阪、そして大阪～

福岡間を飛んだ。アメリカのノースウエスト航空から借りたマーチン２０２（正式には２－０－２）という36席、非与圧の双発レシプロ機であった。「マーチン」とは、現在のロッキード・マーティンの「マーティン」である。日本航空の自社機導入は翌１９５２年で、機材は非与圧４発レシプロのダグラスＤＣ－４であったが、定員は70席ほどとマーチン２０２に比べて倍増した。ＤＣ－４の巡航速度は時速３５０キロ、現代と比べると新幹線とあまり変わらない速度である。

戦後日本へ最初の国際定期便を運航したのはアメリカのノースウエスト航空で１９４７年、パンナムも同じ年に羽田に乗り入れを開始したが、日本航空の国際線が就航するのは１９５４年のサンフランシスコ便が最初であった。機材はダグラスＤＣ－６という４発レシプロ機だった。航続距離が短いため、羽田からホノルルすら直行できず、羽田～ウェーク島～ホノルル～サンフランシスコ

図９　日本航空初の国際線は1954年、ＤＣ-６という４発レシプロ機によってウェーク島、ホノルル経由でサンフランシスコに飛んだ。（写真提供：日本航空）

というルートだった。68席、時速450キロというスピードだが、DC－6は与圧装置が装備され、スピードアップが図られた。それでも所要時間は約30時間だ。なぜ与圧装置を装備するとスピードアップになるかというと、与圧装置がないと空気が希薄な高い高度を飛ぶことができない。乗客や乗員が呼吸できなくなってしまう。しかし与圧装置があれば空気抵抗の少ない高高度を飛ぶことができ、スピードアップが図られるほか、気流も安定して揺れが少なくなる。

これらのプロペラ機は現在のプロペラ機と違ってすべてレシプロ機と呼ばれるが、どこが違うかというと、現在のプロペラ機は「ターボプロップ」といい、ジェットエンジンでプロペラを回しているが、レシプロ機は自動車などと同じピストンエンジンでプロペラを回しており、いわば主翼にエンジンで回る扇風機が取り付けられているような構造であった。

ジェット機が普及するのは1960年代以降だが、この1950年代はレシプロ機の競争が盛んだった。ダグラスはDC－6やDC－6のエンジンをパワーアップし、航続距離を延ばしたDC－7を製造した。ロッキードはL－749コンステレーションやL－1049スーパーコンステレーションを開発、優美な曲線で構成された胴体から「空の女王」と称された。ボーイングのB377ストラトクルーザーは飛行船に翼が付いたような大きな2階建ての胴体で、階下にラウンジがあり、座席ではなく寝台にすることもできる「空飛ぶホテル」であった。アメリカの航空機メーカー3社は競ってレシプロ4発機を開発、これらの機体が国際線の花形機材であった。

この時代はごく一部の階級しか空の旅を楽しめなかったが、現在のような狭いシートではなく、全席が現代でいう「ビジネスクラス」のようなゆったりとした座席で、B377ストラトクルーザーなどは、A380でもかなわないような優雅な空の旅が楽しめる設備だった。

DC－6は日本航空初の国際線にも使われた機材だが、航続距離を長くしたDC－7の導入で羽田からホノルルへの直行が実現した。ロッキードのL－749コンストレーションやL－1049スーパーコンストレーションは、その優美な姿から人気のあった旅客機である。エールフランスは1952年に羽田便にこの機材を導入しているが、ルートはパリ～ローマ～ベイルート（レバノン）～カラチ～サイゴン（現在のホーチミン）～羽田間で所要50時間、これでも当時は最速のルートであった。いっぽう豪華な設備だったB377ストラスクルーザーは、豪華ゆえに機体価格が高く、56機しか製造されず、アメリカ以外の航空会社ではBOACこと英国海外航空（ブリティッシュ・エアウェイズの前身の1社）が運航するに過ぎなかった。ボーイングはこの頃から「いいものを造る」といった社風があり、その精神がボーイング747ジャンボ機にも受け継がれたのである。

この時代がジェット旅客機登場前夜のレシプロ機黄金時代で、スピードや航続距離では現代と雲泥の差があるが、ある意味では空の旅が華やかだった時代である。いっぽうこの時代にもヨーロッパでも航空機メーカーはたくさんあり、一歩進んだジェットエンジンの開発がされていて、ジェット旅客機第一号はアメリカではなくイギリスによって開発される。1960年代からはジェット旅客機全盛の時代になるほか、プロペラ機もレシプロ機ではなく、ジェットエンジンでプロペラを回すターボプロップ機が普及し、ここに紹介した国際線で飛ぶようなレシプロ機は急速に活躍の場を少なくしていく。現在でも横浜港に係留保存されている氷川丸も太平洋航路に活躍したが、運航されていたのが1930年から1960年、およそレシプロ機とともに姿を消している。

謎010 ジェット旅客機第一号は空中分解

人類にとって未知だったジェット旅客機

レシプロ機が国際線の主役だった頃、世界初のジェット旅客機も初飛行を遂げた。1949年のことで、ボーイングでもエアバス（当時エアバスはまだない）でもなくイギリスのデハビランドが開発したDH106コメットという機体であった。当時イギリスはアメリカやフランスと並んで航空機先進国だった。

100席にも満たない定員だったが4発エンジンで、エンジンの形状は主翼にぶら下げるポッド式ではなく、主翼を貫通するスタイルで、現代の旅客機よりスマートな印象も受ける。しかしエンジンはターボファンではなく、ただのターボジェットで、パワーが小さいにもかかわらず騒音が大きく、燃費も悪かった。しかしそれまでの旅客機にはプロペラ機しかなかったので、スピードアップに大きく貢献した。

初就航は1952年、BOACのヨハネスブルク便であったが、翌1953年には羽田便にも就航、そのルートはロンドン～ローマ～カイロ～バーレーン～カラチ～デリー～カルカッタ（現在のコルカタ）～ラングーン（現在のヤンゴン）～バンコク～マニラ～羽田間週1便で、2泊3日35時間30分という行程だが、これでも所要時間は大幅に短縮された。ジェット旅客機第一号だけあって性能は現在の機材とは比較にならないが、巡航速度は800キロを超えていたので、現在とさして変わらないスピードがこの時点で達成されていたことになる。

ところがこの機体、日本に就航した1953年から翌1954年にかけて立て続けに3度の墜落事故を起こす。1回目は悪天候の中カルカッタでBOAC機が墜落、これがジェット旅客機史上初の墜落事故になった。捜査したインド当局は悪天候による操縦ミスが原因と判断したが、ベテランパイロットが操縦していただけに本国では疑問の声もあった。続けて今度は晴天のローマを飛び立ったBOAC機が墜落してしまう。コメット全機が点検されるのだが異常が見つからず、運航を続けるが、今度は南アフリカ航空機（BOACの機体をリースしていた）がまたもローマを飛び立った後に墜落してしまう。短期間に3回の墜落事故を起こし、さすがに運航停止になったが、イギリスの威信をかけて徹底的な原因究明が行われた。2回目の事故を起こしたBOAC機はエルバ島沖の比較的浅い地中海に沈んでいたので、海底から機体の残骸が引き上げられた（通称エルバ島作戦）。また本国では大型水槽に実際の機体を沈めて機体に加圧・減圧を繰り返しての耐久試験も行われた。その結果明らかになったのは、予想よりもはるかに早く金属疲労が起こり、空中分解したということであった。

航空機は気圧の低い高度を飛ぶので機内は与圧される。機体を風船にたとえると、フライトごとに風船を膨らませたりしぼませたりを繰り返していることになる。従来のプロペラ機でも同じだったが、ジェット機はより高い高度を飛ぶので与圧・減圧の度合いも高い。その繰り返しによって金属疲労が生じ空中分解したのであった。人類にとって初めてのジェット旅客機だっただけに、当時の技術水準では予測できなかったのである。そのためメーカーであるデハビランドも、3度の墜落にも関わらず法的制裁を受けることはなかった。

その後コメットは設計変更されるが、すでに評判が落ちていたのと、コメットの倍近くの定員のボーイングのＢ７０７が初飛行に成功していたため、当事国イギリスのＢＯＡＣでさえ発注をＢ７０７に切り替えてしまうのである。

いっぽうアメリカのＢ７０７は、コメットに遅れての開発であったが、コメットの失敗に学ぶこともでき、１９５７年に初飛行を果たした。ボーイングの旅客機形式はＢ７７７やＢ７８７など７ではじまって７で終わるが、そのスタイルはこのＢ７０７ではじまっていることになる（ただしこの後に少数派ながらＢ７２０という形式が誕生するのだが）。定員も１６５席と倍増し、１９５８年にパンナムによって路線就航を果たしている。時を同じくしてダグラスにもジェット旅客機が誕生する。Ｂ７０７に１年遅れて１９５８年にＤＣ－８が初飛行、１９５９年にユナイテッド航空とデルタ航空によって路線就航を果たしている。ダグラスではＤＣ－７までがプロペラ機なので、形式の付け方はプロペラ機からそのままジェット機へ移行した。

世界の主要航空会社はこぞってＢ７０７やＤＣ－８を導入した。アメリカではアメリカン航空、パンナム、トランス・ワールド航空がＢ７０７を、ユナイテッド航空、デルタ航空などがＤＣ－８を、ヨーロッパではＢＯＡＣ、エールフランス、ルフトハンザなどがＢ７０７を、スカンジナビア航空、アリタリア航空、スイス航空などがＤＣ－８を導入した。日本航空はＤＣ－８を導入して１９６０年から運航、日系航空会社初のジェット便であった。日本人にとってＤＣ－８は「海外旅行解禁」「ビートルズ来日」「ダッカでの赤軍派ハイジャック事件」など思い出深い機材となった。ちなみに日本航空は後にボーイングのジャンボ機を導入するが、初代ジェット旅客機がＢ７０７ではなくＤＣ－８になった理由として、プロペラ機時代からダグラス製を使っていたという理由とともに、戦時中ボーイング製爆撃機による空襲がありボーイングのイメージがよくなかったこともあるという。

こうして本格的なジェット旅客機時代が到来するが、競合したのはボーイングとダグラスだけではなく、アメリカのコンベアというメーカーもCV880という4発ジェット旅客機を開発する。後発だったため特徴を出すために機体を細くしスピードアップを図るが、その分定員が少なくなってしまった。定員増を図るために後にCV990という胴体延長形も開発するが、短期間で撤退した。ただし日本航空ではCV880が導入され、近距離便のジェット化が進んだ。またイギリスでもコメットに変わってビッカースが後部のみに4発のエンジンを装備するジェット旅客機を開発するが、こちらも世界に普及することはなかった。こうして第一世代のジェット旅客機はアメリカ製が世界を席巻するのである。

図10　実質的にはB707とDC-8が第一世代のジェット旅客機の代表格となった。(リオデジャネイロ空港。機体はB707)

謎011

ジャンボの成功、コンコルドの失敗

棚から牡丹餅だったジャンボの誕生

前項では航空機メーカー各社が競い合うように開発した第一世代のジェット旅客機を紹介したが、すべて4発エンジンの当時としては長距離用機材だった。ジェット旅客機は時間短縮効果の大きい長距離便から導入されたが、やがて短距離便のジェット化も進む。ボーイングは中距離用3発のB727、短距離用双発のB737、ダグラスも双発のDC－9を開発、ヨーロッパでも似たような機材が開発され、短距離でも長距離でもジェット便という時代を迎える。ボーイングは4発のB707に対して3発のB727を開発、「717」という数字をとばしての開発になったが、当初B707の軍用機バージョンをB717にする予定があったため空けておいたという事情がある。

こうして発達したジェット旅客機だが、1960年代後半には早くも大きな変革期を迎える。ボーイングで次に登場する機体は、数字の順番通りB747となるが、ジェット旅客機が飛び始めたばかりだというのに、早くもジャンボ機という大きな機体が登場することに疑問を持つ人も多いはずだ。160席のB707でも画期的な機体だった時代に、500人以上が乗れる機体が計画されたのだから。

ことの発端はアメリカ軍の戦略輸送機計画であった。当時アメリカ軍は世界各地に駐留していたが、さまざまな国で必ずしも歓迎されていたわけではなく、駐留兵士や物資を減らす必要があった。そこで、替わりに有事の際は速やかに大量の兵士や物資を運べる大きな輸送機が必要だった。アメリカ軍は輸送機設計をボーイングとロッキードに依頼したが、結果はロッキード案が採用され、それが日本にあるアメリカ軍の横田基地や嘉手納基地にも飛来しているC－5Aギャラクシーという大型輸送機である。

こうしてボーイング案は不採用となるが、開発陣は設計した大型輸送機案をそのままお蔵入りさせるのはもったいないと考え、民間機への設計変更を模索した。ボーイングはローンチに漕ぎ着けるため、世界の主要航空会社に大型旅客機購入を打診したが、航空会社の反応は冷ややかであった。それもそのはずで、当時最も大きい旅客機でも200席以下だった時代に、400席、エコノミークラスだけにすれば500席以上乗れる旅客機など「正気の沙汰ではない」と考える航空会社が多かった。現実的にもその定員を満席にするだけの航空旅客はまだなかった。

また主要航空会社が大型旅客機購入に関心を示さない理由はまだあった。当時イギリスとフランスが共同開発を進めていた超音速旅客機コンコルドの存在だ。世界的には「今後の旅客機は高速化に進む」と考えられていた。当時はその考えも自然で、それまで旅客機は非与圧プロペラ機から与圧装置付きプロペラ機へ、さらにジェット機へとスピードアップが図られていた。次世代の旅客機はさらに速くなると考えるのはごく自然である。

しかし唯一、空の大量輸送時代を確信し、ボーイングの大型旅客機に賛同する航空会社があった。それがパンナムである。20機を発注し大型旅客機開発の後押しをした。現在考えると、そのような先見の明のあったパンナムが、その後なぜ破綻してしまうのか不思議なところではある。

こうしてボーイングはB747の開発を進める

図11　世界で初めてジャンボ機を運航したのは当時のパンナムだった。（サンフランシスコ空港）

が、ボーイングにもB747に絶対の自信があったわけではなく、今後は超音速機の時代が来るとも思っていた。しかしその場合は大きな機体を活かして貨物機に転用すればいいと考えていた。ボーイングには、B377ストラスクルーザー開発時もそうであったが、採算性もさることながら「いいものを造る」という気風があったと思われる。B747は1969年初飛行、1970年にパンナムの大西洋便に初就航を果たす。初めてのワイドボディ機就航で、2階席はファーストクラス利用者のラウンジであった。ジャンボ機の就航で空の大量輸送時代が到来、大勢の定員にしたことで運賃も安くなっていった。

「ジャンボ」という愛称は、初飛行でロンドンに飛んだ時、取材した記者によって名付けられている。当時ロンドンの動物園で人気だった象の愛称が「ジャンボ」だったのだ。しかしボーイングは「象では空を飛ぶイメージではない」と否定に奔走したが、世界中で「ジャンボ」は定着し、ついにボーイング自らも「ジャンボ」と呼ぶようになった。それだけに「ジャンボ」は誰もが知る旅客機の愛称であろう。ちなみにB787にも「ドリームライナー」という愛称はあるが、こちらはボーイングが命名していて、知名度もかなり下がる。

いっぽうイギリスはコメットで失敗しているので今度こそ名誉挽回したいところでフランスとの共同開発、万全の態勢で超音速旅客機開発に臨んだ。どうやってマッハ2という音速の2倍の速度を出すかというと、通常のジェット機より高い高度を飛ぶことで、より空気抵抗が少ない高度を飛ぶ。その高い高度に駆け登るために4発のエンジン、しかも戦闘機のようなアフターバーナーを備えたエンジンで爆音を轟かせて上昇した。

しかし音速の2倍という速度の代償は大きかった。たった100席の定員に対して4発のエンジンは不経済で、騒音も大きく、滑走路も4000メートルを必要とした。機内は狭く、窓も小さく、逆に運賃は高くなり、大衆化と逆行した。さらに高高度を飛ぶためにオゾン層を破壊するとして、世界各国はコンコルドの上空通過を拒否した。B747と同じ1969年に初飛行するものの、初就航は1976年、しかも生産当事国のブリティッシュ・エアウェイズとエールフランスだけが運航、生産もこの年に終了した。

結果的には超音速機として世界が期待したコンコルドは16機で生産終了、技術の発展には寄与したが旅客機ビジネスとしては成功しなかった。いっぽうB747は現在でこそかつての勢いはなくなったが、それでも今なお製造されていて、すでに1500機を超える受注を得たベストセラー機になった。アメリカ軍に採用されたロッキードの大型輸送機とて150機も生産されておらず、不採用案から生まれたB747のほうが航空機ビジネスとしては大成功であったのだ。

謎012

エアバスはA300で巻き返し

イースタン航空へは無償リースを行った

B747ジャンボ機の成功でアメリカの航空機業界は活気付く。世界的にも大型旅客機の需要が増え、B707とB747のサイズを埋めるように、この2機種の中間サイズになるダグラスのDC－10とロッキードL－1011トライスターが登場する。まさに空の大量輸送時代到来で、ロッキードは初のジェット旅客機開発がワイドボディ機となった。しかしこの2機種はサイズがほぼ同じ、3基のエンジンも主翼に2基、後部に1基と酷似しており、性能も似たようなものだったため、両社の航空会社への売り込みも熾烈であった。たとえば当時ダグラス機材を多く保有していた日本航空はそのままDC－10を購入したが、全日空はL－1011トライスターを購入した。その際政治家を巻き込んでの売り込みがロッキード事件という汚職事件となった。しかしいずれにしても世界の航空機市場はアメリカの独占状態であった。

いっぽうヨーロッパの航空機産業界は意気消沈していたに違いない。コメットが失敗に終わり、コンコルドも世界に普及することなく終わった。アメリカに二敗したことになる。しかし三度目の正直で、今度はフランス、ドイツほかヨーロッパ共同でエアバス・インダストリーを立ち上げ、A300を開発する。しかしさすがにA300はコンコルドなどと違って世界制覇などは考えず、控えめな構想によって開発されている。旅客機開発では二度もアメリカに完敗しているため、アメリカとの真っ向勝負を避けたのだ。そこでアメリカ製と競合しないよう、アメリカ製にはないサイズを狙った。B707などのナローボディ機よりは大きいが、DC－10やL－1011トライスターよりは小さく、エンジンも双発とした。用途もヨーロッパ内主要都市間を結ぶということで、航続距離も比較的短いものであった。「アメリカ製機材にはかなわなくても、ヨーロッパ内で使う機材くらいは自分たちでまかなおう」といった堅実路線での開発だったのだ。ヨーロッパとしては三度の失敗はできないという気持ちもあったであろう。「A300」の「300」は300人乗りを目指しての設計を意味している。

こうしてA300は1972年に初飛行、1974年にエールフランスによって路線就航するが、ルフトハンザ、アリタリア航空など、構想通りヨーロッパの航空会社に普及していく。ところがその後、A300は時代背景を追い風に人気が高まる。1970年代はオイルショックで航空燃料が高騰、すると双発エンジンで大勢の旅客が運べるA300に注目する航空会社が増えていくのである。当時双発のワイドボディ機はA300が唯一の存在であった。

フランスの国をあげての積極的な売り込みも功を奏す。当時アメリカの主要航空会社であったイースタン航空に4機のエアバスを無償でリースしている。「タダで貸しますから気に入ったら買ってください」という航空機業界としては前代未聞の売り込みである。当時アメリカは航空自由化で航空会社は過当競争にさらされていた。イースタン航空はL－1011トライスターを運航していたが、ほぼ同じ旅客数を双発で運べるA300は魅力であった。リースしたA300は冬季のニューヨーク～マイアミ間で運航されたが、気温差の激しい両都市間をトラブルなく運航した。冬季の

図12　エアバスはイースタン航空にA300を無償でリースするという前代未聞のセールスを行った。（アトランタ空港）

この路線は避寒客の多いドル箱路線で、この繁忙期を無事に乗り切ったことで、経営が危うかったイースタン航空は業績を持ち直した。気をよくした同社は結果的に34機のＡ３００を購入するが、現在では伝説の商法として伝えられている。

日本でも当時の東亜国内航空がＡ３００を導入するが、その際エアバスのデモンストレーションデザインを提供するなど、エアバスはさまざまなアイデアでシェアを拡大する。東亜国内航空がＡ３００を購入する経緯も、それまでローカル線担当だった同社に幹線参入が認められたが、双発で大量輸送ができるという経済性が購入の決め手であった。

後にＡ３００の胴体を短くし、航続距離を長くした長距離型のＡ３１０が登場するが、この機体は機長・副操縦士の２人乗務となり、航空機関士の役目はコンピュータが担った。ワイドボディ機初の２人乗務である。Ａ３００もＡ３００－６０

0Rという胴体を長くしたタイプが登場し、この機体からはA310同様の操縦システムで2人乗務になり、当時「ハイテク機」という言葉が使われた。

こうして、はじまりは「ヨーロッパ内で使えればいい」程度の構想で誕生したA300であるが、アメリカ、日本、そして世界で運航されることとなる。ヨーロッパにしてみればまさに「三度目の正直」である。しかし細かなところではヨーロッパとアメリカの複雑な関係も隠されている。それはA300のエンジンである。当時（現在もそうだが）、ジェット旅客機のエンジンはアメリカのプラット&ホイットニー、ゼネラルエレクトリック、そしてイギリスのロールスロイスが三大メーカーである。A300はヨーロッパ製なのだから、エンジンはロールスロイス製かと思われるが、アメリカ製である。A300が計画された頃、アメリカではDC－10とL－1011トライスターが生産真っ盛りであったが、L－1011トライスターはロールスロイス製エンジンであった。

そのためロールスロイスは、まだ売れるかどうか分からないA300のエンジン開発から手を引き、L－1011トライスターのエンジン生産に専念したのである。今から思うと、コメットもコンコルドも多くのエンジンはロールスロイス製であったが、運悪くこれらの機体はビジネスとしては失敗だったといわざるを得ない。三度の失敗は避けたいということでA300のエンジン開発に積極的でなかったとも考えられるが、結果的にはチャンスを逸した感もある。

いっぽうでA300はヨーロッパ製ながら、エンジンがアメリカ製だったため、アメリカはじめ多くの国で売れやすかったということも言われている。当時は些細な出来事であったようにも思われるが、エンジンメーカー選択の経緯は、後の流れに大きく影響した。

謎013

A320開発でエアバスは世界に普及

FBW全面採用でエアバス躍進のきっかけになった機体

A300は開発当初こそ、アメリカ製にないサイズを狙い、ヨーロッパ内で運航することを目的とし、いわば消極的な姿勢で開発が行われたが、双発ワイドボディという経済性が買われ、結果的には2007年に生産が終了するまでに、A310を含めて800機以上を生産し、成功を収めた。

B747ジャンボ機を開発したボーイングも、A300の成功に刺激されて、A300に約10年遅れることになるが、1981年にはB767を初飛行させている。A300はヨーロッパ内を飛ぶことが前提だったので双発機として開発されたが、B767は3発にするか双発にするか迷った結果の双発であった。当時の双発機には太平洋横断などの長距離洋上飛行が認められていなかったため、双発では長距離洋上飛行ができず、用途が限られてしまう。それでも双発を選んだということは、やはり経済性を重視したことになる。B767はB757とともに開発され操縦性などが統一された。

ヨーロッパはエアバスA300の成功で旅客機市場での世界制覇への野望が再燃する。ヨーロッパの航空機業界は、コメット、コンコルドの実質的な失敗で沈んでいたわけだが、A300の経済性が世界で認められたため、再びアメリカ製旅客機との対抗へのチャレンジに燃えるのである。A300開発時は、A300と同じサイズ・性能の旅客機はアメリカにはなかった。それが多くの販売実績につながった。しかしシェアを奪い取るためには同じサイズの旅客機でも対抗しなければならない。するとボーイングでいえば２００席以下になるＢ７３７クラスの旅客機開発がまずは不可欠である。一般的にある航空会社がＢ７４７を10機保有していたとすると、Ｂ７６７は20機、Ｂ７３７は50機の需要があるといわれる。大型機は目立つ存在であるが、世界で最も需要があるのは２００席以下の小型機である。エアバスも世界制覇するのであれば小型機の開発が不可欠であった。

こうして１９８７年に初飛行したのが１５０席のＡ３２０であった。この機体はＡ３００のような消極的な開発ではなく、ずばり世界で最も売れているボーイングのＢ７３７に対抗する機体である。Ａ３２０はこのサイズではボーイングに対して後発なので新機軸も兼ね備えている必要があったが、それが旅客機では初めて操縦系統が全面的にＦＢＷ（Fly By Wire）を採用したことであった。この「電線で飛ぶ」ということはどういうことか？　たとえば軽飛行機では操縦桿や足のペダルと昇降舵などは直接つながっている。それは自転車のブレーキレバーとブレーキのようなものである。映画で墜落しかかった軽飛行機を、力いっぱい操縦桿を引いて姿勢を立て直すシーンを思い浮かべればいい。そしてこれはＢ７４７でも基本は同じで、操縦桿と昇降舵などは途中に油圧装置などを介して間接的にはつながっている。

それに対しＦＢＷの機体は、パイロットの操作は一度電気信号に置き換えられて昇降舵など補助翼に伝えられる。ＦＢＷ方式にすると油圧系統が減るので軽量化されるほか、操縦は大幅にコンピュータに管理させることができ、Ａ３２０にはいわゆる操縦桿はない。サイドスティックのレバーで、まるでコンピュータゲームのように機体を操るのである。サイドスティックは機長席では座席の左側に、副操縦士席では座席の右側に配置されている。余談だが操縦桿がないことで、パイロットの座席はすっきりし、書類をおいたり食事をしたりする引き出し式のテーブルが備えられている。

Ａ３２０には派生型も多く、１９９３年には胴体を延長し定員を１８６席としたＡ３２１が初飛行、１９９５年には逆に胴体を短くし、定員を１２４席としたＡ３１９が、２００２年にはさらに胴体を短くし、定員を１０７席としたＡ３１８が初飛行をしている。そしてこれら４機種はすべて胴体断面が同じ、もちろん操縦系統も統一されていて、４機種まとめて「Ａ３２０ファミリー」と呼ばれる。操縦方法が同じなのでパイロットは同じ免許で操縦することができ、航空会社としては需要に応じてＡ３２０ファミリーの複数の機体をそろえても、パイロットの運用は柔軟に対応できるというメリットがある。そしてエアバスの思惑通り、Ａ３２０は世界に普及、ボーイングのＢ７３７が独占していた小型ジェット旅客機の市場を切り崩していったのである。

さらにエアバスはＡ３２０で培われたＦＢＷの技術を採用したワイドボディ機、双発のＡ３３０と４発のＡ３４０を開発、これらの機体もＡ３２０と同じ操縦システムを採用したため、Ａ３２０ファミリーの操縦免許を持つパイロットはＡ３３０やＡ３４０の操縦免許も容易に取得できるようにした。これはいいかえれば、Ａ３２０ファミリーを運航する航空会社は、需要の多い路線にはＡ３３０、長距離路線にはＡ３４０を購入すれば、容易に即戦力として運航できるということを意味していた。そしてエアバスの新機種にそろえれば操縦訓練や人件費などのコストを大幅に抑えられるということであった。こうしてエアバスは旅客機市場で世界の大きなシェアを得ていくのであるが、エアバス躍進のきっかけになったのがＡ３２０という機体だったのである。

図13-1　旅客機で初めてFBWを採用したA320を開発したことでエアバスは大躍進した。(福岡空港)

図13-2　A330やA340もA320と同じ操縦システムを採用、双方を導入する航空会社が増えたがベトナム航空もその1社である。(香港空港)

謎014 マクドネル・ダグラスの消滅

個性あるスタイルの機体は激減

エアバスはＡ３２０が思惑通りに世界各国で販売実績をあげ、Ａ３２０ファミリー、そしてワイドボディ機のＡ３３０、Ａ３４０と機種を増やし、徐々にボーイングなどアメリカ製が大きなシェアを持っていたジェット旅客機市場に食い込んでいった。

エアバス自体もこの頃には大きく変わっていた。そもそもエアバスはアメリカに対抗するためにフランス、ドイツ政府とヨーロッパの航空機メーカーが総力を結集して立ち上げたものである。当初はフランス、ドイツをはじめ、イギリス、スペインの航空機メーカーも参加し、エアバス・インダストリーと呼ばれていた。このエアバス・インダストリーとは日本でいえばＹＳ－11を開発した日本航空機製造のようなもので、実際に機体を製造しているメーカーのまとめ役に過ぎなかった。実際に製造しているメーカーとは、当時のフランスのアエロスパシアルやドイツのＤＡＳＡである。しかし２００１年には法人化されエアバスというメーカー名になった。

そしてＥＡＤＳ（European Aeronautic Defense and Space Company）という欧州航空宇宙防衛会社の子会社化されている。ＥＡＤＳは２００１年にフランスのアエロスパシアル、ドイツのＤＡＳＡ、スペインのＣＡＳＡの3社が合併してできている。エアバスはエアバスを立ち上げたときのメンバーの合体する会社の子会社になっているわけだ。本社はフランスのトゥルーズ、生産ラインはトゥルーズとドイツのハンブルクにも持っている。

またイギリスは早い時期からエアバスとは距離を置いていたのも事実で、それはイギリスのエンジンメーカーであるロールスロイスがアメリカ製旅客機のエンジンを多く手掛けていたことも少なからず影響している。そのためブリティッシュ・エアウェイズも長らくエアバス機材は運航していなかった。しかし現在はロールスロイスもエアバスのエンジンを提供しているほか、ブリティッシュ・エアウェイズもA380を発注している。

こうしてエアバスは、アメリカ製が大きなシェアを持っていた旅客機市場で少しずつシェアを伸ばし、ついに1994年には年間の受注数が同じになり、1999年には年間受注数がボーイングを上回ったのである。また受注数はお互いに新機材を発表したときに多くなるので、年によってバラつきがあるが、年間納入数では2003年からエアバスがボーイングを抜き、以来今日に至るまで毎年エアバスのほうがボーイングより多くの旅客機を航空会社に納入している。エアバスはボーイングを猛追、そして現在では逆転しているのである。

このエアバスの攻勢で、アメリカの航空機メーカーにも大きな影響が出た。まずエアバスが台頭する以前、ジャンボ機に続けとばかりにダグラスのDC－10とロッキードのL－1011トライスターが登場したが、トライスターはDC－10と競合してしまい、販売不振から1981年に生産を中止、以降ロッキードは旅客機を開発しなくなった。残ったダグラスはマクドネルと合併してマクドネル・ダグラスになり、DC－10は後継のMD－11に引き継がれるが、そのマクドネル・ダグラスは1997年にボーイングに統合される。

それまでアメリカが独占状態だった旅客機市場

図14-1　個性あるスタイルで人気だったダグラスDC-10の後継機マクドネル・ダグラスMD-11だが、現在は貨物機に残る程度。（関西空港）

図14-2　機体後部にエンジンを装着したMD-90も数を減らし、見る機会は少なくなった。（マカオ空港）

だが、エアバスのシェアが半分にまで伸び、残った市場をボーイングとマクドネル・ダグラスで奪い合うより、統合したほうが得策と判断したのである。しかし統合したといっても旧マクドネル・ダグラス製機材はほとんどが生産中止になり、唯一MD－95（MD－87の後継機）のみがボーイング機材と用途が重ならないことや、まとまった数の受注を受けていたことから開発が継続され、ちょうど欠番になっていた称号のB717が与えられた。しかしそのB717も2006年に生産を終えている。マクドネル・ダグラスといえばMD－11やMD－90に代表されるように、後部にエンジンを装備した機体が多く、個性的なデザインに人気があったが、これら機体の生産中止によって、飛行機のスタイルが画一的なものばかりになったのも事実である。

マクドネル・ダグラスがボーイングと統合したことで、アメリカの旅客機メーカーは実質1社となり、ボーイングはそれまでにも増して巨大なメーカーになったかにも思われるが、思惑通りにならなかった面もある。

それはそれまでマクドネル・ダグラス製旅客機を中心に運航していた航空会社の動向である。主力だった機材が生産中止になってしまったのだから、ボーイングかエアバスに鞍替えする必要があるのだが、多くの航空会社がボーイングではなくエアバスに鞍替えしてしまったのである。たとえばスイスインターナショナルエアラインズ、フィンエアー、イベリア・スペイン航空などがある。とくにスイスインターナショナルエアラインズはヨーロッパではマクドネル・ダグラスにとって最も大切なカスタマーであったが、現在はエアバス以外のジェット旅客機は1機も保有していない。結果的にはボーイングとマクドネル・ダグラスの統合で、さらにエアバスのシェアが伸びた部分も大きいといえそうだ。

謎015 B777人気の秘密

双発機の性能向上で3発機は激減した

旅客機におけるエアバスのシェアが拡大し、アメリカではマクドネル・ダグラスがボーイングと統合される。マクドネル・ダグラスの看板機材だったMD－11は生産中止に追い込まれ、世界の航空会社からは急速にMD－11は姿を消す。それにしてもMD－11は初飛行が1990年とまだ比較的新しい旅客機である。しかし現在は旅客機としてのMD－11を探すことは非常に困難なほどに活躍の場を失った。このMD－11、単に生産が終了し、将来増備ができないという理由だけで急速に姿を消したのではなく、大きな理由は双発機の運航ルールと燃費にある。

ジェット旅客機には双発、3発、4発とあるが、かつては双発旅客機には洋上飛行が認められていなかった。ここで国際民間航空機関、ICAO（謎032参照）の取り決めたETOPS（Extended-range Twin-engine Operational Performance Standards）というルールについて紹介しておこう。旅客機が飛行中にエンジンが故障した場合、残りのエンジンで最寄りの空港に緊急着陸することになるが、双発エンジンの機体で1基のエンジンを止めると、残りは1基しかない。そこで1基のエンジンでの飛行時間を制限しているもので、当時は120分というのが標準であった。たとえば成田からホノルルに向かった旅客機が成田から120分ほど飛んだ時点で1基のエンジンが止まってしまったとしよう。しかしホノルルまでは１２０分ではたどり着けない。成田に引き返すにしても１２０分以上必要だし、他の島に飛ぶにしても１２０分ではたどり着けない。そのような路線では３発、もしくは４発の旅客機で運航しなければならないというものである。

このようなルールがあったため３発機が重宝されていた。４発のジャンボ機を飛ばすほどの需要がない路線でＤＣ－10、ＭＤ－11、Ｌ－１０１１トライスターなどが使われていたのだ。３発、４発エンジンの機体には洋上飛行に制限はなかった。

ところがエンジンの信頼性向上でこの１２０分というルールはＢ７７７、Ａ３３０をはじめ多くの機体で１８０分に引き上げられ、さらにＢ７７７には２０７分に引き上げられた機体も登場する。「２０７」という数字からも想像がつくとおり、実際の路線にルールのほうを当てはめてしまった感もあるが、世界中の主要路線で双発機運航が可能になったのである。

１９９４年に初飛行したＢ７７７は３発のＭＤ－11などと同じだけの定員を乗せることができる。双発機なので従来のルールなら成田～ロサンゼルス間などは飛ぶことができないが、ＥＴＯＰＳが引き上げられたことで運航可能になった。いっぽう双発で飛べるなら３発機は不経済ということになり、３発機の需要は急速になくなったのである。３発機は後部のエンジンが高い位置にあり、メンテナンスにも手間がかかる。エアバスのシェア拡大でマクドネル・ダグラスはボーイングとの統合を余儀なくされたが、ＭＤ－11が急速に引退に追い込まれたのはＢ７７７など、信頼性の高いエンジンを装備した双発機が普及したことによるところが大きいのだ。Ａ３３０やＡ３４０などのエアバス機がＭＤ－11を引退させたと思われがちだが、Ｂ７７７が置き換えていった事例のほうが多いのである。

図15-1　双発機の長距離洋上飛行が可能になり、日系航空会社の太平洋便もすべて双発機で運航、JALの欧米便はB777-300ERが使われる。(成田空港)

図15-2　重量の重い貨物専用機でも双発機の時代を迎えている。エミレーツ航空では貨物便にB777Fを使用。(香港空港)

いっぽうでB747、A380のような大きな機体が4発というのは理解できるが、A340はなぜ4発エンジン機として開発されたのだろうか。A340はA330と並行して開発されており、機体構造などは同じで、エンジンが双発か4発かの違いである。そのためエアバスとしてはA340を単独の機種とは考えておらず、A340はA330の派生型として開発された。当時のエアバスは、洋上飛行は双発より4発が安全という考えに基づくものであった。そのためエンジンが4発といっても双発と同じ推力になっていて「動力を分散した」だけとなっている。

しかしながらエアバスはボーイングのB787の対抗機としてA350XWBをローンチしており、このA350は双発の長距離用機材として開発されている。エアバスでも洋上飛行は「双発より4発が安全」より「経済性＝燃費」という点が優先されるようになってきたといえる。そのためA340の受注はここのところ鈍っているのが現状である。

またMD－11はほとんどが旅客機からは引退したが、貨物機としてはまだまだ活躍している。貨物機なら燃費が悪くてもいいのか？　と思ってしまうが、そうではない。一般に旅客機より貨物機のほうが積み荷が重く、その重い重量の機体を限られた長さの滑走路から離陸するためにはパワーが必要になる。そのためDC－10に比べて比較的まだ新しいMD－11の多くは旅客機として引退してからも貨物専用機として活躍している。

これら貨物専用機に改造されたMD－11だが、いつまでも安泰というわけではなく、現在では双発のB777やA330の貨物専用機バージョンも登場している。大きな推力を持つ信頼性の高いエンジンの開発で、大型貨物専用機でさえ双発機という時代が到来しているのである。

謎016 エアバスも実は老舗メーカーが作っている⁉

コンコルドとエアバスは同一メーカー製

日本で知名度の高い旅客機メーカーというとボーイングとエアバスがあるが、旅客機メーカーはまだまだある。日系航空会社が採用した機材だけでも、フォッカー、サーブ、ドルニエ、古くはコンベア、ビッカースなど多くのメーカーがある。しかしなかなかわかりにくいのが海外のこれらメーカーで、国境を越えての統合を繰り返しており、「マクドネル・ダグラス」のように複数の会社名を合体させた名称も多い。そこでこの項では旅客機メーカーを整理して紹介したい。

アメリカの旅客機メーカーは実質ボーイング1社となったので、それほど複雑ではない。古くからボーイングがあり、かつてライバルだったダグラスはマクドネルと統合、DCだった称号はMDになるが、そのマクドネル・ダグラスも1997年にはボーイングと統合する。その際マクドネル・ダグラスの機材は生産中止となり、開発中だったMD－95のみがB717として開発が継続されるが、B717も2006年に生産終了、ダグラスの系統をひく旅客機は生産されなくなった。

L－1011トライスターや数々のプロペラ機を開発したロッキードは、L－1011を最後に、旅客機開発を行っていない。ただしロッキード（現在はマーチン・マリエッタと統合してロッキード・マーティン）は現在でも軍用機を開発しており、アメリカ最大の航空機メーカーであることに変わりはない。また当時の日本航空が購入したことでも知られるコンベアはジェネラル・ダイナミクスという総合企業に買収されるが、その後旅客機開発は行っていない。

複雑なのはヨーロッパの航空機メーカーである。エアバスが有名だが、以前からエアバスというメーカーがあったわけではない。エアバスはフランスのアエロスパシアル、ドイツのDASA、イギリスのBAe、スペインのCASAが共同出資してエアバス・インダストリーを設立、当初のエアバス・インダストリーは国際事業体（コンソーシアム）で、エアバス・インダストリーは出資する4社のまとめ役に過ぎなかった。しかし2001年にはエアバスは法人化され、現在はEADSの子会社になっている。EADSは2001年にフランスのアエロスパシアル、ドイツのDASA、スペインのCASAの3社が統合してできている。

フランスのアエロスパシアルはかつてイギリスのBAe（British Aerospace）とともにコンコルドを開発したフランスを代表する航空機メーカーで、エアバス開発にも大きく関わっている。また現在ではイタリアのアレーニアとともにATRというプロペラ機も開発している。フランスが開発したジェット旅客機にカラベルがあるが、カラベルもアエロスパシアルの前身の内の1社であるシュド・アビアシオンが開発している。「シュド」とはフランス語で南という意味で、シュド・アビアシオンの他にノール（北）・アビアシオンもあり、統合してアエロスパシアルになった。

フランスにはダッソーという航空機メーカーもあり、戦闘機ミラージュやビジネスジェットのファルコン開発で知られるが、メルキュールというジェット旅客機を開発した過去も持つ。

ドイツのDASA（DaimlerChrysler Aerospace）というと、ドイツのダイムラー・ベンツとアメリカのクライスラーが統合していて自動車メーカー

図16　かつてフランスにはカラベルという旅客機があったが、エアバスの前身の１社が開発した。（ジュネーブ空港）

の印象があるが、メッサーシュミット・ベルコウ・ブロウムがダイムラー・クライスラーに買収されて航空事業部門になった。メッサーシュミットといえばドイツ空軍の戦闘機として耳にしたこともあるだろう。スペインのＣＡＳＡ（Construcciones Aeronauticas SA）は主に軍用機を開発しているメーカーである。

これらフランス、ドイツ、スペインの航空機メーカーが合併したＥＡＤＳの子会社がエアバスだ。「エアバス」の名称は世界で知られているが、戦前から航空機産業に携わってきた老舗メーカーがエアバスを開発しているのである。またイギリスは初期の段階でエアバスから手を引き、アメリカとヨーロッパ大陸の中間的立場をとっている。

イギリスの航空機メーカーは歴史を追ってみてみよう。人類初のジェット旅客機コメットを開発したデハビランドはコメットの失敗で業績不振になりホーカーシドレーに買収される。ホーカーシドレーはＨＳ７４８というプロペラ機やＨＳ１２１トライデントという3発ジェット旅客機などを開発した。またイギリスにはビッカースというメーカーもあり、全日空でも運航したバイカウントというプロペラ機やＶＣ－10という4発ジェット旅客機を開発している。このほかハンドレページというメーカーは全日空の前身の1社である極東航空でも運航したＨＰ－１０４マラソンというプロペラ機などを開発している。そしてこれらの航空機メーカーはいくつかの会社を経て１９７７年に統合され国有化されてＢＡｅになり、コンコルドやＢＡｅ１４６という4発ジェット旅客機などを開発、現在はＢＡＥシステムズを名乗っている。そしてヨーロッパ最大の航空宇宙企業であるが、旅客機開発は行わなくなった。ただしイギリスにはロールスロイスがあるので、世界の旅客機開発には大きく関わってはいる。

ヨーロッパにはこのほか現在でも日本エアコミューターが運航するサーブ３４０を開発したスウェーデンのサーブ、かつてフォッカー１００などのジェット旅客機や中日本エアラインサービスなどが運航していたフォッカー50などのプロペラ機を開発したオランダのフォッカーなどがあるが、サーブは旅客機開発から撤退、フォッカーは会社自体が倒産してしまった。ドイツのドルニエは、アメリカのフェアチャイルドが買収したが経営破綻、新中央航空も運航するドルニエはスイスのＲＵＡＧエアロスペースが生産を引き継いでいる。フェアチャイルドは小型プロペラ機のメトロを開発したスウェリンジェンも買収していた。

日本でも多いカナダ製旅客機はボンバルディア製だが、ジェット機のＣＲＪはカナディアが開発、プロペラ機はデハビランドカナダが開発している。この2社がボンバルディアに買収されたという経緯だ。デハビランドカナダはその名の通りイギリスのデハビランドがカナダに設立した会社だった。

Column ②

消えた機材

現在はボーイングとエアバスがジェット旅客機メーカーの二大勢力だが、かつてはさまざまな個性豊かなスタイルをした旅客機が世界の空を飛んでいた。この頃に比べると、現代の旅客機は画一的なスタイルだといわざるを得ないだろう。

図②-１　ロッキードL-1011トライスター
ロッキードが開発した唯一のジェット旅客機、かつて全日空でも運航していた。ダグラスDC-10と同時期に開発されたため、売り込み合戦は熾烈を極めた。現在は世界中でも旅客型を見出すのはかなり困難になった。（伊丹空港）

図②-２　ホーカーシドレー HS121トライデント
３発ジェット機でエンジンは３発とも後部に装着、B727に似たスタイルをしているがトライデントのほうが初飛行は早かった。イギリス系の国で運航されたが数は少なかった。しかし当時の中国民航が運航していたため日本にも飛んでいた。（成田空港）

図②-3　ダッソー メルキュール
B737そっくりだが、フランスのダッソーが開発したメルキュールという機体。ダッソーは戦闘機「ミラージュ」やビジネスジェット「ファルコン」で有名だ。12機しか製造されず、当時のフランス国内航空会社エールアンテールだけで運航された珍品である。(パリ・シャルルドゴール空港)

図②-4　イリューシンIl-62
旧ソ連が開発した4発長距離用ジェット旅客機だが、西側機材よりはるかに性能は劣っていた。しかし当時のアエロフロート・ソ連航空は毎日この機体で成田に乗り入れ、ヨーロッパ格安旅行などで若者が大勢利用した機体だった。(成田空港)

第3章　機体の謎

ジェット旅客機の主翼はほとんどが機体から斜め上方に伸びているが、それにはどんな理由が？（成田空港）

謎017

主翼、水平尾翼、垂直尾翼の役目

民間機と軍用機の違いはここにある

航空機は鉄道や自動車に比べると、どの機体も似たようなスタイルをしていて「どれも同じ」に思える。やはり空を飛ぶためにはおのずと形は決まってしまうのだろう。しかし最も基本となる主翼、水平尾翼、垂直尾翼の形状でも、その形状は微妙に異なる。とくに民間機と軍用機ではけっこう異なるものである。軍用機では急旋回や急上昇など「運動性」が重視されるのに対し、民間機では「安定性」が重視されている。

航空機は主翼に発生する揚力で飛んでいる。揚力とは字の通り揚げる力である。この揚力は主翼の上下を流れる空気の圧力差で発生している。主翼の断面形状から主翼上面より下面のほうが空気は遅く流れるようになっているが、遅く流れるほうが主翼を推す圧力は大きくなる。航空機は速く飛べば飛ぶほど揚力は大きくなるほか、主翼の面積も大きいほうが揚力は大きくなる。

ヘリコプターはプロペラが回っていると思えるが、翼が回っていて、翼が前へ進むのではなく、回ることによって揚力を得ている。ヘリコプターを含めて航空機は揚力で飛んでいるのに対し、飛行船や気球などは浮力で飛んでいる。

航空機に似た乗り物にジェットフォイル、水中翼船などの高速船がある。航空機が空気に対する揚力で飛ぶのに対し、これら高速船は水中の翼で、水に対しての揚力で船体を持ち上げ、水の抵抗を少なくして高速航行する。航空機もこれら高速船も、ともに前に進まないと揚力が発生しないという共通点がある。ヘリコプターは翼が回転することで翼が前に進んでいるのと同じ揚力を発生させているので、ヘリコプターを「回転翼機」、通常の航空機を「固定翼機」という分け方もある。

水平尾翼は水平安定板や昇降舵、垂直尾翼は垂直安定板や方向舵から構成され、機体の姿勢を保つのに大きな役割を果たしている。機体を横から見た時にシーソーのように揺れる縦揺れを防いでいるのが水平尾翼、機体を上から見た時にシーソーのように揺れる偏揺《かたゆ》れを防いでいるのが垂直尾翼である。では機体を前から見た時にシーソーのように揺れる横揺れを防いでいるのはというと、垂直尾翼もその役割を果たしているが、主翼の上反角《じょうはんかく》が大きな役割を果たしている。これは旅客機を正面から見た時、主翼は胴体に対して少し斜め上方に伸びるように取り付けられているが、これが上反角である。いっぽう高翼機といって主翼が胴体上方に取り付けられている機体では、逆に下反角《げはんかく》が付けられているが、同じ役割を果たす。この上半角、下半角はジェット機には必要だが、速度の遅いプロペラ機では不要とされている。

高翼機とは逆に、機体下方から主翼が伸びている機体は低翼機といい、旅客機ではジェット機は低翼機、プロペラ機は高翼機が多い。それぞれに特徴があり、低翼機は安定性、高翼機は運動性に優れていて、軍用機に高翼機が多い。またプロペラ機は低翼機だとブレードが大きいと地面を擦る可能性がある半面、高翼のジェット機はエンジンが高い位置にあってメンテナンスに手間がかかる。低翼機なら車輪の収納スペースを主翼に設けることが容易だが、高翼機は胴体に収容するか、または脚を長くして主翼に収納する必要がある。もし車輪を胴体に収納すると、車輪同士の間隔が狭く、地上での安定性は低くなる。これら条件が重なりあって現在の低翼機と高翼機の比率になっている。どちらが優れているというものではない。

　現在の旅客機には主翼とともに水平尾翼にも通常の形状と、垂直尾翼の先端に水平尾翼がある形状（前後から見たときＴ字に見えるのでＴ字尾翼という）がある。Ｔ字尾翼のほうが重心から離れた部分に位置するのでバランスがとりやすく運動性に優れているので、軍用機や小回りの利く小型旅客機に多い。主翼との位置関係も重要で、水平尾翼は主翼が起こす空気の渦を避けた位置に設置する必要もある。エンジンが後部にあるジェット旅客機の場合はスペースの関係からやはりＴ字尾翼が一般的である。エンジンを後部に装着する大きな理由としては、エンジンを主翼にぶら下げると、車輪の脚を長くする必要があり、収納に大きなスペースが必要になってしまうという理由がある。

　主翼形状はその機体のスピードによって形を変える。プロペラ機では機体からまっすぐ伸びているが、スピードの速いジェット機では主翼は斜め後ろに伸びている。これを後退角《こうたいかく》というが、およそ時速７００キロ以上で飛行する場合は後退角があったほうが安定性に優れている。１９６０年代、当時のアエロフロート・ソ連航空ではＴｕ－１１４という二重反転プロペラを持ったプロペラ機があり、この機体はプロペラ機であるにもかかわらずジェット機同様のスピードが出せたが、やはりジェット機同様に後退角を持った主翼であった。プロペラかジェットかで主翼形状が異なるのではなく、飛ぶスピードによって形状は変わる。

　さらにスピードが音速を超える戦闘機ではデルタ翼という直角三角形になり、水平尾翼と一体になった形状になる。これは戦闘機が主翼にミサイルなどをぶら下げるための形状ではなく、そのスピードからこのような形状になっている。そのため旅客機であっても音速の二倍の速さで運航していたコンコルドはデルタ翼であった。

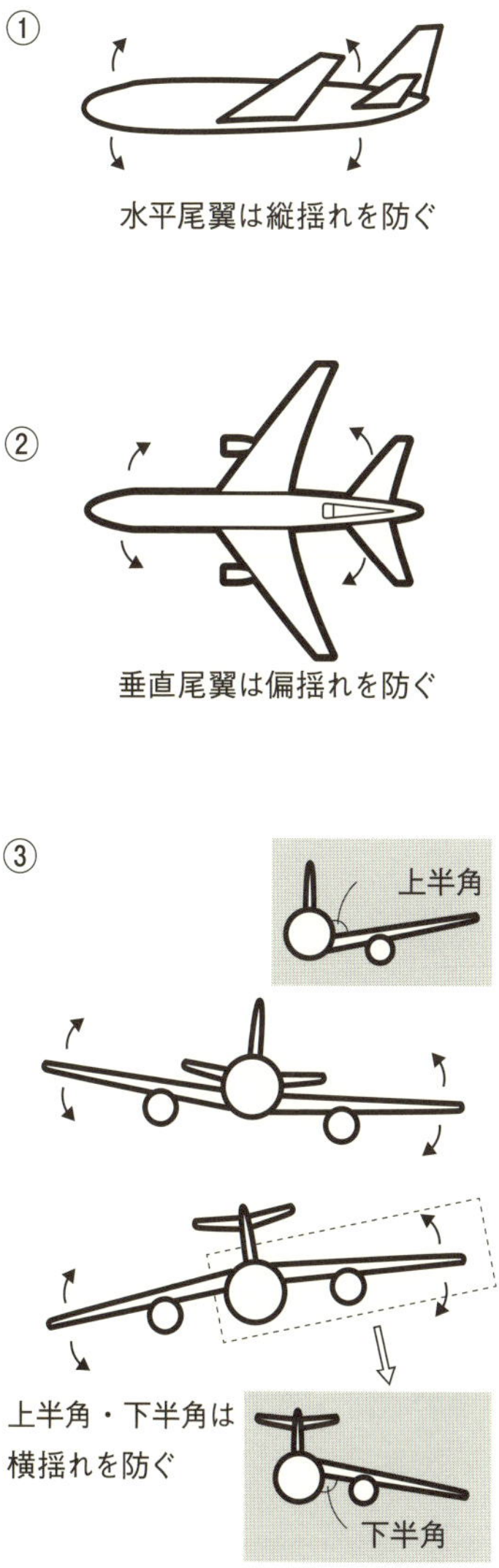

図17-２　機体の揺れを防ぐ３要素。

図17-１　主翼の形状。

謎018

進化しているエンジン

同じジェットエンジンでも隔世の感

航空機のエンジンは一般的には「プロペラかジェット」となるが、この2種で片づけられるほど単純ではなく、日々進歩している。

ジェット旅客機登場以前、日本からアメリカへもプロペラ機だったが、そのプロペラ機は現在とは仕組みが異なっていた。たとえばダグラスDC−8を購入する以前、日本航空の太平洋便はDC−7で運航していたが、当時のプロペラ機はレシプロ機と呼ばれ、自動車などと同じピストン運動を回転運動に変換するエンジンでプロペラを回し、その推力で飛んでいた。「レシプロ」とはレシプロケーション（往復運動）の意味である。そのため巡航速度は時速約500キロ程度であった。現在でも自家用機などはレシプロエンジンだが、日本には定期旅客便での運航は新潟〜佐渡間に残るのみである。近年では東京、長崎、沖縄の離島便にもレシプロ機が飛んでいた実績はある。

人類初のジェット旅客機だったイギリスのコメットはジェットエンジンを装備していたが、こちらも現在のエンジンとはかなり異なる。現在は「ターボファンエンジン」であるのに対し、当時のジェットエンジンは「ターボエンジン」であった。ジェットエンジンは前方から取り入れた空気を圧縮、高温・高圧にし、燃料を噴射して燃焼させ、排出される高速のガスが推力となる。

「ターボファンエンジン」はエンジンでファンを

回すことで前方から取り入れた空気のうち一部を燃焼室に取り入れ、一部は燃焼させずに後方に流し、大きな推力を得る。この燃焼させる空気と燃焼させない空気の比率をバイパス比と呼ぶ。この数値が大きいほど燃費がいいほか、騒音の発生する燃焼室を燃焼しない空気の流れで囲んであるため、高バイパス比のエンジンほど騒音も少ない。

一般に初期の機体は細長いエンジンであったが、現在のエンジンが太いビアダル状に形態が変わっているのは、バイパスする空気の通り道が大きくなったからである。本格的にターボファンエンジンが普及したのはＢ７４７ジャンボ機からで、バイパス比は4、取り入れた空気のうち、20％を燃焼させ、80％を燃焼させないでバイパスしていた。しかしＢ７７７ではバイパス比は8～9、Ｂ７８７ではバイパス比は10～11になり、進歩はめざましい。およそバイパス比4～5を境に「低バイパス比」「高バイパス比」と呼ばれている。

取り入れた空気の圧縮比率も、初期のエンジンでは数倍であったがＢ７７７のＧＥ製エンジンでは圧縮比42となっている。このような進歩を遂げたため、エンジンの推力もＢ７４７では1基あたり約25トンであったが、Ｂ７７７では1基あたり約40トンの推力を得られるようになった。Ｂ７０７では4基のエンジンで２００席以下であったが、Ｂ７７７では2基のエンジンでも５００席以上にすることができるのには、エンジンの進歩がある。

ちなみに超音速旅客機コンコルドは、「ターボファンエンジン」ではなく、燃費の悪い「ターボエンジン」で、しかも排出される高速のガスをアフターバーナーでもう一度燃焼させて大きな推力を得ており、極端に燃費が悪かった。また旧ソ連製旅客機はターボファンエンジン開発が遅れたために西側機材より性能面で劣っていた。

長期間にわたって生産されている機体では、同じ機種でも装備されているエンジンが根本的に異なる場合もある。Ｂ７３７が初飛行を行ったのは１９６７年、初期のタイプとなる－１００と－２００型のエンジンはバイパス比の低いもので、細長い形状をしていた。しかし－３００型からは高バイパス比の太いエンジンを装備することになった。ところが基本設計を変えずにエンジンを変えたので思わぬところに問題が生じた。それは主翼の高さが低く、太いエンジンをぶら下げると地面を擦る可能性が出てきたのである。そのためＢ７３７の－３００型以降の機体では下面を平らにした、おむすび形断面のエンジンを装備している。

低バイパス比のエンジンの代わりに高バイパス比のエンジンに載せ替えて、古い機体を延命させた例もあり、ＤＣ－８の70型はエンジンを載せ換えている。貨物機としてわずかに現役である。

話はプロペラ機に戻るが、現在のプロペラ機はジェットエンジンでプロペラを回し、その推力で飛んでいて、「ターボプロップ」と呼ばれる。ターボファンエンジンもエンジン前方にファンを付けているので、現在はジェット機とプロペラ機双方ともが似てきている。

それぞれのエンジンではスラストリバーサー（逆噴射装置）の仕組みも異なる。ターボジェットエンジンやバイパス比の低いターボファンエンジンでは、エンジン後部に蓋があり、排出されるガスすべてを後方ではなく斜め前方に向きを変える仕組みになっていた。現在のターボファンエンジンはバイパスする空気の流れだけを斜め前方に方向を変える仕組みで、たとえばバイパス比９であれば、斜め前方に流れる空気の量90％に対し、推進力として使った量も10％残るので、差引、空気の量で80％の力が制動力となる。またプロペラ機の場合は船のスクリューと同じ仕組みで可変ピッチといい、ブレードの角度を変えることによって制動力を得ている。回転する方向は同じながら、空気の流れは逆になるという仕組みだ。「逆噴射」というとエンジン内の空気の流れが逆になるように感じるが、そのようなことはない。

現在エンジンはアメリカのGE（General Electric）、プラット&ホイットニー、イギリスのロールスロイス、この3社が大きなシェアを維持するが、A320ファミリーを中心にGEとフランスのスネクマが設立したCFMインターナショナルやインターナショナルエアロエンジンズのエンジンが使われている。インターナショナルエアロエンジンズは、プラット&ホイットニー、ロールスロイス、ドイツのMTUアエロエンジンズ、そして*日本航空機エンジン協会の合併事業である。B747が就航した当時は、航空会社はエンジンメーカー大手3社からの選択だったが、現在はエンジンメーカー同士の提携も活発で、A380ではGP（GEとプラット&ホイットニー）アライアンスとロールスロイス2社からの選択となっている。

*日本航空機エンジン協会…IHI、川崎重工業、三菱重工業で形成。

図18　低バイパス比のエンジン（左）と高バイパス比のエンジン（右）では形状がかなり異なる。

謎019

フラップ、エルロン、スポイラーの動き

メカニカルな動きは機窓の楽しみ

旅客機は機体前方に乗るほうが快適とされている。理由はエンジンより後方は騒音が大きいからで、ファーストクラスなどは必ず機体前方に配置されている。しかし飛行機好きには主翼より後方の窓側を好む人も多い。それは主翼にあるさまざまな補助翼の動きが見たいという人が多いからだ。

水平尾翼には昇降舵、垂直尾翼には方向舵があり、これらは上昇下降、旋回などの働きをするが、主翼にもさまざまな舵に相当する装置が付いている。まずフラップは主に主翼面積を大きくし、巡航時に対してスピードの遅い上昇時や下降時に揚力を補う役割がある。そのため、より速度を落として飛行する下降時のほうがフラップは大きくせり出している。フラップは主翼前方にもあり、こちらはスラット、または前縁フラップなどと呼ばれる。主翼の前後で主翼の外側に板が伸びてきて、主翼が大きくなったのと同じ効果を得る。

離陸上昇時は、このフラップが元の位置に戻れば「気流の安定している安全な高度まで上昇したな」と思えばいい。降下時は一度にフラップが最終的な位置にまで伸びるのではなく、2回くらいに分けて作動させることが多い。速度に応じて主翼の面積を調節している。フラップが最終的な位置にまで伸び切ったら、「間もなく着陸」である。フラップをいっぱいに広げて踏ん張っている様子が見て取れるはずだ。これらフラップ類は、パイ

図19-1　フラップの動き。巡航時はフラップはしまわれている、降下時はせり出して主翼面積を大きくする、着陸直後はスポイラーを立てて揚力を完全に消す。(B747-400、成田空港)

ロットの判断で操作され、着陸が近づくと「ウイーン」という音とともにせり出してくる。

これら全体をまとめて高揚力装置と呼ぶこともある。B747のフラップは三段仕立てで、三枚の板が主翼の断面を伸ばすようにせり出してくるが、板と板の間は密着しておらず、隙間が空いているが、これは空気の流れを整えるためで、渦ができて揚力を減らすのを防いでいる。雲の中を飛行するときは、この隙間からの空気が霧状に後方に流れるのが機内からも観察できる。

いっぽう飛行中たえずパタパタと上下しているのがエルロンと呼ばれる装置である。フラップが主翼前後から斜め下方にせり出すように伸びて主翼面積を大きくしているのに対し、エルロンは主翼後方にせり出すのではなく、パタパタと上下に角度を変えている板である。フラップより翼端にあるほか、大型機では翼端と主翼中央部にも備えられている。これを操作することで機体の姿勢が左右方向で調節でき、主翼左右の揚力を調製することで機体を真っすぐな姿勢に保つとともに、意図的に傾けて旋回にも用いられる。パイロットの操作でも作動するが、自動操縦中は絶えず自動的に調整され、機体の姿勢を保つ役割がある。

独特の動きをするのがスポイラーである。主翼上面に立ち上がるように作動し、主にブレーキの役割を果たす。このスポイラーが最も活躍するのは着陸直後、揚力を完全になくすために立ち上がる。しかし飛行中にも使われ、揚力を打ち消す作用があるため、降下時も用いる。航空機の揚力は速く飛べば飛ぶほど増すので、速度を落とせば自然と降下するが、手っ取り早く降下するときや、速度は維持して高度のみを下げる時などに有効に作用する。スポイラーはパイロットの意思で作動させるが、着陸時は自動的に立ち上がるようにセットしておくのが普通である。

ときどき勘違いしてしまうのがスポイラーの役

目である。スポイラーは「エアブレーキ」として活用などというと、スポイラーを立てることで空気抵抗を大きくしているようにも思われる。戦闘機が着陸したときに機体からパラシュートのようなもの（ドラッグシュートという）を出して着陸滑走距離を短縮するが、それとスポイラーは異なる役目である。

航空機は着陸直前までは揚力で空中に浮いていなければならないが、接地したら今度は再度空中に浮かないように揚力を完全に消さなければならない。そのため接地したらすぐに揚力を消すために主翼上面に立ち上がる。スポイラーは主翼上面でなければ存在価値がないほか、速度を減速させる役割はない。減速させるのは車輪のブレーキで、その補助としてストラトリバーサー（逆噴射）を用いる。またドスンと着陸すると「下手なパイロット」と思う乗客もいるが、ふわっと着陸させてなかなか揚力が減らないと、短い滑走路ではオーバーランする可能性があり、ドスンと着陸させて確実に地面をとらえるほうがいい時もあるのだ。

次に多くなったのがウィングレットである。以前はB747でいえば-400型以降はウィングレット付きなどと、機種によって備わっていたが、近年は既存のB737やB767に改めてウィングレットが装備されることが多くなり、その機体の印象も変わりつつある。乗客にとって「燃油サーチャージ」は悩みの種だが、それだけ燃料費が航空会社にとっても負担となっていて、燃費の改善は「何でもやる」というのが風潮なのである。形態もさまざまで、ウィングレットの他エアバスには小柄なウィングチップが多かったが、ボーイングの新機種では主翼先端部が徐々にそりあがっていく「レイクドウィングレット」という形状のものが多くなった。さまざまな形態があるが、効力はすべて同じで、主翼先端で発生する「翼端渦」を抑えて空気の流れを整え、燃料を節約する。

図19-2　着陸時はフラップを大きくせり出して、重い機体を支える。

図19-3　フラップは主翼前方にもあり、スラットまたは前縁フラップなどとも呼ばれる。後方のフラップ同様、主翼面積を大きくして、重い機体を支える。

図19-4　接地後はスポイラーが立ち上がって、再び揚力が発生しないようにする。

各部の名称

ウィングレット（B737-800）

ウィングチップ（A380）

レイクドウィングレット（B777-300ER）

図19-5　これらは形状が異なるものの役目はすべて同じで、翼端渦という空気の渦を防ぎ、空気の流れを整えることで燃費を向上させる。

謎020

同じ機体でもバリエーションがある理由

形式の付け方にルールはない

旅客機の機体形式は分かりにくい。ジャンボやA380ほどに特徴があれば別だが、B767とB777の違いだって、私は見慣れているので分かるが一般の人が分かるとは思えない。大きいのがB777で小さめなのがB767、細かな違いは慣れるしかない。私は乗用車に興味がないので街中で車を見てもトヨタと日産の見分けすらできないのと同じである。

さらに、同じB777でもB777-200、B777-300、また形式の後にERと付くものやLRと付くものなどさまざまである。空港で実物を見て、あれはB777-300ERなどと答えられるようになるにはかなりの鍛錬が必要だ。

それではなぜ-200、-300、-300ERなどと細かな分類ができるのだろうか。旅客機は新機種開発に莫大な費用がかかる。一般的に新機種を開発すると、300機以上売れないと利益はないという。250機で終了したのでは赤字、事業としては失敗なのである。そこで開発に当たり、さまざまなニーズにこたえられるよう、サイズの大中小、航続距離の長短などさまざまなタイプを用意することになり、それが-200、-300といったバリエーションを生むのである。

B777で具体的に紹介すると、-200という基本系があり、胴体を延長した-300、それぞれに航続距離を長くした-200ER

(Extended Range)、－300ERがある。さらに－200には－200LR(Longer Range)もある。ERでもLRでも同じく航続距離を延長したもので、意味は同じに思える。実際似たようなものであることも事実だが、ERは基本系の航続距離を延長したのに対し、LRは最初から長距離を飛ぶことを前提に設計されたものなので、エンジン形式も異なる。B777－200LRには「ワールドライナー」という愛称があるが、これは－200LRのみを指す愛称である。またB737やB747は－100から始まるのに対し、B777はなぜ－200からはじまっているかというと、実は－200の胴体を短くした－100も計画されていたのだが、航空会社からの発注がなく開発を中止したという経緯がある。

そもそも機種の定め方に一定のルールがあるわけでもない。たとえば現在生産されているB737には基本系の－700、胴体を短くした－600、胴体を長くした－800などがあるが、エアバスの対抗機ではどうだろう。エアバスでB737の対抗機種になるのはA320ファミリーと呼ばれる機種で、基本系のA320があり、胴体を短くしたA319、胴体を長くしたA321などがある。ボーイングではB737の派生形で、エアバスでは異なる形式となっているが、両者に大きな違いはない。ともに胴体断面は同じで、その胴体を短縮したり延長したりしている。このように少しの違いを派生形にする場合と異なる機種にする場合があるので、似たような機材で仲間の場合もあればそうでない場合もある。

外観は違っていても性能が同じなら同じ機種、性能が同じでも外観が違っていれば異なる機種などのルールもありそうだが実際はこういった法則もない。現在でも成田空港に乗り入れるB747SPは通常のB747よりかなり機体は短く、その分、垂直尾翼が大きく、その付け根の形状も異なるが、同じＢ７４７である。Ｂ７４７の－３００と－４００では外観差といえばウィングレットの有無くらいだが、実際はコクピットクルーが－３００では３人乗務、－４００では２人乗務と性能はまったく異なる。エアバスでもＡ３００の－６００までは３人乗務、－６００Ｒから２人乗務なのである。形式の最後に「Ｒ」が付くか付かないかで大きな差となる。性能の大きな違いが形式に反映されないことも多いのだ。

　ちなみに旅客機にとっての長距離型の造られ方はどのようなものであろうか。旅客への設備という面ではトイレが多くあるとか、機内食の収納設備が多いなどということが考えられるが、それは内装の問題で、機体が長距離型かどうかということと関連しない。旅客機にとって長距離型とは長い時間飛ぶだけの燃料が積めるかどうか、そしてその重い燃料を積んで離陸できるだけのエンジンにパワーがあるかどうか、これで決まる。極端ないいかたをすれば、国内線用機材であっても、乗客数を大幅に減らし、貨物も積まず、そのぶん、貨物室に燃料タンクを設置してたくさん燃料を積めばアメリカにだって南米にだって飛べる。

　一般に長距離タイプとは２種類の開発方法がある。ひとつはある基本系の機体があり、性能は同様にして機体を短くする方法だ。Ａ３００に対するＡ３１０、Ｂ７４７－１００に対するＢ７４７ＳＰなどがそれにあたり、性能が同じ、つまり最大離陸重量が同じなので、機体を短くしたぶんだけ、乗客や貨物が少なくなり、その分燃料が多く積めるという発想である。Ａ３２０よりＡ３１９、Ａ３３０－３００よりＡ３３０－２００のほうが長距離を飛べるのは同じ発想による。もうひとつは基本型より強力なエンジンを開発するという方法で、Ｂ７４７－４００に対するＢ７４７－４００ＥＲ、Ｂ７７７－２００に対するＢ７７７－２００ＬＲなどがこれに相当する。

表20　ボーイング、エアバスの現役の主な機体の性能比較。

形式	全長（メートル）	標準座席数（人）	航続距離（ノーティカルマイル）	備考
B737-300	33.4	128	2270	生産終了
B737-400	36.4	146	2500	生産終了
B737-500	31.0	108	2630	生産終了
B737-600	31.2	108	3195	
B737-700	33.6	128	3200	
B737-700ER	33.6	126	5500	
B737-800	39.5	160	2900	
B737-900	42.1	177	2700	
B737-900ER	42.1	189	3200	
B747-400	70.7	416	7280	生産終了
B747-400ER	70.7	416	7750	生産終了
B747-8IC	76.4	467	8000	
B757-200	47.3	201	2600	生産終了
B757-300	54.4	252	3500	生産終了
B767-200	48.5	181	4850	
B767-200ER	48.5	181	6650	
B767-300	54.9	218	4560	
B767-300ER	54.9	218	6145	
B767-400ER	61.4	245	5655	
B777-200	63.7	305	5250	
B777-200ER	63.7	305	7245	
B777-200LR	63.7	305	8600	
B777-300	73.8	368	5100	
B777-300ER	73.8	368	7300	
B787-3	55.5	296	3500	未就航
B787-8	55.5	224	8500	
B787-9	61.6	259	8300	未就航
A300-600	54.1	231	3750	生産終了
A300-600R	54.1	231	4400	生産終了
A310-200	46.7	187	4000	生産終了
A310-300	46.7	187	5350	生産終了
A318	31.7	107	1500	
A319	33.8	124	2020	
A320-100	37.6	150	1700	
A320-200	37.6	150	3000	
A321-100	44.5	186	2350	
A321-200	44.5	186	2700	
A330-200	58.3	256	6400	
A330-300	63.7	295	5550	
A340-200	59.4	262	7750	生産終了
A340-300	63.7	295	7150	
A340-500	66.8	313	8500	
A340-600	74.3	380	7500	
A350-800	60.6	270	8300	未就航
A350-900	66.9	314	8100	未就航
A350-1000	73.9	350	8000	未就航
A380-800	70.8	525	8200	

図20-1　ボーイングではB737-700（基本形）の胴体を短くしたものがB737-600、長くしたものがB737-800、さらに長くしたものがB737-900である。
写真は上から-600、-700、-800、-900。

図20-２　エアバスではA320（基本形）の胴体を短かくしたものがA319、長くしたものがA321である。写真は上からA319、A320、A321。

謎021

B767がセミワイドボディ機と呼ばれる理由

ちょっとした工夫で同サイズのA300はワイドボディ機扱い

ヨーロッパの旅客機というと、まずイギリスが人類初のジェット旅客機としてコメットを飛ばすものの失敗に終わり、次はイギリスとフランスが超音速旅客機コンコルドを共同開発するもののこちらも世界に普及することはなかった。そこで三度目の正直で、ヨーロッパ各国が総力を挙げて成功したのが経済性に優れたエアバスA300だった。1972年初飛行のA300は双発でワイドボディ機という経済性が世界で受け入れられたほか、アメリカの航空会社に無料でリースするなどの積極的な売り込みが功を奏してベストセラーの機体となったが、A300には貨物室にもひと工夫あった。

旅客機といえども貨物も運んでいるし、とくにワイドボディ機の床下スペースは広く、貨物専用機同様にコンテナも収納できる。これがナローボディ機となるとバラ積みになってしまうので、ワイドボディ機にとって貨物室は大切な要素である。ワイドボディ機は旅客を運ぶとともに、貨物輸送にも貢献しているのである。そしてコンテナは機種ごとに用意されているのではなく多くの機材で共用されている。B747で運ばれてきた貨物を、ある空港からはA300に載せ換えて輸送することなどがあるからだ。

そしてB747やDC－10の床下にはLD3というコンテナが横に2個搭載することができたが、

B747やDC－10よりも一回りサイズの小さいA300では、ちょっとした工夫で、B747などと同様に横に2個搭載できるようにした。

機体断面の最も太い部分を貨物室にあてることでLD3コンテナ2個を収容できるスペースを確保し、客室は胴体断面中央よりやや上方に持ちあげたのである。やや客室を犠牲にして貨物室スペースを捻出したのだが、A300は双発であるにもかかわらず、通路が2列ある広い客室と、B747と同様の大きな貨物室を持つ機体として航空会社に受け入れられたのである。反面客室は機体上方にあるので、とくに窓側の席に座ると、頭上に天井が回り込んでくる圧迫感を感じる人も多いという。客室の胴体断面はエコノミークラスでアブレスト（横の座席配置）2－4－2配置である。

エアバスではこのA300で採用された胴体断面はその後A310、A330、A340と、総2階建てのA380以外のワイドボディ機すべて

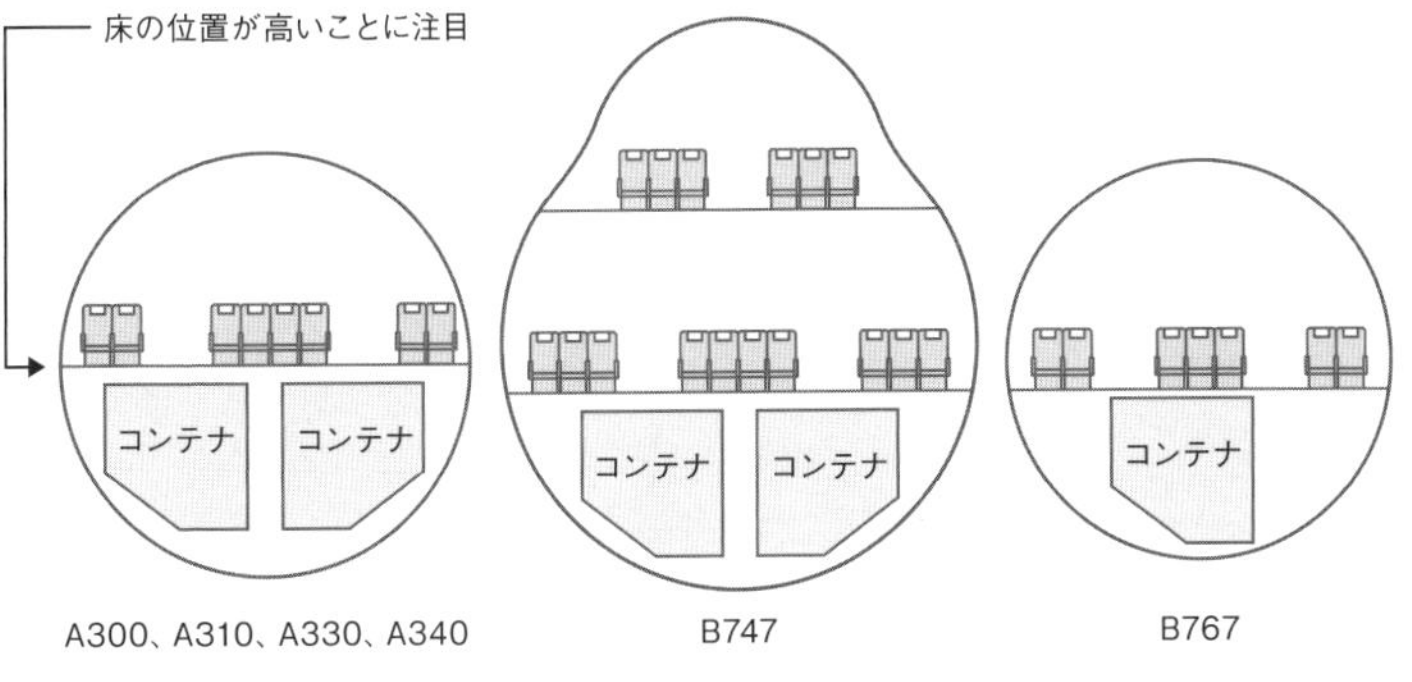

図21　A300などのエアバスのワイドボディ機、B747、B767の胴体断面。コンテナの大きさは同じ（概念図）。

で採用されたため、エアバスワイドボディ機は貨物輸送におけるコンテナの互換性では有利な条件であった。現在開発中のA350でも、当初はこのA300からはじまった胴体断面を採用して「A350」として計画したが、航空会社での評判が悪く、「A350XWB」として新たに別の胴体断面を開発することになった。

いっぽうボーイングでA300に最もサイズや用途が似ている機体は、A300に遅れること9年、1981年に初飛行を果たしたB767である。初飛行に9年という差があるので、当然A300の成功を踏まえての開発であったはずだ。しかしB767では床下にLD3を2個収容するという胴体断面は採用されなかった。

B767の胴体断面は貨物ではなく乗客の快適度優先で決まっていて、横2－3－2の座席配置であった。当時航空業界の主役はB707やDC－8といったナローボディ機から一挙に大量輸送のできるB747などの大型機へと主役が変わっていった。B747も登場時は3－4－2というアブレストで、現在よりゆったりしていたが、3－4－3に改められ、より大量輸送に重点が置かれるようになった。そのため窓側でも通路側でもない席に座らなければならない確率が増えたのである。仮にB747が満席だったとするとエコノミークラスで窓側か通路側に座れるのは10人に6人である。残り4人、40％の乗客は窓側でも通路側でもない席に座らなければならないことになる。旅客機の快適度が落ちているということが世界中で問題視されていた。

このような声を反映してアブレストが決められたのがB767である。2－3－2という配置なら乗客の86％（7人中6人）は窓側か通路側に座ることができる。当時旅客機の搭乗率が86％を超えるのはかなりの繁忙期のみという調査結果をもとにこの数字があった。ほとんどの乗客が窓側か通路側に座れる快適な機体を目指して開発された。またA３００とは違い、胴体の最も太くなった部分を客室としたので、天井が頭上に迫ってくる圧迫感もない。

反面２－３－２というアブレストをもとに胴体断面が決定されたので、通路が２列あるワイドボディ機であるにもかかわらずLD３コンテナは横に２個収容することができず、横に１個ずつしか収容できない。客室から見れば通路が２列あるのでB７６７は紛れもないワイドボディ機だが、貨物業界ではLD３を横に２個収納できることがワイドボディ機の標準とされていることが多く、このようなことからB７６７のみをセミワイドボディ機と呼ぶことがある。A３００をセミワイドボディ機と呼ぶことはないので大きな違いだ。

実はB７６７は双発ではなく３発にする計画もあった。最終的には経済性から双発となるが、当時は双発では長距離洋上飛行ができなかったので、B７６７は大きさも中途半端、用途も限られるとして販売は伸びなかった。ETOPSのルールが緩和され、長距離洋上飛行が可能になってから、B７６７は長距離国際線でも活躍するようになり、販売数も伸びたのである。

アブレストが２－３－２の機体はB７６７が唯一の存在で、７列に対して通路が２列あるので、この機体が快適であるという利用者は多い。しかしB７６７の後継機とされるB７８７のアブレストは２－４－２、床下にはLD３コンテナが横に２個収納できる。またB７６７のアブレストの根拠となった「搭乗率が86％を超えるのは繁忙期のみ」という数字も、現在のLCC事情などを考えるとかなり変わってきているように思え、常に搭乗率90％以上を目指さないと航空会社の経営も成り立たないというのが実情である。そういう意味では今後はB７６７のような快適な機体が開発される背景は少なくなってきているようである。

謎022 与圧装置のない機体に乗ってみよう

高度5000フィート、ジェット機より地上に近い空の旅

戦後、当時の日本航空がはじめて自社機として導入したのはダグラスDC－4、羽田～大阪、福岡など国内幹線に導入された。定員は70席ほどだったので、現在同社で使われているローカル線用のプロペラ機と同規模の機体だったことになる。

しかしその乗り心地は現在のプロペラ機とは雲泥の差であったはずだ。なぜならDC－4は与圧装置を持っておらず、気流の安定した高高度を飛ぶことはできない。低空を飛ぶということは空気抵抗も大きく、時速350キロ程度の速度であった。当時の鉄道と比べれば速かったとしても、羽田～福岡間は約4時間弱を要した。天候が安定している日ばかりとは限らないので、与圧されていない機体で4時間というのは苦痛であったに違いない。

現在、日本国内の定期便で与圧装置のない機体は、東京都内でも体験できる。調布飛行場から大島、新島、神津島へ運航する新中央航空で、ドイツで開発されたドルニエ228という機体だ。

与圧されない機体の特徴は何といってもその少し武骨とも思える機体スタイルにある。与圧するというのは機体を風船にたとえると膨らませる状態なので、その圧力に耐えられるよう、なるべく球形に近いような形が求められ、機体断面は円形になるのが常である。ところが与圧装置を持たない機体は少々角ばったスタイルでも問題なく、たとえるならバスや電車に翼を付けたような印象の

図22-1　調布から伊豆七島へ飛ぶ新中央航空は、与圧装置を持たないドルニエ機で飛ぶ。(新島空港)

図22-2　機内の断面が円形ではなく、四角なのが分かる。

機体が多い。

実は日本で与圧装置を持たない機体はこの新中央航空のドルニエ228と新日本航空のBN－2アイランダー（佐渡便）のみになってしまったが、約10年前までは日本各地を与圧装置のない機体が飛んでいた。同じく新中央航空、佐渡へ飛ぶ旭新航空、現在はオリエンタルエアブリッジと呼ばれている長崎航空、沖縄の琉球エアーコミューターでもBN－2アランダーを、またエアー北海道や琉球エアーコミューターはDHC－6ツインオターという機体も運航していた。いずれもその地域の離島を結ぶ便である。

アイランダーはターボプロップ機ではなくレシプロエンジン、またアイランダー、ツインオターとも固定脚といって、上空でも車輪を機体に収納しないタイプであった。ドルニエ228も含めてこれら機体の特徴は、与圧装置がなく低い高度を飛ぶということである。およそ5000～7000フィート、1500～2000メートルほど、雲の下を飛ぶので、悪天候下では乗り心地は悪いが、天候が良ければ見晴らしもいい。

逆に高度1500メートルでも視界が利かないような悪天候の場合はこれらの便は欠航になることが多いので、非与圧の機体で外が全く見えないということは少ない。飛行機の旅行というと鉄道の旅のように窓の景色を楽しむという雰囲気でもないが、与圧装置のない機体での空の旅は、低空を飛ぶため下界の景色を満喫できる。ドルニエ228の場合、通路を挟んで1列なので、乗客全員が窓側の席になる。

世界に目を向けるとやはり離島便に与圧装置のない機体は多く飛んでいる。与圧がないということは高高度まで上昇するより低空を飛んだほうが遠回りにならない近距離便である。すると離島便に多くなる。空を飛ぶと1時間以内、船で行くと一晩かかるといったローカル路線で、与圧装置のない小さな機体に出会える。

前述のBN－2アイランダーなどは機体名通り、世界的に島とを結ぶ便に運航されることが多い。新中央航空でも運航しているドルニエ228は民間機としてだけでなく、沿岸警備などにも多く使われている機体である。また与圧装置を持たない小さな機体が山岳路線に使われることも多い。短い滑走路しかない山間《やまあい》の町への便である。道路が未整備で、陸路からのアクセスが困難な地域ではこういった小さな航空機が大切な足になっている。たとえばネパールのヒマラヤ地域などがその例である。

それでは与圧された旅客機はどのくらいの高度を飛ぶのだろう。ジェット機で日本の国内線程度の距離なら2万～4万フィート、国際線は3万～4万6000フィート、与圧されたプロペラ機は8000～1万6000フィート程度である。

1フィートが約0・3メートルなので、3万フィートを飛べば世界一高い山であるエベレスト（チョモランマ）の8848メートルもクリアーする。また富士山をクリアするためには約1万3000フィートの高度が必要になる。飛行中に与圧装置に何らかのトラブルが生じると酸素マスクが降りてくるが、この場合高度約1万フィート（3000メートル）まで緊急降下すれば酸素マスクは不要になる。伊豆七島への新中央航空の運航する高度が約5000～7000フィートと記したが、この高度なら与圧装置がなくても充分人間は呼吸ができるわけである。

いっぽう富士山は標高3776メートルなので、富士登山をする人は酸素マスクが必要とも思える。実際富士登山で高山病の症状が出る人も多いという。しかし一気に富士山山頂に行くわけではなく、麓から陸路を登るので、希薄な酸素に徐々に身体が慣れていくので多くの人は大丈夫なのである。

謎023

同じ機体でも使い方によって定員は倍になる

標準座席数、航続距離は目安に過ぎない

近年、旅客機の座席は両極端になりつつある。LCCと呼ばれる格安航空会社の増加で、いわゆるエコノミークラスは窮屈な座席が多くなった。LCCと呼ばれる格安航空会社に対抗するため、大手航空会社でもエコノミークラスの座席は狭くなる傾向である。いっぽう、かつてはファーストクラスでしかあり得なかったフルフラットシートが、現在では長距離便のビジネスクラスでも当たり前の存在になった。つまりビジネスクラスは年々豪華に、エコノミークラスは年々狭くなっていて、両者の差は大きくなっている。

たとえばANAでは国内線にB777-300を、国際線にはB777-300ERを運航していて、ともに機体サイズは同じ、客室の床面積も同じである。しかしその旅客定員は全く異なる。国内線用のB777-300がプレミアムクラス21席、普通席493席、計514席であるのに対し、フランクフルト、ロンドン、ニューヨーク便に運航するB777-300ERはファーストクラス8席、ビジネスクラス68席、エコノミークラス139席の計215席と、同じ機体サイズでありながら旅客定員は倍以上の差がある。

同じ空間でありながら、どうしてこんな差が生じるのだろうか。国際線のファーストクラスとビジネスクラスは横4席配置で全席が通路側という配置である。窓側も1席が独立しているため通路

にも面していて、機体の半分以上が優等クラスに使われている。エコノミークラスのアブレストは2－4－3である。それに対して国内線では機体前方から後方までアブレスト3－4－3の普通席がぎっしり配置されている。国内線用機材は短区間しか飛ばないという前提で機内レイアウトされているからである。

　では仮に成田〜ニューヨーク間に格安便として、国内線同様514席のB777－300ERを運航できるかというと、答えはノーである。国内線用機材は、長距離を飛ばない、長時間飛ぶのに必要な燃料を搭載しないことを前提に514席という定員にしている。ANAの国内線用B777－300はボーイングの仕様によれば、標準座席定員368席で、5100ノーティカルマイル（9445キロ）を飛べることになっている。しかしこれは目安に過ぎない。「368人乗せて5100ノーティカルマイル飛べますよ」という例に過ぎず、いわばモデルプランである。実は大型機ではモデルプラン通りになることはほとんどない。

　はっきり数値が決まっているのはB777－300でいえば、最大離陸重量が287トンだということ、その重さの範囲で定員と区間を決めるのである。旅客や貨物を多くすれば燃料にあてる重さは少なくなり長距離を飛ぶことはできない、燃料を多くして長距離を飛ぶのであれば旅客や貨物を減らさなければならない。航空各社はこの重さの計算をして自社での座席定員を決めているのである。ANAのB777－300が飛ぶ国内線の場合、最も長い区間でも羽田〜那覇間1600キロ程度、航続性能にはかなりの余裕がある。すると燃料の量は少なくてすむので、そのぶんの重さを乗客にあてることができるのである。

　いっぽうB777－300ERの航続距離は7300ノーティカルマイル（1万3520キロ）、成田〜ニューヨーク間は1万840キロなので、かなり余裕があるように思われるが、定期便運航のためには、向かい風のときもあるし、天候不良で代替空港に飛ぶ余裕なども考えねばならず、どうしても燃料搭載量は多くなり、そのぶん、座席数を減らさなければならない。

多くの航空会社では、長距離便就航に際し「ゆったりした座席配置」になったことを、宣伝材料にしていることが多いが、実は運航上の技術的な面からも、定員を減らしてゆったり座席にする必要があるわけだ。航空各社のシートプランを見てみると、長距離路線にはフルフラットの豪華なビジネスクラスを設けていることが多いが、同じ会社の短距離路線では並みのビジネスクラスということも多い。同じビジネスクラスでも長距離と短距離を分ける方法である。これには「長距離路線ほどフルフラットなどの設備が必要」という考えもあるが、それ以前に長距離路線では定員を少なくする必要がある場合もある。路線によって機材を分けるよりも、統一したほうが効率的ということで、豪華なビジネスクラスの機体に統一する航空会社も増えてはいるが。

また機内の座席配置がドアにも影響する。最大離陸重量さえクリアーすれば定員を自由に変えられるわけではない。「商用機では半分以下のドアで全乗客・乗員が90秒以内に脱出できること」というアメリカ連邦航空局の定めた安全基準があり、定員を増やすとドアの数を増やす必要がある。現在のスカイマークが羽田～福岡間にB767で参入した当時は、アブレスト2－4－2（通常は2－3－2）の座席配置で多くの乗客を乗せたが、大手各社の同型機よりドアの数は多くしての運航だった。現在でもANAのA320は国内線では166席でドアは片側4カ所なのに対し、国際線用では110席でドアは片側3カ所しか設けられていないなど、旅客定員に応じて同じ機体でもドアの数は異なっている。

同じ機体でもトイレの数にもかなりの差がある。前述のANAが運航するB777－300で比較すると、国内線用では8カ所、国際線用のB777－300ERでは11カ所、国内線では64人に1カ所だが、国際線では19人に1カ所という割合になる。また国内線用機材には機内食を出すために必要なギャレーは装備されていない。

実はトイレの仕組みも進化している。B747が登場した当時は循環式といって、トイレ直下にタンクがあり、家庭と同じく水が流れていた。しかし現在ではバキューム式といって、動力は機体内外の気圧差を利用、一瞬機体に穴が開いた状態にして汚物を機体後方1カ所のタンクに集めている。これによりトイレを機体のどの位置に何カ所でも配置できるようになったほか、軽量化に貢献した。こういったシステムの普及によっても、航空各社は機内レイアウトを自由にプランすることができるようになっている。

図23　ANAの同じA320だが国内線用（上）はドアが片側4カ所、国際線用（下）は3カ所である（中央のドアに注目）。これは座席定員の数に関わっている。（成田空港）

謎024

旅客機の一生はどうなっているのか

役割を増している航空機リース業

旅客機は航空会社から航空機メーカーに発注、オーダーメイドで機体が完成、その航空会社の塗装、また好みの座席配置にされて航空会社に納入される。そして何十年か運航しては退役、いずれはスクラップになるというのが一般的な流れであろうが、すべての旅客機がこのような一生を送るわけではない。

そもそも旅客機の寿命はどのくらいだろうか。他の交通機関と違い、旅客機は空を飛ぶという条件から、エンジンや操縦系統は常に新品同様の状態が要求され、胴体も金属疲労などが起きていないかを常にチェックする必要があるが、そういったメンテナンスさえしっかり行っていれば40年でも50年でも運航することはできる。しかし補修部品の確保、エンジンの燃費、新たな安全装置の追加などが必要になるので、実際は20～30年で旅客機は一生を終えることが多い。まだ飛ぼうと思えば飛べるのだが、経済的でないということから寿命が来てしまうので、経済寿命などとも呼ぶ。

ところが実際の機材にあてはめると、JALのMD－11は1993年に導入されたものの2004年には全機が退役、最も遅くに納入された機体はたった7年での退役であった。双発機体の性能が向上し、3発機は不経済という理由での退役で、貨物会社に払い下げられた。同じく旧日本エアシステムが導入、現在JALのMD－90もマクドネル・ダグラス製機材の生産中止などから、早々と2014年までの引退が決まっている。まだまだ飛べるはずのマクドネル・ダグラス機材が退役しているのは世界的傾向で、すでにMD－11の旅客型を見つけるのは困難になった。

JALでは経営破綻から、国際線を大幅に縮小、また燃費の悪い機体の一掃が行われたが、その矢面になったのがB747で、全機が退役している。B747－400はまだ寿命で引退というわけではなく、多くが路線縮小の犠牲になった感じで、次の就職先へと払い下げられている。JALだけでなく、ANAも古くはロッキード事件を経てL－1011トライスターを購入したが、他の機材はボーイングばかりで、やはり早くに引退、他の航空会社へと払い下げられた。A321も同様だった。ANAは以前、エアバスとA340購入の契約を交わしていたが、それをキャンセルすることになり、代わりに買ったのがA321で、そういう意味では購入時にしっかりした将来のビジョンがあったわけではなかったが、やはり短命の活躍に終わり、他社へと払い下げられた。

こんな例もある。シンガポール航空は日本便の多くをA330で運航するが、A330購入の発端はA380納入の遅れであった。エアバスは、A380開発の遅れから、お詫びの意味でA330を通常より安く提供している。

また国産旅客機だったYS－11は2006年に国内での旅客機としての使命を終えたが、引退の理由は空中衝突防止装置（TCAS＝Traffic Alert and Collision Avoidance System）の装備が義務付けられたが、引退の近かった古い機体への装備は不経済という理由であった。結果的にはYS－11の引退を早めたといえる。

こう見てみると多くの機体が購入時の思惑と、実際のその後の運命は一致しないことが多く、近年その割合が増えているように思われる。少しもったいなさを感じるが、燃料高騰、テロ事件の影響など、航空業界を大きく揺さぶる動きが多くなっているのかもしれない。

それではこれら退役した旅客機、その後はどうなるかというと、あまりに古い機体以外は他の航空会社に払い下げられる。従来は先進国の航空会社が放出した機体を発展途上国の航空会社が購入する例が多かったが、現在はそれに加えて新興の航空会社が購入する例も増えている。またMD－11などの3発機は発展途上国でも人気がなく、多くは、その3発機のパワーを活かして貨物専用機として運航を続けている。これはB747でも同様のことがいえる。

しかし以前は確かに新興航空会社には大手航空会社の払い下げ機体が多かったのは事実だが、現在は機体を購入するのではなくリースするのが一般的となった。どういったメリットがあるかといえば、分譲住宅と賃貸住宅の比較に似ている。リ

図24　スカイマークのB737-800は全機がリース機で運航されている。（鹿児島空港）

ース機の場合、日数を要する定期点検の周期で借り直したり、需要が多くなった場合に一回り大きめの機体に借り直したりといったことが容易である。またメーカーに発注する場合、納入まで2〜3年を要してしまい、即戦力にはならない。

日本でもスカイマークの機体は全機がリースで、当初のB767もリース機だったためB737への切り替えがスムーズに行えた。そしてその4機あったB767-300は現在ロシアに2機、イギリスとブラジルでも1機ずつが活躍している。スカイマークほか日本ではエア・ドゥ、ソラシドエア（旧スカイネットアジア航空）、スターフライヤーも全機がリース機である。

リースといえば、以前は航空会社同士が余剰機体を乗員ごと貸し借りすることが多かった。ウェット・リースという乗員を含むリースで、その場合機体デザインなどの関係から「A社デザインでB社のタイトル文字」などとして、航空ファンなどに注目された。しかし現在はこのウェットリースは子会社の機体を借りるような計画的なものが多くなっている。

それに対しスカイマークなどは航空機リース専門の会社から借りている。スカイマークの機体の多くはアメリカのゼネラルエレクトリック系列のGECAS（GE Commercial Aviation Services）とAIG（American International Group）という保険会社系列のILFC（International Lease Finance Corporation）からのもので、航空機リース業界ではこの2社が世界の2強となっている。これら航空機のリース会社は航空機を航空会社に貸すために航空機メーカーから旅客機を購入しているほか、航空会社からの中古機をも購入している。またアメリカのリース会社だからといってヨーロッパ製のエアバスを扱わないわけではなく、スターフライヤーの運航するA320もGECASとILFCからのリース機である。

Column ③

消えた航空会社（日本編）

世界的に見ると小さな島国である日本だが、消えてしまった航空会社は意外と多い。中には短期間の運航で、ほとんど記憶に残らなかった航空会社もあるが、多くは現在の大手の前身、あるいは成長の過程にあった航空会社だ。

図③-1　ジャパンエアチャーター
1990年に日本航空のチャーター部門として設立、その後は日本航空の便をウエット・リース方式で運航、さらにJALウェイズに改名されるが、紆余曲折の末、親会社のJALが破たんする2010年に経営合理化策からJALと統合される。（福岡空港）

図③-2　日本国内航空
東京オリンピック開催の1964年、北日本航空、日東航空、富士航空3社が統合、日本国内航空となる。さらに日本国内航空と東亜航空が1971年に統合して東亜国内航空、国際線進出で日本エアシステムとなるが、最終的には日本航空とも統合して新生JALとなった。（羽田空港）

図③-3　日本近距離航空
1974年、航空各社と地方自治体の出資で離島路線を運航するために設立、利尻や佐渡へ飛ぶが、1978年には全日空の伊豆七島路線も移管、1987年には全日空系列になりエアーニッポンに改名、一時は台湾路線も運航した。その後は自社便の運航はなく、ANAの運航会社となっていたがANA本体と統合されることになった。（福岡空港）

図③-4　ギャラクシーエアライン
機体デザインを見て分かる通り、佐川急便系列の貨物航空会社だった。2006年に羽田～新千歳、関西～新千歳、関西～北九州間に就航するものの2008年には運航を停止してしまった。日本国内の宅配便も航空輸送時代になるかと思われたが実現しなかった。（新千歳空港）

第4章　旅客機運航の謎

旅客機の離陸時の上昇角度にはいろいろなことが隠されている？（中部空港）

謎025

飛行機の状態が分かる「運航状況」を見よう

モニターの数字には謎がいっぱい

近年は長距離用機材中心に個人用TVモニターが充実している。オンデマンドで映画、音楽、ゲーム、ニュース番組など1000以上のプログラムが楽しめる。これらオーディオ装置開発は日本が最も得意とする分野で、ボーイング、エアバス問わず日本のメーカーが開発に携わっている。

そして映画や音楽以外にものぞいてみたいプログラムに「運航状況」がある。地図上に飛行機の印があり、現在地などが示されるもので、個人用モニターではなく、大きなスクリーンだった頃からの定番メニューでもあった。ここには運航に関する基本的データが表示される。現在地、高度、外気温、風向き、出発地の時間、目的地の時間、目的地までの所要時間である。航跡や数字は時々刻々変わっていくので意外と興味深い。

航空機は大空を自由に飛んでいるようだが、航路はかなり決まっている。気流の安定している地域を選び、向かい風を避け、遠回りしてでも追い風を受けて飛び、結果的に目的地に早く着くこともあり、ルートに選択幅がある。新幹線でいう「三島を過ぎたら富士山が見える」とか東海道線での「小田原を過ぎたら海が見える」といったポイントもある。成田空港着陸の際は北風なら九十九里の海岸、南風なら銚子の利根川河口や鹿島のコンビナート、羽田着陸の際は房総半島や木更津上空を通るなどである。同様に福岡へ行くときは瀬戸大橋など、沖縄や東南アジアへ行くときは桜島などが見えるので、航跡と窓の景色を照らし合わせてみたいものである。

高度はジェット機の場合は日本の国内線程度の距離なら2万〜4万フィート、国際線は3万〜4万6000フィート程度を巡航しているが、長距離便ほど高度を一定に維持して飛ぶことはない。旅客機は高い高度を飛ぶほうが空気抵抗が少ないが、その高い高度に達するのに燃料を多く要してしまう。そこで燃料を消費して、機体が軽くなった時点でさらに高い高度へ上昇、といったことを2時間おき程度に繰り返している。たとえば10時間のフライトであればこういったことを5回繰り返し、最後は高高度から一気に降下する。これをステップアップクルージングと呼ぶが、高度を変えるときはエンジン音が大きくなり、高度の表示も連動して大きな数字になっていく。

風向き表示は東西南北の風向きではなく、機体に対して向かい風か追い風かということである。これは旅客機にとって重要なことで、地面を蹴っている乗り物と違い、航空機ではこの風向きは所要時間に大きく影響する。たとえばB777の巡航速度は時速890キロであるが、これは単なる性能的な数字でしかない。なぜなら「無風の状態なら時速890キロ相当になる」というだけの話だからだ。そのため機内の表示でも「対地速度」という言葉が使われている。地面に対してどのくらいの速度で進んでいるかである。追い風なら時速1000キロを超えることも多々あるし、向かい風なら時速800キロ以下ということも多い。

そしてその日の風や飛ぶルートによって割り出されたものが目的地までの所要時間である。旅客機が空港を離陸、上昇、巡航高度に達するとシートベルト着用サインが消え、機長の放送がある。本日の目的地までの飛行時間（フライトタイム）は4時間50分を予定していますなどと。これはその日の飛行ルート、飛行高度、風向きなどを勘案した結果出た数字である。テレビモニターの所要時間もこれをもとにした数字になる。

またこの目的地までの所要時間だが「所要時間通りなら定刻より20分早く着く」などと思っていても、実際は空港に到着すると定刻通りだったりする。これはなぜであろうか。

この謎を解くには航空便の時刻の決まり方を知っておく必要がある。航空便の出発時刻とは、エンジンが始動したときでも離陸をはじめた時でも宙に浮いた時でもなく、駐機場を離れたときである。トーイングカーと呼ばれる車に押されてバックをはじめた時間が出発時間、いっぽう到着時間とは到着して駐機場に停まった時間である。およそシートベルト着用サインが消えたときと思ってもいいだろう。そのため時刻表上の所要時間にはこのバックしてエンジンを始動し、滑走路端に向かって誘導路をタキシングする時間が含まれている。大きな空港なら離陸や着陸の順番を待たなければならないであろうことも織り込み済みなのである。この時刻表上の所要時間を「ブロックタイム」と呼ぶ。それに対し「フライトタイム」は単にその間を飛行するのに必要な時間である。

このように「フライトタイム」をもとにしている所要時間より、飛行機に乗っている時間は実際には長くなるのが常である。大空港に到着するときほどその傾向は大きい。空港が混雑していて、上空で退避させられることなどはこの「フライトタイム」には加味されていないからである。

これは日本の国内線時刻表にも数字となって表れていて、たとえば羽田から伊丹に向かう便でも同じ航空会社、同じ機材であっても朝・夕に出発する便の所要時間が1時間10分であるのに対し、昼間は1時間5分と、たった5分ではあるが異なる。これは朝・夕のほうが離陸や着陸の順番待ちで混雑するということを表している。

図25-１　窓からの景色も飛行機旅行の楽しみ。羽田から西へ向かうと間もなく富士山が見える。（スカイマーク機より）

図25-２　旅客機の出発時間とはトーイングカーに押されて動きだした瞬間をいう。（B747-400、ヒューストン空港）

謎026

旅客機の運航に大きく影響する偏西風

冬季は給油のための寄港も行う

こんな体験をしたことはないだろうか。「成田からハワイへ行くときは時間が短く感じたのに、帰りは長く感じたような気がする」というものだ。行きは旅行への興奮から短く感じたとも考えられるが、これは実際に行きと帰りで所要時間がかなり違っていたのである。たとえばJALの便でいえば成田からホノルルへは7時間45分、ところがホノルルから成田へは8時間10分を要している。行きと帰りでは25分の差がある。ところがこれは夏スケジュールの話であって、冬スケジュールとなると行きは6時間30分、帰りは9時間15分、その差は何と2時間45分にもなる。この差は何だろうか。東へ向かう場合と西へ向かう場合では経路が大幅に違うのであろうか。

これは偏西風の影響によるもので、中緯度では常に西から東へ偏西風が吹いていて、日本はちょうどこの中緯度に位置するため、偏西風の影響を受ける便が多い。また西から東へのとくに強い風をジェット気流と呼んでいる。強く吹いているのは4万フィート以上の高度だが、航空路になっている高度なので、旅客機の運航に大きく影響する。この風は冬季に強く、夏季の2倍の強さで吹く。

そのため日本発着航空便は常に西から東に向かうより、東から西に向かうほうが所要時間は長くなる。日本の国内線でもこの偏西風の影響は時刻表に反映されていて、たとえば羽田〜福岡間でいえば、夏季は福岡行きと羽田行きの所要時間差が10分、冬季では25分の差となって表れている。

　当然成田からニューヨーク、ロンドンといった長距離路線では行きと帰りの所要時間差は大きくなるのだが、成田～ホノルル間ほどの差はない。前述のように偏西風は日本などの中緯度付近で強く吹いているためで、日本発着便でいえば、成田～ホノルル間、成田～インド間など、高緯度の地域に行くわけでもなく、かといって赤道直下の国に行くわけでもないような中緯度を長く飛ぶ便ほど偏西風の影響を受けやすい。いっぽう地球を縦に飛ぶような便も偏西風の影響をほとんど受けない。たとえば成田～グアム、成田～シドニーといった便も往路と復路の所要時間差はほとんどない。

　このように偏西風、中でもとくに強く吹くジェット気流は、向かい風にしてしまうと、空気を蹴って前に進んでいる旅客機にとっては、蹴っても蹴っても実質的には前に進んでいないことになり、燃料を浪費するばかりで厄介なものである。実際現在でも、予想以上に向かい風のジェット気流が強く、目的地までの燃料が足りずに別の空港に着陸して給油するということがある。Ｂ７４７の－４００が普及する以前、日本～アメリカ間は多くのＢ７４７－１００や－２００で飛んでいたが、アメリカから飛んできた便が成田を目前にした北海道沖で燃料が底をついてしまい、新千歳空港に着陸するということがしばしばあった。

　やはり成田からヨーロッパへもＢ７４７－４００登場以前は、あらかじめ成田からヨーロッパへは偏西風が強いとノンストップでは飛べないと予想しておき、往路のみモスクワ経由、復路は直行という航空会社がかなりあった。しかしジェット気流を追い風にすれば所要時間や燃料の大幅な節約になる。そのため追い風になるジェット気流を探して、その高度を利用することで時間短縮させることもあるほどだ。冬季は成田～ホノルル間の

図26　ANAの成田〜ムンバイ便は、偏西風の強くなる冬季、福岡で給油を行ってからムンバイへ向かう。(B737-700ER、成田空港)

往路と復路で2時間45分差になると述べたが、実際はさらに差が付くこともある。

現在日本からの定期便でも、この偏西風の影響が運航スケジュールに現れている例がある。ひとつはANAの成田とインドのムンバイを結ぶ便、夏季スケジュールでは往復とも直行便だが、冬季は成田からムンバイに向かう便だけが福岡に寄港する。寄港といっても福岡での乗客の乗降扱いはせず、給油のみの寄港である。前述した通り、冬季は日本やインドなどを含む中緯度付近では偏西風が強く、向かい風になった場合、この間を直行できなくなる可能性があり、成田を出発してから福岡に着陸し、福岡で燃料を満タンにしてインドのムンバイに向かうのである（乗客の乗降を伴わない給油のみの寄港を技術着陸と呼ぶ）。

ANAのムンバイ便に使われているのはB737-700ERという機体でB737の中では最も航続距離が長く5500ノーティカルマイル

（1万186キロ）にも達する。それに対して成田〜ムンバイ間の距離は4201マイル（6759キロ）しかない。しかもB737-700ERの標準座席数は126席だが、ANAのムンバイ便は全席ビジネスクラス、もしくはビジネスクラス主体で運航され、座席数は38席、または44席と非常に少ない。その分多く燃料を積むことができ、航続距離では性能以上に有利なはずである。それでも福岡での給油が必要になるのだから、偏西風の強さがうかがい知れる。約7000キロの距離を1万キロ以上飛べる機体で飛べないということは、余裕の分を差し引いても、約1000キロ分の向かい風が吹くことになる。

もうひとつはベトナム航空の成田とホーチミンを結ぶ便、成田発午前の便と午後の便があり、午前便はA330-200、午後便は午前便ほど利用者が多くないことからA321-200が使われている。この間は2706マイル（4354キロ）あり、A330-200の航続距離は6400ノーティカルマイル（1万1853キロ）あり、楽々飛ぶことができる。しかしA321-200の航続距離は2700ノーティカルマイル（5000キロ）しかなく、冬季は成田からホーチミンへ向かう便だけ台北で給油を行っている。やはり台北では乗客の乗降は行われず、給油のみの寄港である。

日本発着国際線でいえば、古くはヨーロッパへの便がシベリア上空経由ではなく北極回りだった頃、アラスカ州のアンカレッジを経由、ここで給油を行ったものだ。しかしB747-400など航続距離の長い機体が登場してからは日本発着便で技術着陸を伴う便はいったん姿を消していた。ところが日本〜インド間をB737という小型の機材で運航するなど、少量輸送の便が増えたことで、再び技術着陸を伴う便が復活している。

謎027

経由便には理由がある

空港の標高や滑走路の長さなど理由はさまざま

かつて日本からヨーロッパへは北極経由北回り便のほかに南回り便があった。日本から東南アジア、西アジア、中東を経由してヨーロッパに向かうもので、24~30時間を要していた。経由地では給油の他に乗客の乗降もあり、ひとつの便がアジア内、アジアからヨーロッパ、アジアから中東、中東からヨーロッパなどさまざまな役割を果たしていた。航続性能から単に直行できないだけでなく、航空需要が少なく、ひとつの便が多くの役割を兼ねていた。そしてこのような便が各方面に運航していたので概して経由便は多かった。むしろ直行便は少なかったのだ。

それでは現在、日本を発着する航空会社で、日本と本国以外の第三国を経由する便はどのくらいあるだろうか。香港のキャセイパシフィック航空（台北経由）、シンガポールのジェットスター・アジア航空（台北経由）、エア・インディア（香港経由）、パキスタン航空（北京経由）、イラン航空（北京経由）、アラブ首長国連邦のエティハド航空（北京経由）、条件に合う経由便はこれら6社でしか見出せない。

この中ではジェットスター・アジア航空のみは、使っている機材（A320）の航続性能の関係もあって経由便となっているが、ジェットスター・アジア航空も含めて「直行便にするより経由便にしたほうがたくさんの利用者が見込める」という

図27-１　アエロメヒコのB767-300ER。標高2230メートルのメキシコシティからは、成田までの燃料を積んで離陸することはできない。(メキシコシティ空港)

表27　日本発着国際線で、第三国を経由して本国へ向かう便のルート。

航空会社	ルート	機材
キャセイパシフィック航空	成田～台北～香港	A330
	中部～台北～香港	A330,A340
	関西～台北～香港	B777
	福岡～台北～香港	A330,A340
ジェットスター･アジア航空	関西～台北～シンガポール	A320
エア・インディア	関西～香港～デリー	B777
パキスタン航空	成田～北京～イスラマバード	A310
イラン航空	成田～北京～テヘラン	B747
エティハド航空	中部～北京～アブダビ	A330

理由で経由便になっている。ジェットスター・アジア航空を除くと、充分直行できる性能を持った機材が使われているが、需要面から、あえて経由便になっているだけである。

以前は日系航空会社でも、JALの関西～シンガポール～クアラルンプール、ANAの成田～バンコク～ムンバイといった経由便は多かったが、すべて姿を消している。

そんな中、日本発着国際線で変わった経由便を運航しているのがアエロメヒコである。成田～メキシコシティ間7003マイルをB767－300ERで週3往復するが、成田からメキシコシティへは直行なのに対し、メキシコシティから成田へはメキシコの最もアメリカ寄りの都市ティワナを経由する。前項で紹介したANAのムンバイ便同様に、偏西風の影響でメキシコから日本へ向かうときは、メキシコ国内で最も日本に近い都市で給油していると考えられるが、アエロメヒコは通

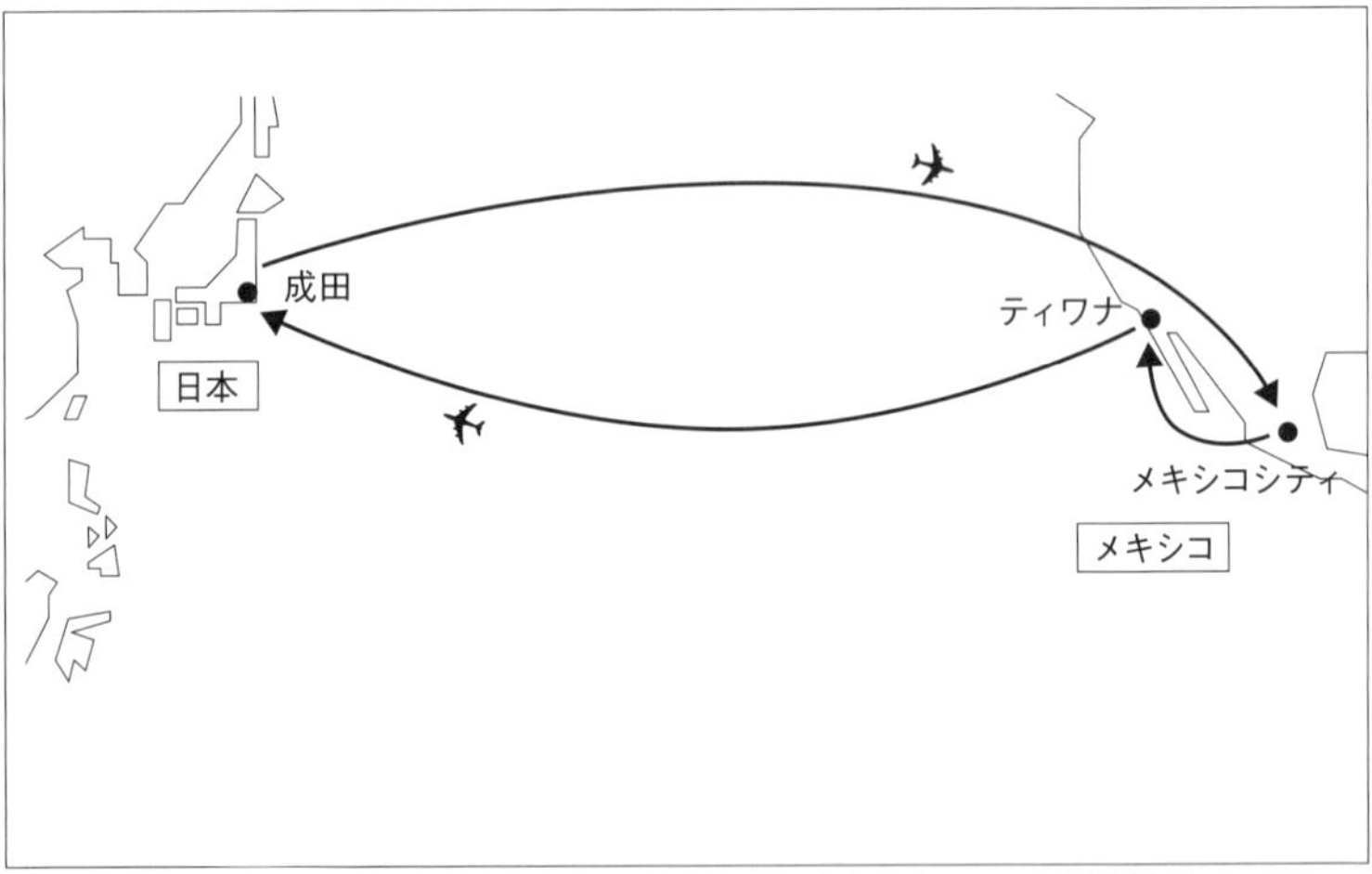

図27-2　成田～メキシコシティ間の便は、成田→メキシコシティは直行だが、メキシコシティ→成田は一度ティワナを経由する。メキシコシティが高地のため、成田までの燃料を積んでの離陸ができないのである。

年でメキシコシティ行きは直行、成田行きはティワナ経由となっている。どうも偏西風ではない理由がありそうだ。

その大きな理由はメキシコシティの標高にあり、2230メートルと高地にあるため空気が希薄で、旅客機が持つ数字通りの性能が出せないのである。滑走路は4000メートルあるものの、成田までの燃料を積んだ重い機体が浮き上がれないわけだ。酸素濃度が低く燃焼効率が悪い。また揚力は主翼を通過する空気の量に比例するが、空気が希薄なため揚力も充分に得られない。そのためメキシコシティ発成田行きは、ティワナまでの燃料を積んで1422マイル離れたティワナへ、ティワナは下界の空港なので、ここで成田までの燃料を積んで再度飛び立つのである。

標高2230メートルのメキシコシティでも空気が希薄であることが影響するわけだが、世界で最も高地にあるボリビアの首都ラパスの空港は標

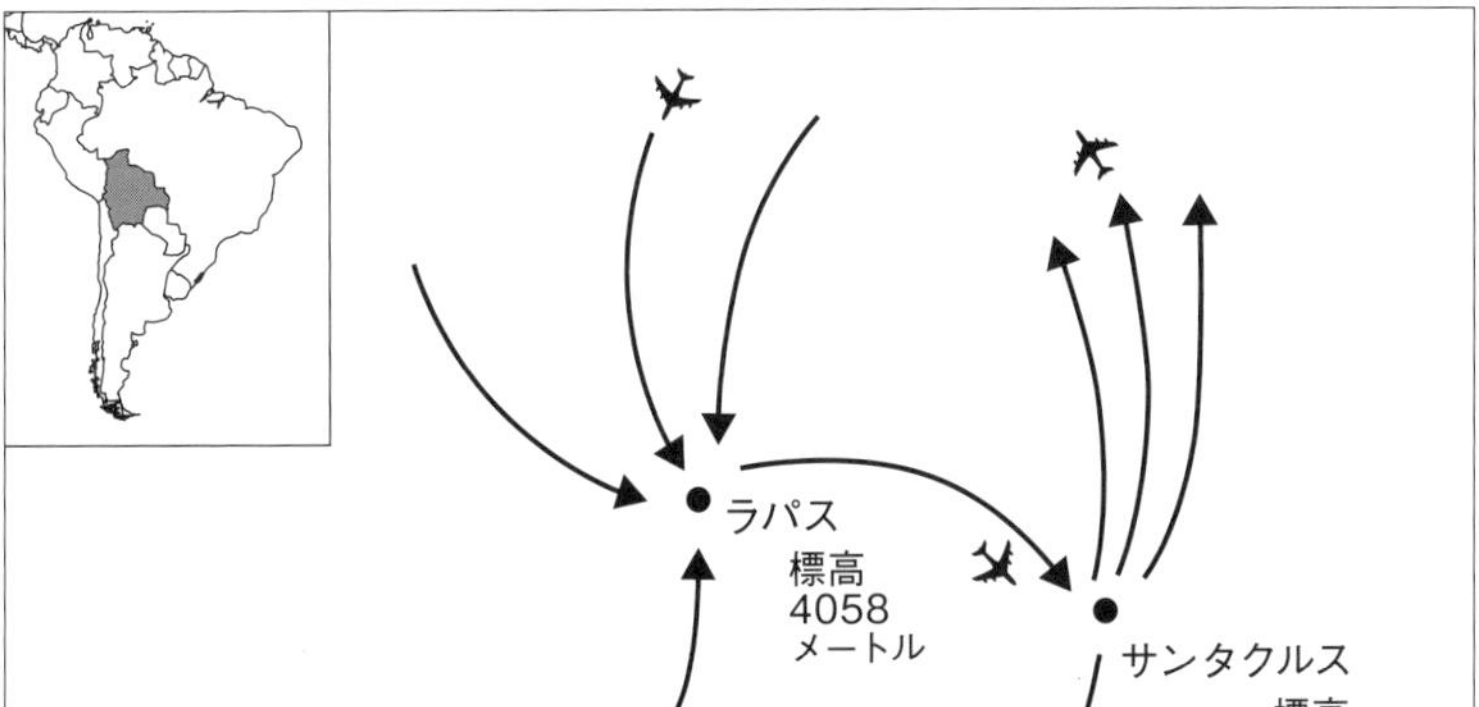

図27-3　ボリビアの首都ラパス空港では、国際線が直接やって来るものの、ラパスを出発する便は一度サンタクルスを経由する。標高4058メートルのラパス空港では酸素濃度が低く、重い（燃料をたくさん積んだ）機体が離陸できないのだ。

高4058メートルで、富士山山頂よりも高く、気圧は下界の60％しかない。こうなると4000メートル滑走路を持つものの、最も遠いところでも隣国ペルーのリマまでの燃料を積んで離陸するのがやっとで、その距離684マイル、成田～ソウル間にも及ばない。最新鋭の旅客機とて、空気の密度が低ければ、その性能は50年前のプロペラ機にも届かなくなってしまうのである。そこでラパス発の国際線はボリビア第二の都市である下界のサンタクルス経由にし、ここで給油して再び目的地に離陸するという運航を行っている。またボリビアを代表する航空会社エアロスールは拠点を首都ラパスではなくサンタクルスにおいている。

次に日本の国内線における経由便はどうだろう。基本的に日本の国内線には経由便は存在しなかったが、近年いくつかの便が見られるようになった。まずここ数年で誕生しているのがスカイマークの羽田発神戸経由長崎行き、羽田発新千歳経由旭川行き、中部発茨城経由新千歳行きである。羽田発の2ルートは羽田の発着枠を有効に使うため、そして1つの便が羽田～神戸、神戸～長崎、羽田～長崎と複数の役割を兼ねたほうが効率がいいということである。中部～茨城～新千歳便も、中部～新千歳間を3往復する便のうち1便が茨城を経由するスタイルになっている。また3ルートともにいえることは、たとえば羽田～長崎間を神戸で便名を分けてもいいのだが、分けないことで通し運賃が適用され、羽田から長崎まで、神戸経由であっても長崎までの割引運賃になるというメリットもある。少ない発着枠と限られた機材の有効活用ということで注目できる。

そして日本にはもうひとつ、国内線の経由便が存在する。それがJAL系列日本トランスオーシャン航空の石垣島発那覇経由羽田行きである。羽田発石垣島行きは直行なのだが石垣島発は那覇経由となる。機材はB737－400である。理由は石垣島空港の滑走路の長さにあり、1500メートルと短いため、羽田までの燃料を積むと離陸できなくなるためだ。B737－400の航続距離は2500ノーティカルマイル（4630キロ）なのに対し、石垣島～羽田間は1228マイル（1976キロ）しかなく、数字の上では余裕で飛べるはずだが、B737－400が最大離陸重量で離陸するには2700メートルの滑走が必要となる。石垣島空港は日本でジェット便が就航する中では滑走路が最も短く、2013年開港を目標に2000メートル滑走路を有する新石垣島空港を建設中である。

旅客機の性能は、発着する空港の滑走路の長さ、標高、上空の風と、さまざまな条件で変わり、実際の運用と性能は離れた数字になることが多い。ちなみに旅客機の性能とされる数字も、乾いたコンクリート、気温15℃、勾配0の滑走路での場合と、細かな条件がそろった上での性能なのである。

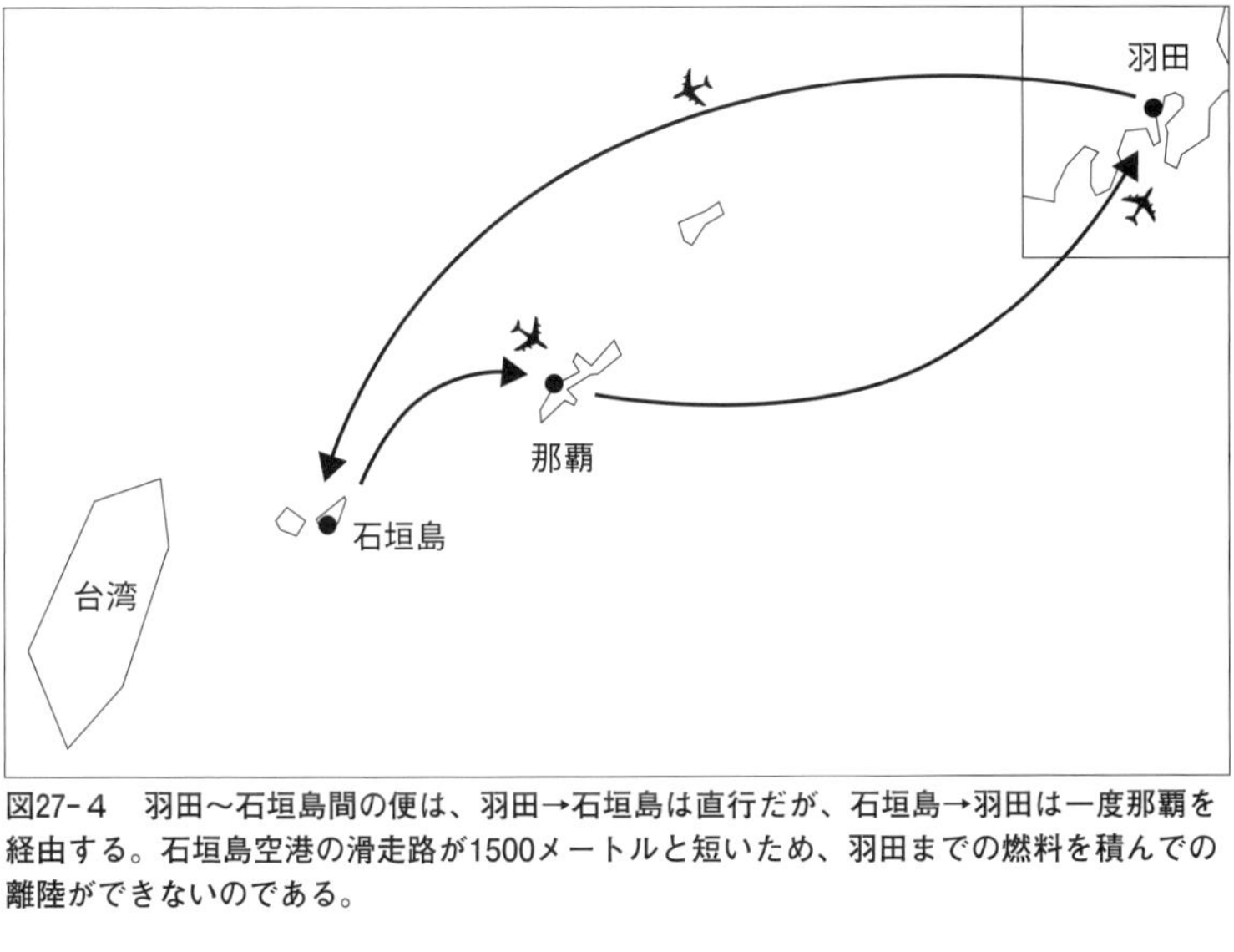

図27-4　羽田～石垣島間の便は、羽田→石垣島は直行だが、石垣島→羽田は一度那覇を経由する。石垣島空港の滑走路が1500メートルと短いため、羽田までの燃料を積んでの離陸ができないのである。

謎028 航空機の燃料給油はシビアに行われる

離陸にも着陸にも重さの条件がある

羽田空港の展望デッキはターミナル1、ターミナル2、そして国際線ターミナルとそれぞれに設けられていて、連日飛行機の見物客で賑わっている。ターミナル1と国際線ターミナルはA滑走路に、ターミナル2はC滑走路に面しており、どちらかに行けば通年で離陸する機体が眺められる。地方空港などと違って、羽田空港では常に離陸する機体があり、見ていて飽きることがない。そして離陸機を見ていて気付くことがある。それは同じ航空会社の全く同じ機種でも、離陸するタイミング、上昇していく角度がかなり異なることである。たとえばANAのB767などは数が多いので見る機会も頻繁にあるが、5機見ると5機とも違う航跡を描いて上昇して行くほどだ。なぜこんなにも違うのか。

離陸滑走に必要な距離は、その日の風の状態、気温、そして満席なのか空席が目立つようなフライトなのか、また重い貨物を積んでいるのか乗客の手荷物程度なのかによって異なる。しかし何といっても大きく影響するのが積んでいる燃料の量である。つまりは行先が近くなのか遠くなのかによって大きく変わる。同じANAのB767でも伊丹行きと沖縄行きでは、滑走距離はかなり違ってくる。時刻表片手に出発階で行先とゲートを確認し、行先を踏まえた上で離陸風景を見ていれば「なるほど」と納得するはずである。

国内線でもこのような差があるので、成田空港ターミナル1の展望デッキで離陸する機体を眺めていると、羽田空港で見る以上に滑走距離の差がある。たとえば同じB747-400でも、大韓航空のソウル行きと、デルタ航空のデトロイト行きでは滑走距離に倍以上の差がある。成田からソウルまでは758マイル、デトロイトまでは6398マイル、8倍の距離を飛ぶための燃料の重さが、滑走距離となって表れるのである。

とくにB747などの大型機ではその時の重さによって滑走距離が違ってくる。大きな機体の場合、搭載できる燃料の量が多いにもかかわらず、そこに少量しか給油しないとなると、パワーにかなりの余力が生じ、滑走をはじめてあっという間に宙に浮くことができる。主翼の高揚力装置の存在も見逃せない。主翼面積が大きい分、フラップの面積も大きい。いっぽうB737など小型の機体の場合は、そもそもあまり長距離は飛べない。

図28　大韓航空のソウル行きB747-400は成田空港展望デッキ付近で、すでに高々と上昇する。（展望デッキから撮影）

さらに燃料の量も近距離の行先で少量を給油しても、あるいは満タンにしても、元々の機体が小さいためそれほどの差が生じないのである。

航空機燃料は「必要な量だけ」給油するというのが大原則である。たとえば自動車、バス、鉄道などは燃料タンクの容量だけ満タンにできるが、航空機では1回のフライトで使う量だけ給油するというのが原則である。たとえばその機体が1日に羽田から福岡へ2往復するとしても、羽田で給油するのは福岡までの片道分で、福岡でまた羽田までの燃料を給油する。なぜ一度に給油しないかというと、機体を重くすると、その重い機体を高い高度に上昇させるのに多くの燃料を浪費してしまうからである。つまり多くの場合、着陸時は燃料がそろそろなくなるという状態になっている。

航空機には最大離陸重量があり、その重量以内でしか離陸できないが、最大着陸重量という数字もある。たとえばB747－400は最大離陸重量が395トンだが、最大着陸重量は286トンと、100トン以上軽くなければならない。最大離陸重量で離陸した場合、目的地に到着したときは、燃料を109トン分以上消費して286トン以下に軽くなっていることが必要である。たとえば離陸直後に何らかのトラブルがあり、出発した空港に引き返すということが、1年に何度かある。その場合「燃料を投棄してから引き返します」などという機内アナウンスがあり、乗客は「燃料投棄というと爆発の危険性があるのか？」などと不安になってしまうが、トラブルがどんなささいなことであっても、着陸するには燃料を投棄してでも、最大着陸重量以下に軽くする必要がある。

いっぽうで着陸時に最大着陸重量以下に軽くできるのであれば、燃料効率は悪くなるが、燃料を多めに積んで飛行することも可能である。たとえば離島の小さな空港では給油設備がない。そのため離島便の多くは往復分の燃料を給油して島へ向かう。離島便の多くが距離の短い便なのでこのような運航が可能になるが、離島でも遠く離れた都市との間に直行便を飛ばすのであれば、給油設備が必要になる。

こんな例もある。韓国など近隣国からのフライトでも、長距離を飛べる大型機が使われることが多いが、その場合あえて日本では給油を行わないことが多い。たとえばソウルから大韓航空のB777－300が成田を往復する場合、通常成田では給油せず、ソウルで成田往復分を給油して飛んでくる。前述の原則と異なるようだが、性能の余裕からこういったことが可能になる。B777－300は標準座席数で5100ノーティカルマイル（9445キロ）飛ぶ航続性能があるが、ソウル～成田間は758マイル（1220キロ）しかなく、往復しても2440キロ、最大離陸重量は287トン、最大着陸重量は238トンである。以上の条件から、ソウル離陸時に成田を往復するのに必要な燃料を積んで最大離陸重量以下に、さらに成田まで飛んで燃料を消費した時点で最大着陸重量以下になっていれば、必ずしも1フライトごとに給油する必要はなくなる。ただしこの場合、ソウル離陸時は、帰りの燃料も積んでいるので機体が重く、上昇するのにそのぶん多くの燃料を浪費してしまう。反面成田で給油しないとなれば、そのぶんの費用は節約できるし、折り返し時間も短縮できる。どうしても燃料費の安い国と高い国が存在する。それらを天秤にかけて、実際の運用が決まるのである。

ちなみに、航空機ではこの重量の計算はかなりシビアに行わなければならない。たとえば離陸時には最大離陸重量以下になっていなければならないが、駐機場から誘導路を通って滑走路先端に行くまでも燃料が消費されるが、その量まで計算に入れる場合があるほどだ。

謎029

世界で最も長い距離を飛ぶ定期便は?

300席以上の機体にたった100席!?

旅客機の航続性能は年々延びている。99ページ表20にボーイングとエアバスの主な機材の航続距離を示したが、双方の性能が僅差であることが分かる。それでは性能面の話は別として、実際の運航面から長距離便を検証するとどうなるだろう。

日本発着便で最も長い距離を飛ぶのは長らくデルタ航空の成田～アトランタ便で、6853マイルをB777-200LRが飛んでいた。現在旅客機では最も航続距離が長い機材を使い、所要時間はアトランタ行き12時間45分、成田行きは14時間15分、偏西風が強い冬季の成田行きは14時間50分を要する。ところが2011年4月からは日本発着便にさらに長距離のフライトが登場した。台湾のチャイナエアラインが台北～関西～ニューヨーク便を就航、関西～ニューヨーク間は7017マイルあり、日本発着最長路線となった。機材はB747-400、所要時間はニューヨーク行き13時間10分、関西行き14時間20分という長丁場だ。

チャイナエアラインは従来からニューヨーク便があり、台北発アンカレッジ経由ニューヨーク行きとして運航していた。いずれにしてもニューヨーク便は1カ所どこかを経由しないと運航できなかったが、アンカレッジでは単に給油のための寄港という意味合いが強いが、関西経由としたことで台北からニューヨーク、台北から関西、関西からニューヨークと大勢のニーズにこたえられるよ

図29-１　日本発着便で最も長距離（関西～ニューヨーク）を運航するチャイナエアラインのB747-400。（関西空港）

うになった。

同じ台湾でもエバー航空のニューヨーク便はチャイナエアラインとは異なるルートで運航する。チャイナエアラインの運航するＢ７４７－４００より少しだけ航続距離の長いＢ７７７－３００ＥＲを使って、往路は台北～ニューアーク間７７８８マイルを直行便とし、偏西風に対して向かい風となる復路はアンカレッジに給油のために寄港するというスケジュールで飛んでいる。チャイナエアラインは日本からアメリカへの以遠権を持っているので関西経由、旅客で日本からの以遠権を持たないエバー航空は台北～ニューヨーク間に特化した運航を行っている。保有する機材や以遠権によって微妙なルートの差が出てくるのも興味深い。

それでは世界で最も長距離を飛ぶ区間はというと、上には上があるもので、シンガポール航空が運航するシンガポール～ニューアーク間だ。その距離は実に９８７１マイル（１万５８８２キロ）

もある。表20からも分かるように、現代の長距離用機材であれば1万５０００キロを超える距離を飛べる機体もあるが、その数字を定期運航する便にすぐに当てはめるわけにはいかない。向かい風の日もあるだろうし、飛行ルートの天候によっては遠回りが必要になる。目的地の天候などで代替空港に向かわなければならないことだってあるので、性能ギリギリの運用はできない。そこで標準座席数３１３席のＡ３４０－５００を、たった１００席の豪華なビジネスクラスのみとして運航している。この機体にエコノミークラスはなく、同社のニューアーク便専用の機体として使われている。１００人の乗客にエンジン4発、エンジン１基あたり25人の乗客なのだからかなり贅沢なフライトである。高額なビジネスクラスが１００席だから採算に合うフライトである。

　所要時間はニューアーク行きが17時間55分、シンガポール行きが18時間40分、これだけの距離だと東から西への便では長い時間、偏西風の逆風の中を飛ぶことになりそうだが、意外にもニューヨークとシンガポールではほぼ地球の裏側になるので、東西方向というよりは南北方向を飛んでいて、さほどの影響はないようだ。

　座席数を少なくして航続距離を延ばすという運用では、このＡ３４０－５００はめっぽう強く、タイ国際航空もＡ３４０－５００を少なめの２１５席とし、バンコク～ロサンゼルス間８２５６マイルを直行便で運航している。

　しかしシンガポール航空のニューアーク行きはビジネスクラスのみのフライトだが、エコノミークラス利用者はどうなるかというと、直行便とは別にフランクフルト経由ニューヨーク行きも運航しているので問題は生じない。固定客の多い人気エアラインのなせる業である。

　ボーイング、エアバスは航続距離の長さでも対抗していて、現在は８０００ノーティカルマイル

図29-２　シンガポール航空のシンガポール〜ニューアーク間を直行するA340-500、座席数はたった100席だ。（シンガポール空港）

（約９２００マイル）以上飛べる機体があるのが当たり前になりつつある。しかしそんな長い距離で需要の高い路線がそうあちこちにあるわけではなく、多くの場合は９０００マイル以上飛べる機体で６０００〜７０００マイルくらいを飛んでいる。

成田からニューヨーク、シカゴ、ロンドン、パリ、いずれも６０００マイル台である。７０００マイル台はかなりの長距離路線で、ニューヨーク〜ヨハネスブルク、香港〜シカゴ、シドニー〜ロサンゼルス、ドバイ〜サンパウロなど、世界にそう数多くあるものではない。すると、実際の遠く離れた主要２都市間と、旅客機の航続性能に乖離があるようにも思われる。しかし忘れてならないのは、８０００マイル飛べる機体で６０００マイルしか飛ばないという条件であれば、より多くの乗客や貨物を乗せられるということである。実際の定期運航となるとここの部分のメリットが大きい。

謎030 羽田や成田を発着する機体の運用

便数を増やしてこまめに飛ぶ

ボーイングとエアバスが旅客機開発で凌ぎを削っているが、実際に我々が空港で見る運用はどうなっているだろうか。日本の国内線と日本に発着する国際線で眺めてみよう。

まず日本の国内線は、10年くらい前までは世界でも例を見ない特徴があった。狭い国土に大型機ばかりがひしめき合って飛んでいた。最も旅客が集中する羽田空港がパンク状態だったが、旅客需要は年々増えていき、1回のフライトで多くの乗客を運ぶ必要があり、国内線に多くのB747ジャンボ機が飛んでいた。B747SR、B747－400Dといった日本の国内線専用のジャンボ機の派生型があったほどだ。

当時は羽田から伊丹や福岡だけでなく、函館、小松、広島、長崎、宮崎、鹿児島といった地方空港にもジャンボ機が就航していた。しかし2006年に騒音問題から伊丹空港に4発機の運航ができなくなり、ジャンボ機の活躍にかげりが、さらにJALの経営破たんなどで急速に機体サイズは小さくなっていった。2010年には羽田空港に4本目のD滑走路が完成し、増便が可能になったことから「一度に多くの乗客を運ぶ大型機」から「こまめに運べる小型機」へという方向はより鮮明になった。

かつて羽田空港で見る機体はワイドボディ機ばかりで、B737クラスの機体は滅多に見ることがなかったが、現在はB737も主役といえるほどに数が多くなった。さらに小ぶりのRJ機と呼ばれる機体も羽田で見られるようになった。いっぽうでB747ジャンボ機はANAの沖縄便などを残すのみとなり、近日中には全機引退する予定だ。

機体はほとんどがボーイング機で、エアバスは引退が決まっている。世界の主要空港の中では「最もボーイング機比率の高い空港」といっていいだろう。少なくとも国内線に関してはスターフライヤーとRJ機以外はボーイング機に統一されそうである。また単純に考えると旅客が減ったとも思えるが、機体が小さくなった分、便数は増えている。いっぽう地方空港では「ジャンボ機などの需要が増える」との予測を立て、滑走路の延長などを行ったが、今となっては無駄な投資だったように思える。

成田空港も同様の傾向がさらに顕著であった。成田空港は長らく滑走路1本で運用され、大型機ばかりが発着していた。各社とも増便できないため、1回のフライトで大勢の乗客を運べるよう、なるべく大型の機材を成田便に投入していた。一時期は「世界で最も多くのジャンボ機が集まる空港」といわれた。当時のJALは世界一のB747ジャンボ機オペレーターであった。世界で最も多く飛んでいるはずのB737といった小型機は発着しておらず、最も小さい機体でもB767程の大きさがあった。ナローボディ機は年末年始や大型連休の臨時便程度、という時代が何年も続いたのである。たとえばロンドンのヒースロー空港だって最も多く発着しているのはB737やA320クラス、ニューヨークやロサンゼルスだって多くのプロペラ機が発着している。海外から成田空港に帰国すると、整然と並ぶジャンボ機に圧倒されたものである。

状況が変わったのは2002年、この年に開催されたワールドカップサッカー大会に間に合わせるべく、B滑走路が暫定滑走路として運用を開始してからである。しかしB滑走路は用地買収が間に合わず本来の長さである2500メートルには320メートル足りない2180メートルでの運用開始で、そのため〝暫定〟滑走路と呼ばれた。この長さではB747は離発着できなかったほか（誘導路の形状にも問題があった）、B747以外でも大型機の長距離便は離陸できなかった。

そのためそれまでとは一転して、暫定滑走路でも離発着できる中・小型機が必要になった。また当初はB滑走路の使い方が現在とは違っていた。新規に乗り入れた航空会社や滑走路が増えたことで増便した航空会社はB滑走路しか使えなかったため、需要とは別に2180メートルの滑走路で離陸、あるいは着陸できる機材が必要とされた。

このようにB滑走路の完成で、近隣国からはナローボディ機が多く使われるようになったほか、すでに乗り入れていた航空会社も、増便を行うためには少なくともB滑走路で着陸する必要があり、B747やMD－11機を避ける必要があった。ちょうどB747より燃費のいい機材が普及し、双発機でも長距離洋上飛行が可能になった時期でもあったので、成田空港から急速にB747ジャンボ機が姿を消し、B777、A330、A340といった機体が増えていったのである。

2010年にはB滑走路が本来の長さである2500メートル化が完成、「暫定」ではなくなったため、滑走路の運用は基本的にA滑走路が離陸、B滑走路が着陸に改められた。航空各社は、滑走路運用を気にすることなく機材選定ができるようになった。

しかし、だからといって以前のような大型機中心の運用に戻ることはなかった。2本の滑走路が本格的に運用をはじめたため、各社とも増便を行う余裕ができ、どうしても一度に多くの乗客を運

表30　成田空港に発着する機材別の週間便数（2011年10月現在）

機材	タイプ	1週間の便数（往復）
B777	ワイドボディ	431便
B767	ワイドボディ	335便
B737	ナローボディ	218便
A330	ワイドボディ	189便
B747	ワイドボディ	100便
A320	ナローボディ	62便
A340	ワイドボディ	48便
B757	ナローボディ	42便
A380	ワイドボディ	35便
CRJ	ナローボディ	35便
A321	ナローボディ	22便
DHC-8	ナローボディ（プロペラ）	14便
A319	ナローボディ	10便
A300	ワイドボディ	7便
A310	ワイドボディ	2便

ばなければならないというケースが減ったのである。韓国のＬＣＣ、中国の航空会社、アメリカのデルタ航空が運航するアジア内路線は、多くがナローボディ機で運航し、決してワイドボディ機ばかりではなくなった。そういう意味では成田空港の風景も海外の空港の風景に近くなった。

現在の成田空港を発着する旅客機は全体的に見るとどうだろうか。大型機の比率はかなり高いものの、かつてほどではなくなっている。またＢ747ジャンボ機の運航は激減し、とくにヨーロッパ便からの撤退が多く、ＫＬＭオランダ航空を残すのみとなった。また海外で進んでいるＲＪ機やプロペラ機が国際線に進出するまでには至っていない。国際線機材の傾向は関西、中部、福岡、新千歳くらいまではワイドボディ機、ナローボディ機双方が発着するが、その他の地方国際空港ではほとんどがナローボディ機のみで運航している。

謎031 旅客機は向かい風で離着陸するのが原則だが…

実際の運用では例外も多い

謎026で、旅客機は偏西風などを追い風にすると有利であると記したが、それは高高度を巡航中の話で、離着陸時は向かい風で飛ぶのが大原則である。たとえば成田空港には南北方向の滑走路が2本あるが、北風が吹いているときは南側から着陸し、北に向かって離陸する。つまり風に逆らって運航しているわけで、一見すると燃料の浪費につながりそうな気がする。なぜ高高度を飛んでいるときと、離着陸時では正反対になるのだろうか。

高高度を飛んでいるとき、旅客機は追い風であれば風に乗って楽に飛行でき、向かい風であれば進んでも進んでも空気に対しては前に進んでいても、地面に対してはそれほど進んでいないことになり、向かい風は不利になる。

しかし離着陸時は、上空ほど速い速度になっていない。ここで3章の謎017や謎019の話を思い出してもらおう。旅客機は主翼を通過する空気の流れによって揚力を得る。上空では時速900キロくらいを出しているので、主翼を通過する空気は充分にあり、揚力の心配は必要ない。しかし離着陸時、とくに着陸時は時速200キロ程度にまで落ちているので、主翼を通過する空気が少ない。それを補うためにフラップを出して主翼面積を大きくすることで揚力を補っているが、さらに向かい風を飛ぶことによって主翼を通過する空気を多くしている。旅客機は着陸時、無風より向かい風のほうが有利になり、追い風は揚力を少なくするので、高速での着陸を強いられ、長い滑走路が必要になる。また横風は、バランスを崩す可能性があり危険とされている。

話はそれるが、戦闘機が空母に着艦するとき、空母は全速力で風上に向かって航行している。戦闘機にとって、より向かい風を強くしているのである。素人的に考えると空母は停まっていたほうが着艦しやすいように思われるが、航空機の着陸には向かい風が吹くことで遅い速度でも空中に浮いていることができ、安定した着陸ができる。

ここまでの話が離着陸時の大原則だが、実際の運用も見てみよう。原則と実際の運用は必ずしも一致するわけではない。まず成田空港には南北方向に２本の平行滑走路があり、北風時は南から北に向けての離着陸、南風時は北から南に向けての離着陸になる。風が変われば当然離着陸方向は変わる。また成田空港には当初横風用滑走路も計画されていたが用地買収などの点から断念している。何年かに一度、春一番などの強い西風時に、着陸機がバランスを崩してエンジンや翼端を地面に擦るなどの事故が起きている。しかし成田空港は風に対して素直な運用の空港といえる。なぜかというと、風に対して必ずしも原則通りの運用を行っている空港ばかりではないからだ。

羽田空港は４本の滑走路があり、２本ずつが並行、「井」の字のような配置だ。当然向かい風での運用になるが、実際は一度に４本の滑走路を使っていて、着陸機が向かい風、離陸機は横風となる。原則と異なるようだが、より向かい風が必要なのは速度を２００キロ程度に落としている着陸機で、時速３００キロ程度出ている離陸機はその後もぐんぐん加速するので、着陸機に比べて向かい風である必要はない。そのため着陸機の条件が優先で滑走路の使い方は決まる。また羽田空港では４本の滑走路があるものの、東西方向の滑走路に西側から着陸、また西側に向かっての離陸は行わない。これは空港西側が大田区の住宅地で、騒音対策のためのルールである。このように向かい風で離発着する大原則はあるものの、運用は異なることが多い。充分な滑走路の長さ、機体性能に余裕があれば、このような運用は可能である。

関西空港も東西2本の平行滑走路だが、少々の西風でも追い風となる西から東に向かっての離着陸が多い。東側から着陸するには大阪市街地を避けるように淡路島上空から大阪湾に沿って旋回して着陸する必要があり、それなら少々の追い風でも、海側からすんなり着陸できるほうが有利というわけだ。これは滑走路が1本は3500メートル、もう1本は4000メートルと長いから可能な運用といえる。しかし成田空港はA滑走路が4000メートルながら、B滑走路は2500メートルしかなく、B滑走路には余裕がない。そこで少しでも着陸機に対して向かい風となるような運用が行われている。成田空港では、関西空港のような「少々の追い風でも」といった運用はできない。

空港周辺の地形も影響する。福岡空港は南北方向の滑走路で、冬季は玄界灘からの季節風（北風）が吹くが、よほど強くなければ北から南にかけての離着陸で追い風になる場合が多い。理由は空港南側に山があり、仮に南から北に向けての着陸であったとしても北側から進入、高度を下げて、低空で福岡市内を旋回して南側からの着陸になるからである。

こんな例もある。神戸空港は海上に東西方向の滑走路だが、西側から着陸、西側へ離陸が原則で、常に離陸、着陸機どちらかは追い風の運航になる。空港東側が関西や伊丹空港の飛行ルートに接近しているための処置で、狭い地域に多くの空港を建設した弊害である。強風時はどうするかというと、東側からの着陸、東側への離陸も行うが、着陸直前、または離陸直後に180度旋回を強いられる。

かと思えばこんな風景も日本各地で見られる。新潟空港の展望デッキで飛行機を眺めていると、滑走路東側から札幌便が着陸、その後滑走路西側から大阪便が着陸「風向きが変わったかな」とも思われるがそうではない。滑走路の長さが充分にあり、混雑していない空港で、風も弱ければ、飛んできた方向から近い滑走路方向に着陸するということである。たとえば成田空港や関西空港などは混雑した大空港で、管制官が使用する滑走路や、待機する高度などを旅客機に指示している。ちょうど東京湾では大型タンカーの船長も水先案内人に従わなければならないのと同じである。しかし地方空港では管制塔にいるのは管制官ではなく、正確には「管制通信官」で、旅客機に空港の風や滑走路の乾き具合などを伝えるが、滑走路のどちら側から着陸するかなどは機長の判断になる。大原則と実際の運用は一致しない面も多いのである。

図31　神戸空港では西へ向けて離陸したと思ったら（左）、間もなく同じ方向から着陸機がやってくる（右）。（展望デッキの同じ場所から撮影）

謎032

旅客機にまつわる記号

2レターコード、3レターコード、都市コード、空港コード

旅客機にまつわるさまざまな記号もある。

2レターコードはJALがJL、エールフランスがAF、アメリカン航空がAAなどというものである。しかし2文字の組み合わせは限りがあり、ここに挙げた例のように語呂がいいのは以前からある老舗航空会社だけともいえる。たとえばスカイマークはBCなので、社名と記号に関連性はない。新興航空会社は残った組み合わせから選ばねばならない。老舗航空会社が倒産してしまうこともあるが、そういった航空会社の2レターはある一定期間をおいて再利用されている。たとえば台湾のエバー航空の2レターはBRだが、これは1987年から1年間、日本にも乗り入れていたイギリスのブリティッシュ・カレドニアン航空の2レターコードだったものの再利用である。この会社はブリティッシュ・エアウェイズに統合されている。また近年ではアメリカのノースウエスト航空（NW）がデルタ航空（DL）と統合し、NWという記号は現在使われていないが、いずれどこかの航空会社で使われることになるだろう。

それでも2文字の組み合わせは限界で、北九州を拠点に運航するスターフライヤーは7Gと、アルファベットと数字の組み合わせの記号を使っている。2レターコードはIATA（International Air Transport Association＝国際航空運送協会）が管理していて、主に空港や航空券など、一般の乗

客の目に触れるところで使われてきた。

　3レターコードは、JALはそのままJAL、ANAもANA、スカイマークもSKYで、数字の混ざった記号はなく、多くの航空会社が社名と記号が近い形になるため日本の国内線ではこの3レターを使う機会が多い。たとえばJALは羽田空港国内線の表示では「JAL」、成田空港や同じ羽田空港でも国際線では「JL」といった具合だ。3レターは以前、運航に関する現場だけで使われ、一般の人が目にする機会は少なかった。2レターコードが定期便を運航する航空会社に与えられるのに対し、3レターコードはほぼすべての航空会社にあり、チャーター便のみを運航する航空会社にも3レターはあった。そのため管制塔のレーダールームのモニターなどに表示されるのは2レターではなくこの3レターだったのだ。

　しかし2レターコードは2文字の組み合わせのため数に限界があるほか、たとえば日本のスターフライヤーが「7G」といわれてもピンとこない、などということから3レターを利用する空港は増えていった。3レターならスターフライヤーは「SFJ」という表示になって分かりやすくなる。そのため海外でも新興航空会社の発着が多い空港ほど3レターを使う例が多くなったのだ。この3レターはIATAではなくICAO（International Civil Aviation Organization＝国際民間航空機関）が管理と、2レターと3レターでは管理者が異なっている。IATAとICAOの違いは、IATAは航空会社の集まりによる組織で、非加盟の航空会社も多くある。いっぽうICAOは各国政府によって組織されているという点だ。

　都市コード・空港コードというアルファベット3文字の記号もある。香港行きの搭乗手続きを行うと、手荷物を預けるとその荷物に「HKG」と大きく印字されたテープを張るが、これが都市コードや空港コードである。香港はHKG、バンコクはＢＫＫ、シンガポールはＳＩＮと、多くの場合は都市コード＝空港コードとなっている。しかし東京のように空港が複数ある場合は東京の都市コードＴＹＯのほかに成田の空港コードＮＲＴと羽田の空港コードＨＮＤが存在する。例外もあり、名古屋にも中部と小牧の２空港があるが、いっぽうの空港の規模が小さい場合は、メインの空港の空港コード＝都市コードとしていて、名古屋の都市コード＝中部空港の空港コードがＮＧＯ、小牧空港の空港コードがＮＫＭと付けられている。

都市コードもメジャーな都市ほど語呂がいい３文字になっていることは否めない。機械的に当てはめた記号もあり、日本では旭川のＡＫＪ、仙台のＳＤＪ、新潟のＫＩＪ、岡山のＯＫＪ、松山のＭＹＪ、鹿児島のＫＯＪのようにJapanのＪで終わる記号がたくさん使われている。またカナダの都市コードはほとんどがＹではじまっており、Ｙではじまればまずカナダという状況になっている。Ｙとカナダに所以はなく、ただ世界的にＹではじまる都市名が少ないことからの採用だった。

最後に紹介するのが機体の国籍記号である。桁数などはそろえられておらず、日本はＪＡＬでもＡＮＡでもスカイマーク機でもＪＡ、アメリカはＮ、中国、香港、台湾、マカオはいずれもＢ、シンガポールは９Ｖなどとなっている。記号の後に続くのもアルファベットや数字と統一性はない。民間機に対する記号で、自衛隊などの軍用機には当てはまらない。軍用機に限らず、たとえば日本の政府専用機のＢ７４７は自衛隊所属なので、ＪＡではじまる記号は付いていない。

必ずしもその国の国籍記号を付けているとは限らないという例も多い。たとえば日本にも乗り入れているＭＩＡＴモンゴル航空のＢ７３７の国籍記号はＥＩとなっている。ＥＩはアイルランドの国籍記号で、同社は２機のＢ７３７をアイルランドとアメリカのリース会社から借りているが、機体の国籍は2機ともアイルランドである。日本にも乗り入れるアエロフロート・ロシア航空のA330は全機がオランダ、もしくはアラブ首長国連邦のリース会社からのリースだが、機体の国籍は、バミューダとタークス・カイコス諸島である。しかしそこに機体の本拠地があると限ったわけではない。船の世界でも、アメリカの船舶会社の船がパナマ船籍、という例があるように、運航する航空会社と国籍は必ず一致するものではない。

　ただし日本においてはリース機であっても日本国籍のJAナンバーで運航しており、日本の航空会社が運航する機体＝JAナンバーだと思っていいだろう。日系航空会社では、JALならJA3桁の数字で末尾がJ、ANAは末尾がA（貨物機はF）、スカイマークは3桁部分が機種を表すなどの法則があるが決まりはない。また日本では、アルファベットのIやOは数字の1や0に間違いやすいので使わないことにしている。

図32　便名に使われる2レターだが、3レターが使われる機会も多くなった（左上）（上）。機体に必ず記されているのは、国籍記号からはじまる機体番号（左下）。（羽田空港）

Column ④

消えた航空会社（海外編）

日本に乗り入れていたものの、現在は航空会社そのものが消えてしまったというケースも多い。経営破綻から航空会社が消えてしまったもの、他の航空会社と統合されたものなどさまざまである。

図④-１　アメリカウエスト航空
運航拠点はアリゾナ州フェニックスであったが、1991年から1992年までという短い期間ながらホノルル〜名古屋間の国際線を運航した経歴がある。その後2007年にはUSエアウェイズと統合されている。（B747-200、フェニックス空港）

図④-２　AOMフランス航空
1992年から1995年まで成田に乗り入れ、成田〜パリ間の格安便として人気を博した。元々はフランスから、世界各地にあるフランスの海外県への便を中心に運航していた。その後はスイス航空系列に入り「クオリフライヤー」メンバーとなり、社名がエール・リブに改められるが2003年に倒産する。（DC-10、フランクフルト空港）

図④-３　ナウル航空
太平洋に浮かぶ小さな島国、ナウル共和国のナウル航空が1972年から1981年まで日本の沖縄と鹿児島にグアム経由で乗り入れていた。当時はナウルで乗り継いで、ナウル航空だけでオーストラリアまで行くルートまであった。しかし2005年、国家財政の破綻があって運航停止になった。（B737-200、シドニー空港）

図④-４　アンセット・オーストラリア航空
1994年から関西に乗り入れ、同社の乗り入れは関西空港開港の目玉的存在であったが、2001年に突然倒産、それは共同運航する全日空すら「寝耳に水」であったという。写真はシドニーオリンピックの公式スポンサーであることを示す特別塗装機だが、公式スポンサー権獲得などでも財政を悪くしたという。（B747-300、関西空港）

第5章　航空会社の謎

人気のシンガポール航空にはどんな秘密があるのか。（シンガポール空港）

謎033

産業保護政策に守られた日系航空会社

それぞれの役割は国に決められていた

日本の航空会社を振り返ってみると、ジェット旅客機同様そんなに長い歴史があるわけではない。実質的には戦後から振り返ればそれがすべてになる。第二次世界大戦後、日本は連合国軍によってすべての航空事業が禁止されていたが、それが解除されたのが1952年のことであった。1951年に日本航空が羽田から札幌と大阪経由福岡便に就航しているが、それはアメリカのノースウエスト航空に委託しての運航であった。日本航空が自社機を導入するのは1952年から、日本が自らの手で航空機を運航させることができたのは、戦後7年経ってからであった。

時を同じくして多くの航空会社が設立、また戦前に設立されていた会社も再開された。1952年から1953年にかけて日本ヘリコプター輸送は東京を拠点に東日本にヘリコプターを運航、極東航空は大阪拠点に四国、九州へ。北日本航空は札幌拠点に道内を、日東航空は水上飛行機を使って大阪から南紀白浜へ、南日本航空（後の東亜航空）は広島を拠点に西日本、九州、四国へ、富士航空は鹿児島~種子島間の運航をはじめる。

戦時中、そして戦後7年間は日本の航空事業はすべてストップしていたが、解除と同時に数多くの航空会社が運航していたことになり、その数は現在より多いともいえるほか、その後の高度成長期の骨格になる航空会社のルーツはこの時すでにできていたのである。

多くの航空会社が存在したが、別格の存在だったのがやはり日本航空で、日本政府主導の半官半民体制で1954年には戦後初の日系航空会社による国際線がホノルル経由サンフランシスコ便で復活、1960年にはダグラスDC－8を導入、日本初のジェット便就航となった。東京オリンピックの1964年には庶民にも海外旅行が解禁、翌1965年にはJALパックが登場し、1970年にはB747ジャンボ機導入で空の大量輸送時代となる。

いっぽう他の民間勢力は統合が相次ぐ。東日本中心だった日本ヘリコプター輸送は1957年に全日本空輸（全日空）と社名を改めた。これが現在のANAであることはいうまでもないが、ANAの2レターである「NH」は日本ヘリコプター輸送時代から引き継がれているものである。なお同社は「ヘリコプター」を名乗っていたが、1955年からは通常の旅客機（DC－3）を運航していた。そして翌1958年には西日本中心だった極東航空を統合、名実ともに「全日本」になった。そして1965年にはB727を導入、ジェット便が就航する。

北日本航空、日東航空、富士航空の3社は1964年に統合、日本国内航空となった。さらに、その3社の統合でできた日本国内航空が東亜航空と1971年に統合して東亜国内航空となったのである。こうして日本の高度成長期を支えた航空3社の勢力が構成された。戦後航空事業を設立、または復活した会社は創業当時、水上飛行機や小型のレシプロ機で、乗客の定員が数名という機体で運航をはじめているが、そのすべてがその後の大手3社に関わっていることになる。

大手3社が出そろった1971年の翌1972年には航空会社の割り当てを定めた産業保護政策が発動される。俗にいう「45・47体制」である。

日本航空は国際線と国内幹線、全日空は国内線全般、東亜国内航空は国内ローカル線を運航するものと定めていて、俗に「航空憲法」ともいわれた。1970（昭和45）年に閣議了解、1972（昭和47）年に運輸大臣通達が出されたことによる名称である。こうして日系航空会社は国内的には成長するのだが、海外に目を移せば1976年にはアメリカで航空規制緩和法が議会で可決されており、この45・47体制が日系航空会社の国際的な競争力を低下させる原因になったともいわれる。

1980年代に入ると、航空旅客はさらに多くなる。B747ジャンボ機には日本国内専用のB747SRが就航、国内旅客が伸び、航空会社の収益の多くは国内線になる。いっぽう日本航空は収益の多くを国際線に頼らなければならず、本格的に国内線に進出したいものの、政策が足かせとなってしまう。また全日空は何とかして国際線に進出しようと国際チャーターを多く手掛け、東亜国内航空は幹線に進出しようとA300を導入する。こうして45・47体制が見直されるのが1985年で、政府は日本航空には国内幹線も、全日空には国際線を、東亜国内航空には国内ローカル線も認めることになった。競争の原理を取り入れるほか、日本航空は半官半民から1987年に民間会社へと移行されるのである。1986年には全日空が念願の国際線に進出し、グアム便を就航させる。また1988年には東亜国内航空もソウル便で国際線に進出、社名を日本エアシステムに改めるのである。

小さな航空会社の統合や設立も多かった。日本航空は沖縄返還前からこの地で運航していた南西航空をグループ傘下にし、日本トランスオーシャン航空に改名した。同社の子会社だった琉球エアーコミューターもグループ傘下になった。測量事業などを行う朝日航洋系列の朝日航空が設立した西瀬戸エアリンクの事業を引き継いだのが、パイロット養成を行っていたＪＡＬフライトアカデミーで、これがジェイ・エアとなった。１９９７年にはＪＡＬエクスプレスが誕生、当時「時給スチュワーデス」という言葉で有名になった。

　いっぽうＡＮＡにも、僻地や離島路線を運航するために関係地方自治体と共同出資する日本近距離航空が誕生、後にエアーニッポンとなり、傘下にエアーニッポンネットワーク、エアー北海道などが設立されるが、後にＡＮＡ便の運航会社を経てＡＮＡ本体と統合される。また名古屋鉄道と共同出資した中日本エアラインサービスも、現在は名古屋鉄道が抜け、エアーセントラルとなり、ＡＮＡの運航会社になったため、やはり自社ブランドの便はなくなった。

　また東亜国内航空と鹿児島県が出資した日本エアコミューターと、日本エアシステムと北海道が出資した北海道エアシステムは、ともに日本エアシステムの傘下でローカル便運航を行った。

図33　一時期は日本エアシステムもホノルル便を運航していた。２機のみ保有の虎の子的存在だったDC-10が投入された。（成田空港）

謎034 日本でLCCはスカイマーク1社のみ
エア・ドゥもソラシドエアもLCCとは言えない

1998年、スカイマークエアラインズが羽田～福岡間に当時の大手運賃の半額で参入する。このスカイマークエアラインズは旅行会社HIS社長だった澤田秀雄氏らが出資して設立された。1980年代、若者を中心に「海外格安航空券」が人気となるが、これらは大手ではなく、中小の旅行会社で売られていた。そんな事業者のひとつに「秀インターナショナルサービス」があった。「秀」とは社長の澤田秀雄氏からきていた。これが現在のHISである。これら事業者の多くは、海外旅行解禁の1964年以降、ヨーロッパなどに個人旅行するが、横浜から船、シベリア横断鉄道でヨーロッパを目指している。理由は航空運賃があまりに高額だったためであるが、彼らの多くはヨーロッパから空路で帰国している。ヨーロッパからの運賃も高額であったが、割引運賃が豊富にあったからで、日本でも「安く海外に」という思いで旅行会社をはじめた人が多かった。

こうして就航したスカイマークエアラインズに続けとばかりに同じ年、羽田～新千歳間にエア・ドゥこと北海道国際航空が就航した。こちらも実現はできなかったが大手の半額を目指していた。さらに2002年には羽田～宮崎間にスカイネットアジア航空（現在のソラシドエア）が就航、同社は当初パンアジア航空として福岡拠点にする予定だったが、すでに福岡にはスカイマークエアラインズが就航していたため、拠点を宮崎に変え、社名変更しての就航であった。当時スカイマークエアラインズに刺激されてか、日本各地で新興航空会社参入の動きがあり、実現はしなかったが沖縄を拠点にするレキオス航空という計画もあった。

スカイマークエアラインズはアブレスト2－4－2と、通常より1列多い座席配置にした1機のB767で羽田～福岡間を1日3往復、ドリンクサービスなどを簡略化して運航したが、スカイマークエアラインズの便が飛ぶ時間帯だけ大手も同額に値下げした割引運賃を設定、露骨な新規参入航空会社いじめを行った。しかしこれには利用者、そして新規参入航空会社を育てて改革をアピールしたかった当時の運輸省からもクレームがついた。その後2機目の機材が導入されたことで1日6往復へ、大手も露骨な対抗ができなくなった。スカイマークエアラインズは参入後まもなく撤退した地方都市があるなど、紆余曲折はあったが徐々にネットワークを拡大、顧客も増えていった。機材も設立当初のB767から、LCCの定番機材であるB737に統一、運用効率が向上した。

いっぽう2001年には、日本航空と日本エアシステムが2004年に統合されることが発表されるが、これをきっかけに新規参入の航空会社も歩む道が違ってきた。2002年には北海道国際航空は債務超過になり民事再生手続きが始まっていた。2004年にはスカイネットアジア航空も産業再生機構に支援を要請、ともに運航停止になる可能性もささやかれていた。

ところがこの2社を救済したのがANAであった。それまで羽田～新千歳間は日本航空、全日空、日本エアシステム、そして北海道国際航空の4社で運航していて、日本航空と全日空の便数は拮抗《きっこう》していた。この間は世界で最も航空需要の大きなドル箱路線である。しかし日本航空と日本エアシステムが統合されると、ANAはドル箱路線のシェアで負けてしまう。そこで北海道国際航空と提携し、共同運航便にすることで、半分のシェアを確保しようとしたのだ。またANAとしても、大手2社体制となればさらに競争は激しくなり合理化が必要になる。そこで自社便を増やさずに九州便を増やすためには、スカイネットアジア航空との提携が得策と判断した。北海道国際航空とスカイネットアジア航空からすれば、格安を武器に参入したはずが、大手と提携するのには抵抗があったと思うが「背に腹は代えられない」という状況であったに違いない。

その後は北海道国際航空、スカイネットアジア航空の全便がANAとの共同運航となった。またその後、北九州空港が新空港に移転したことから参入したスターフライヤーの羽田から関西、北九州便もANAとの共同運航になっている。現在でも別会社ではあるが、ANAにとってみれば「運航会社」、利用者にとっては大手でもLCCでもない「中途半端」な存在であることは否めない。

こうして日本航空と日本エアシステムは2004年に統合され、新生JALとなり、JALは一挙に多くのローカル線や離島便なども含めたネットワークになる。長らく親しまれた鶴丸デザインが変更され、2008年には最後の鶴丸塗装機が惜しまれながら引退する。しかし2009年には1000億円以上の最終赤字を計上、2010年には会社更生法の適用を申請、上場も廃止された。合理化から大幅な路線縮小が行われ、日本エアシステムとの統合で新たに加わった路線の多くが結局なくなった。「統合は何だったんだろう」と思われる人も多いことであろう。2011年には「初心で生まれ変わります」とのことで再び鶴丸デザインに。鶴丸が完全に姿を消したのはたった3年弱であった。「航空会社は複数あったほうが競争原理が働く」「なのでJALは潰さないほうがいい」という意見もあるが、現在のJALとA

図34　大手に対抗するはずだった北海道国際航空だが、現在は大手の運航会社と化してしまった。（B737-500、新千歳空港）

NAは申し合わせたように同料金なので利用者にとってみれば1社でも同じことなのだが……。そして2010年10月、1カ月の利用者がANAのほうがJALを上回ったというニュースが報道された。当然のことで、ANAが上回ったのではなく、JALの便数削減や機材の小型化が影響したもので、JALの自滅が主な要因なのである。

いっぽう日本で唯一LCCと呼べるスカイマークは最も収益性の高い羽田空港の発着枠不足から、神戸、中部、そして成田の拠点化を進めてネットワークの充実を図っている。成田の拠点化は2014年に予定しているA380の国際線就航に備えるものである。またA380は意外にも優等クラスにも力を入れる計画で、今までの薄利多売を中心にしたLCCのビジネスモデルとはやや異なるようだ。大手が独占している長距離国際線のビジネス客獲得に乗り出す考えで、大手は新たな市場でのLCC参入への対抗策を考える必要がある。

謎035

パンナムはなぜ潰れたのか？

アメリカの規制緩和で強くなった会社、破綻した会社

世界の航空会社業界をリードしたのは何か？と問われると、航空大国アメリカではなかったかと思われる。現在行われている航空会社同士の提携や連合、LCCといった格安航空会社、また予約システムの確立、空港のハブ化、マイレージ・プログラム、どれをとっても発端はアメリカの航空戦国時代の副産物といえ、それは航空自由化政策から出発している。アメリカの航空戦国時代とは1980年代を指している。航空自由化政策から新規の航空会社が乱立しては倒産、あるいは大手の買収、中小同士の合併が繰り返され、1991年には老舗航空会社だったパンナムさえ倒産に追い込まれている。どんな時代だったのであろうか。

アメリカの航空業界が変わるきっかけは1976年に議会で可決した航空規制緩和法、いわゆるデレギュレーションだ（1978年に実施）。1981年末までに国内線を自由化、航空各社はアメリカ国内を自由に運航できるようにし、1983年からは運賃も自由化するというものだ。運航、運賃に関する規制をすべて撤廃するというもので、1980年に発足したレーガン政権も規制緩和を政策の目玉にし、独占禁止法の運用も改められ、企業同士の合併や買収も容易にできるようにされた。当初は同一州内に限って自由化するなどの段階を経たが、規制緩和は約束通り実施された。

その結果、多くの航空会社が誕生した。アメリカでは鉄道が発達しておらず、実質的な交通機関は航空機と自動車だけである。しかも国土は広く、ひとつの州だけで日本の国土より広い州だって複数ある。近年日本では格安バスの普及などから貸切バス業者が増大しているが、そのような感覚で航空会社が増えていった。やるも自由やめるも自由だったので、個人タクシーでもはじめるような感覚で、中古旅客機1機で運航をはじめ、数カ月で廃業する航空会社すらあった。こうなると安全面が心配だが、機体の安全性はアメリカ連邦航空局が安全基準を定め、機体メーカーがそれに基づいてマニュアルを作り、航空会社は保険会社に加入する必要があるが、安全基準の慣行は保険会社が監視した。

新規に航空会社を立ち上げるのが容易な時期だったといえる理由もある。大手が多く保有していたB727やB737－200の後継機としてB757やB737－300が登場した頃で、大手が放出した旅客機を容易に購入できたのだ。格安運賃で名を馳せたピープル・エクスプレスも当初はルフトハンザで余剰となった3機のB737－200で運航をはじめている。

現在アメリカにはデルタ航空、ユナイテッド航空、アメリカン航空という「ビッグ3」があるが、戦国時代に入る以前は「ビッグ4」といわれ、アメリカン航空、ユナイテッド航空、デルタ航空、イースタン航空という顔ぶれであった。つまり「ビッグ4」のうち1社は現在存在しないが、どのような経緯だったのだろう。

戦国時代以前、日本で最も知名度の高かったアメリカの航空会社はパンナムで、日本に限らず世界中でそうであった。アメリカでもパンナムはB747開発に協力するなど大きな存在であった。しかし航空旅客数ではパンナムは大した数字ではなかった。アメリカは航空大国であるが、それを支えているのは国内需要である。当時アメリカン航空、ユナイテッド航空などはカナダ、メキシコ、カリブ海には飛んでいたが、本格的な国際線は運航していない。アメリカで航空会社大手といわれるのは国内のドル箱路線を持っているかどうかで決まった。その点パンナムは国際線の航空会社だったのだ。

当時アメリカの国際線航空会社というと3社が有名であった。世界にネットワークがあり世界一周便も飛ばすパンナム、大西洋便に強かったトランス・ワールド航空、日本にも乗り入れ、太平洋便に強かったノースウエスト航空である。しかし3社とも国内線は充実しておらず、戦国時代を生き抜くためには、自由化されて参入が自由になった国内線を充実させることが急務であった。

3社は自ら路線を増やして国内線の充実を図るという選択もあったが、手っ取り早い方法は、すでに国内線をある程度運航している航空会社を買

図35　パンナムは経営再建のため、広く「パンナム」を印象付けるために機体デザインを一新するが、1991年にすべての路線が運航停止になった。（A310、フランクフルト空港）

収してしまうという手段であった。パンナムはマイアミ拠点のナショナル航空を、トランス・ワールド航空はセントルイス拠点のオザーク航空を、ノースウエスト航空はミネアポリス、メンフィス拠点のリパブリック航空を買収する。ノースウエスト航空の買収したリパブリック航空は、それ自体が寄せ集め的な会社で、ミネアポリス拠点のノースセントラルエアラインズとアトランタ拠点のサザーンエアウェイズが合併してできていて、そのリパブリック航空は西海岸に路線を持っていたヒューーズ・エア・ウエストを買収していた。

そしてこれらの買収劇は各社とも買収を急ぐあまり、相手のことを熟知せずに行われたため、メリットばかりではなかった。最も買収が裏目に出たのがパンナムで、当時ナショナル航空自体も経営が悪化していて、イースタン航空なども買収に乗り出していたのだが、競り合いの結果、１９８０年に高値で購入してしまう。ところがパンナムとナショナル航空では何もかも違っていた。パンナムがボーイング機材のみなのに対しナショナル航空の看板機材はダグラスＤＣ－10、パンナムは誇り高きベテランパイロットが多かったが、その高い賃金を基準にしたため、収支は急激に悪化する。１９７９年の第二次オイルショックによる燃料費高騰、景気低迷で国際線旅客が減り、１９８５年には太平洋路線をユナイテッド航空に売却、残った国内線と大西洋便に専念するが、１９９１年にはすべての運航を停止するのである。

いっぽう大手のアメリカン航空やユナイテッド航空は戦国時代により力を付けたといわれる。それぞれダラスやシカゴでのハブ機能を強化、それぞれの予約システムであった「セーバー」「アポロ」を世界に普及させる。アメリカン航空は世界初のマイレージ・プログラムをはじめ、ユナイテッド航空の「マイレージ・プラス」は日本でも人気を得ることになる。

謎036

航空連合の誕生で主要航空会社は派閥化

ノースウエストとKLMからはじまった

1980年代に熾烈を極めたアメリカ航空業界の再編劇であったが、1990年代に入ると一段落していく。航空自由化でいったんは航空会社数が増大したが、倒産、合併、買収によって戦国時代が一段落すると、結局、自由化以前より航空会社数は少なくなっていた。1991年にパンナムが倒産するが、同じ年に「ビッグ4」の1社だったイースタン航空も運航を停止、トランス・ワールド航空は生き延びていたがすでに有力な航空会社ではなく、最終的に2001年、アメリカン航空に買収された。この時点でアメリカの有力航空会社はアメリカン航空、ユナイテッド航空、デルタ航空、ノースウエスト航空、コンチネンタル航空、USエアウェイズ、そしてLCCのサウスウエスト航空程度に絞られていた。戦火の激しくなかったハワイ州やアラスカ州の航空会社は生き延びるが、本土では中小の航空会社のほとんどが合併か買収されるか、あるいは倒産していたのだ。

そして、こうして生き残ったアメリカの航空会社は、国内の戦国時代が一段落すると、今度はヨーロッパの航空会社に提携を求めた。アメリカ国内は航空自由化が完了したが、いずれは国際線でも自由化される方向にあり、そういった時代を勝ち抜くためにはヨーロッパの航空会社との提携は不可欠であったからだ。

その頃ヨーロッパでも航空会社の再編時期に差

しかかっていた。1990年から欧州連合の経済統合が進められていたが、ヨーロッパでは国単位で存在したフラッグキャリアも同じ経済土壌での競争を強いられることになり、より競合が激しくなることが分かっていたからである。当時ヨーロッパでは最終的にはブリティッシュ・エアウェイズ、エールフランス、ルフトハンザの3社しか生き残れないとさえ囁かれていた。

こういったことからアメリカとヨーロッパの航空会社の利害が一致した結果、最も早く提携を結んだのがノースウエスト航空とKLMオランダ航空で、1989年に提携開始、双方ともアメリカやヨーロッパで1、2位を争う規模でなかったため、独占禁止法に触れることもなく、すんなりと提携が実った。お互いの拠点であるデトロイトとアムステルダムからの便にはコードシェアといってお互いの便名を付け、大西洋便を効率よく運航した。1993年には提携より一歩進んで「包括提携」に。前年にアメリカとオランダの間で航空自由化されたので、両社はATI（Anti Trust Immunity＝反トラスト法適用除外）を取得、運賃まで統一した。ATIとは「運賃などを申し合わせて設定しますが独占禁止法に抵触するようなものではありません」というお墨付きである。ビジネスクラスを統一、ラウンジ、マイレージ・プログラムも共通化を図り、当時2社の提携は「理想的」という評価であった。

しかしノースウエスト航空とKLMオランダ航空の提携成功を見て、他の航空会社も手をこまねいていたわけではない。1996年にはアメリカン航空とブリティッシュ・エアウェイズが提携を試みる。いよいよ大物同士の縁組である。しかし大物同士過ぎてすんなりとは事は進まなかった。米欧のナンバーワン同士が手を結んだのでは独占禁止法に抵触してしまうのだ。その後もこの2社の提携実現には時間を要するのだが、1997年には一歩進んだ航空連合が登場する。それが「スターアライアンス」である。米欧の提携であるユナイテッド航空とルフトハンザに加えて、エア・カナダ、スカンジナビア航空、それにタイ国際航空を加えた5社が提携、初の世界的な航空会社の連合となった。米欧間に限らず、行く末は世界的に航空自由化の流れにあるとの先読みで世界的提携となった。

そして「スターアライアンス」に続けとばかりにアメリカン航空とブリティッシュ・エアウェイズは、カナディアン航空、キャセイパシフィック航空、カンタス航空とともに「ワンワールド」を1999年から始めるのである。

こうなると「デルタ航空とエールフランスは必然的に提携を組むしかない」という風潮になってきた。この時期、実際には「提携のメリットもあればデメリットもある」という説があり、必ずしも提携がすべてとは考えられていなかった。とくにエールフランスなどは独自性や個性を重んじる国のため「エールフランスには提携は似合わない」とさえいわれていた。しかし米欧の「ビッグ3」の航空会社で提携を行っていないのはデルタ航空とエールフランスとなれば、提携しないわけにいかないという雰囲気になっていた。「残り物同士が提携した」とも揶揄されたが、こうして2000年には「スカイチーム」がデルタ航空、エールフランス、アエロメヒコ、チェコ航空、大韓航空によってはじまる。

すると中途半端な存在になったのがノースウエスト航空とKLMオランダ航空の提携である。米欧の提携では最も早く、しかも「理想的」といわれた提携であるが、世界的提携の連合が主流になり、米欧だけの提携という形は早くも時代遅れになってしまったのだ。ノースウエスト航空とKLMオランダ航空は巻き返しを図るために「ウイングス」という第4の勢力拡大を試みるが、有力な

図36　世界的航空連合の先駆けとなった「スターアライアンス」は1997年にはじまった。
（成田空港。機体はユナイテッド航空のB747-400）

航空会社がすでに他の連合に参加しているため、思うようにメンバーが集まらなかった。そして2001年のアメリカ同時多発テロ事件の影響から連合化を断念、この2社はそのまま「スカイチーム」に合流するのである。

しかしこの2社の合流は「スカイチーム」には有利に働き、当初「残り物同士が提携」といわれた「スカイチーム」であるが、現在は「ワンワールド」を抜き、世界第二位の勢力を誇る航空連合になった。

これら航空連合は参加している航空会社間で共同運航、メンテナンス部品の共有化などを行うほか、ラウンジ、海外オフィスの共有化、マイレージ・プログラムの相互加算、そして各社間で株の持ち合いなども行っている。すでに世界の主要航空会社の多くが連合入りしていて、独立系を貫いている主要航空会社は少数派となっている。

謎037

空のサバイバルレースは世界へ波及

全日空は連合参加で成功

ユナイテッド航空やルフトハンザが核となる「スターアライアンス」が先駆けとなった世界的な航空連合だが、こうして世界の航空会社が手を結ぶことで、ある意味では航空会社の生き残りは以前にも増してシビアな状況になった。それは、競争に負けた、もしくは業績の芳しくない航空会社は、第一線から退場しなくてはならなくなる基準が厳しくなったということである。長く親しまれた航空会社の倒産も多くなった。

1998年に発足した「ワンワールド」メンバーで、成田や名古屋にも乗り入れていたカナディアン航空は2001年にエア・カナダに買収される。カナダではそれまで国内線と大西洋便に強いエア・カナダ、国内線と太平洋便に強いカナディアン航空と棲み分けされ、大手2社体制が続いていたが、エア・カナダの1社体制になってしまった。発端はカナディアン航空の経営悪化で、同じ連合のアメリカン航空が救済を試みるが、対するエア・カナダと同じ連合のユナイテッド航空はエア・カナダに支援し、結局はエア・カナダがカナディアン航空を買収することになり、カナダでの出来事は「スターアライアンス」と「ワンワールド」の代理戦争といわれた。当時エア・カナダとて経営は苦しく、カナディアン航空買収の力はなかったのだ。アメリカでは1980年代以降、空のサバイバルレースが続いているが、その米系航空会社と提携を組んだ結果、そういったサバイバルレースがアメリカ以外にも波及した。

２００１年以降はアメリカ同時多発テロの影響もあり、航空会社の倒産は多くなる。２００１年には関西にも乗り入れていたアンセット・オーストラリア航空が倒産する。同社は１９９９年に親会社であるニュージーランド航空とともに「スターアライアンス」に加盟している。オーストラリアでは以前はオーストラリアン航空とアンセット・オーストラリア航空が国内線の２大航空会社だったが、オーストラリアン航空はカンタス航空に統合され、アンセット・オーストラリア航空はアジアへの国際線に進出した。しかしオーストラリア国内ではイギリスのヴァージンアトランティック航空系列のLCCであるヴァージンオーストラリアがシェアを伸ばしていて、アンセット・オーストラリア航空は業績を悪化させていた。２０００年に開かれたシドニーオリンピックでは公式スポンサーになるが、これが裏目に出てさらに業績を悪化させていた。

そして同社に出資していたニュージーランド航空までが会社経営が危うくなった。ニュージーランド航空は１９８９年に民営化されていたが、ニュージーランド政府はニュージーランド航空の政府所有株を83％にまで引き上げ、事実上の再国営化をしてこの難局を乗り切った。しかしそのニュージーランド航空に出資していたシンガポール航空まで業績を下げる結果になった。このアンセット・オーストラリア航空の倒産は、連合同士の争いではないが、結果として「スターアライアンス」加盟各社に影響を及ぼし、「スターアライアンス」はオーストラリアでの砦を失うことになる。

ヨーロッパでは、スイス航空とオーストリア航空が率いる地域の提携として「クオリフライヤー」があったが、オーストリア航空は２０００年にルフトハンザに引き抜かれる形で「スターアライアンス」に鞍替えする。それとは別に、成田にも乗り入れていたサベナ・ベルギー航空が2001年に倒産してしまう。ベルギーは大西洋便では、アメリカと早くから航空自由化がされていて、格安で名を馳せたピープル・エクスプレスが最初に大西洋便を運航するなど、開かれた国であったが、そういう土地柄だけに競争が厳しかった。

そしてサベナ・ベルギー航空は「クオリフライヤー」メンバーでスイス航空も出資していたため、2002年にはスイス航空も倒産、スイス航空は子会社だったクロスエアーが引き継ぐことになり、新生スイスインターナショナルエアラインズとなる。同社の2レターコードはLX（スイス航空時代はSR）だが、これはクロスエアーの2レターコードだったのである。

サベナ・ベルギー航空は倒産後、イギリスのヴァージンアトランティック航空系列でベルギーを拠点にしていたヴァージンエキスプレスが買収してブリュッセル航空となるが、後にルフトハンザ系列となり「スターアライアンス」に加盟する。スイスインターナショナルエアラインズも「ワンワールド」と「スターアライアンス」どちらに加盟するか迷った末に「スターアライアンス」に加盟した。

このほか「スターアライアンス」に参加していたヴァリグ・ブラジル航空はLCCのゴル航空に買収される。メキシコではメキシカーナ航空が「スターアライアンス」に加盟するものの脱退、「ワンワールド」に鞍替えするが、その1年後には倒産してしまうという出来事があった。

それでは日系航空会社と連合の関わりはどうだろう。全日空は1999年、「スターアライアンス」に参加する。1994年の関西空港開港で多くの便を運航するものの、収益が上がらず、海外では知名度が低いというジレンマもあった。そこで連合参加で世界標準に成長する足掛かりをつか

図37　サベナ・ベルギー航空は成田に週３便、B747-300で乗り入れていたが倒産してしまう。（ブリュッセル空港）

もうとした。ユナイテッド航空、ルフトハンザなど、世界の名だたる航空会社から国際線運航のノウハウを学んだのである。それまでも全日空の旅客輸送実績は世界の上位にランクされていたが、その数は国内幹線で稼いでいた。しかし国際的に成長するには国際線の成長が不可欠である。

その後日本航空は破綻に追い込まれるが、日本航空はこの時期、連合に参加せず、独立系を貫く。世界の主要航空会社でも、早くに連合参加を決める航空会社と、独立系を貫く航空会社があり、一長一短であった。ところが日本航空はアメリカ同時多発テロの影響で次々に倒産していく航空会社を目の当たりにして、結局「ワンワールド」に落ち着いた。しかし日本航空が「ワンワールド」に参加するのは２００７年である。全日空の連合参加とは8年の差がある。そしてこの8年の差が明暗を分けたともいわれる。結果として全日空は早期に連合に参加したことが成功だったのである。

謎038

シンガポール航空の人気には理由がある

あらゆる国からの利用者を取り込む

近年世界や日本で人気、そして評価の高い航空会社というとどんな顔触れになるだろう。キャセイパシフィック航空、シンガポール航空、エミレーツ航空、エティハド航空、カタール航空、KLMオランダ航空、フィンエアー……。するとそこにはある同じ傾向を見出すことできる。それはどれも小国の航空会社だということだ。たとえばシンガポールは淡路島ほどの面積、人口密度が高いものの東京の3分の1、大阪の半分の人口に過ぎず、その割に航空会社は大規模である。国民一人当たりの旅客機数を比べると、シンガポールは日本やアメリカよりかなり高い数字になるはずだ。かといってシンガポールの国民がそれほど頻繁に航空機を利用するということでもない。エミレーツ航空にしても、アラブ首長国連邦の人口500万人に対して世界最大の旅客機A380を90機購入するというのはどう考えても多すぎる。つまりこれらの航空会社は、自国の国民を運ぶことや自国に来る旅客だけを対象にしているのではなく、自国を通過して第三国間の乗客を運ぶことにも重点をおいた運航を行っている。

シンガポールはマレーシアから独立した都市国家、資源や産業に乏しかったため、アジアの金融、交易の中心として栄えた。立派な空港と人気の航空会社を育てることで、いわば航空業がひとつの国の産業といえる。エミレーツ航空の拠点ドバイも同じである。ドバイはアラブ首長国連邦のひとつの首長国、何もなかった砂漠に石油が出たことで栄えたが、石油はいつか枯渇する。石油がなくても生き残れるようにと中東の交易の中心としての道を歩んでいるが、航空業がそのひとつなのである。そしてアブダビ（エティハド航空）、カタールもそれに続けというわけである。

オランダのアムステルダムも同じ発想で、ロンドン、パリ、フランクフルトとメジャーな都市に囲まれているが、いわばメジャーな都市は黙っていても人は来るものである。そこで便利な空港、そこを拠点にする人気の航空会社を育てたのである。フィンランドはとくにアジアとヨーロッパを結ぶという点に重点をおいていて、ヘルシンキの立地条件からアジアとヨーロッパを結ぶ最短距離にあたるというメリットを活かした運航を行っている。たとえば日本からフィンランドを訪れる渡航者より、イギリスやフランスを訪れる渡航者のほうがずっと多い。しかしイギリスの航空会社は東京のみ、フランスの航空会社は東京と大阪の２都市のみに乗り入れている。フィンエアーは東京、大阪、名古屋の３都市に乗り入れているほか、東京便は１日２便に増便したいとしている。いかにヘルシンキで乗り継いで他の都市に行く旅客が多いかである。

こういった航空会社には運航に特徴がある。キャセイパシフィック航空の日本を午前に出発する便は、成田９時45分、中部10時15分、関西10時５分、福岡10時50分発だ。似たような時間に出発するが、すべての便が同じような時間に香港に到着し、同じ乗り継ぎ便に接続することを意味している。エミレーツ航空も同様、出発時間は成田22時、関西23時20分、ソウル23時55分、北京23時55分、上海23時30分と、やはりドバイに翌朝同じような時間に到着できるように設定されている。そしてどの都市から出発した乗客でも、同じ接続便を利用してアフリカ、ヨーロッパなどに接続する。空港も乗り継ぎ客重視の設計にする必要があるが、これらの航空会社が拠点にする空港はどれも通過客への施設が充実している、いわゆるハブ空港ばかりである。

こういった航空会社の活躍で、主要都市間のルートもずいぶん変わった。中東各国へは従来「週3便」などといったルートが多かったが、ドバイやカタールのドーハで乗り継ぐことで毎日運航に、アフリカ各国へも乗り継ぎと経由を繰り返していたルートから、やはりドバイやドーハでの1回の乗り継ぎでアクセスできる都市が多くなった。日本からブラジルのサンパウロへもドバイ乗り継ぎを利用する人が多い。アメリカで乗り継ぎが一般的なルートだが、アメリカでの乗り継ぎは入国審査があり、それをわずらわしく思う人が多いのだ。

世界の航空会社を運航形態で分けると、日本、アメリカ、イギリス、インドなどの航空会社はどちらかというと、その国に発着する乗客の利便性を最優先に考えているほか、空港の構造も出国と入国の動線が優先されていて、乗り継ぎ客のことはあまり考えられていない。いっぽう乗り継ぎ重視の航空会社は、乗り継ぎ客の利便性に重点をおいた時間帯に運航している。出発国と目的国の時間帯を使いやすくした結果、自国の発着時間が真夜中だったりする例も多くある。いわば自国での発着時間帯を犠牲にしている。日系航空会社の国際線は「午前便だから現地で時間を有効に使える」「翌日からのビジネスに便利な時間」などが考えられて運航時間が決められているが、「日本で乗り継ぎ」といった発想はない。

そのためどこの国の航空会社でもシンガポール航空やエミレーツ航空のようになれるわけではない。日本では拠点になるはずの成田空港が24時間空港ではないし、アメリカでは乗り継ぎだけの利用者も全員がアメリカに入国しなければならず、

「通過」という概念すらない。

しかしシンガポール航空やエミレーツ航空のような運航形態は、他の航空会社にも波及しつつある。従来トルコ航空は、トルコに観光にやってくる需要に対しての飛び方であったが、イスタンブールで乗り継ぎだけをする利用者の利便性を考えてスケジュールを組むようになった。最も近年で変わったのは中国の航空会社で、空港施設に「通過客」を意識した構造が取り入れられるようになったほか、日本～中国～第三国行きの航空券も多く売られるようになった。

航空会社間の競争が激しくなったことで、各国の航空会社は、その国を発着する利用者だけを考えたのでは勝ち残れない状況がそこにはある。いっぽう多くの国の乗客を取り込むことで、あらゆるサービス要求にこたえる必要があり、結果としてサービスレベルが向上、人気航空会社になるという構造もあるようだ。

図38　エティハド航空もエミレーツ航空同様アラブ首長国連邦の航空会社、エミレーツ航空に続けとばかりに各国へ路線網を拡大している。（A340-500、成田空港）

謎039

航空会社の旅客輸送実績が示すものは？

上位はメジャー航空会社ばかりではない

航空会社の規模を表す数字として旅客輸送実績というものがある。表39－1が国際線と国内線を合わせた数字、表39－2が国際線だけの数字である。ここからどのようなことが見えてくるだろうか。

これらの数字は「有償旅客人キロ」といい、旅客を何キロ輸送したかという順位である。人数と距離を乗じたものなので、長距離を飛べば少ない人数でも大きな数字になるし、短距離でこの数を稼ぐためには多くの人数を運ばなければならない。表を2種類に分けているのは、国内線と国際線の合算と、国際線だけの数字では順位が大きく入れ替わるからである。国内線と国際線の合算では上位3社をアメリカの航空会社が占めるが、国際線だけでは対照的に1位はエミレーツ航空、2位から4位をヨーロッパの航空会社が占める。アメリカではニューヨーク～ロサンゼルス間でも国内線に数えられるが、ヨーロッパではパリ～フランクフルト間でも国際線である。上位ががらりと入れ替わるのは、アメリカの航空会社は「国内線が主」ということを表していることは謎035で述べた通りである。いっぽうでヨーロッパ系航空会社は、アメリカと違いヨーロッパは1カ国の国土が狭いため、国内線では大きな数字になっていないことがうかがえる。

国際線と国内線を合算した数字ではアメリカの

表39-2　国際線輸送実績。
(1～20位, 2009年)

順位	航空会社名
1	エミレーツ航空
2	ルフトハンザ
3	エールフランス
4	ブリティッシュ・エアウェイズ
5	シンガポール航空
6	キャセイパシフィック航空
7	アメリカン航空
8	ＫＬＭオランダ航空
9	デルタ航空
10	ライアンエアー
11	ユナイテッド航空
12	カンタス航空
13	コンチネンタル航空
14	大韓航空
15	エア・カナダ
16	タイ国際航空
17	JAL
18	ノースウエスト航空
19	イベリア・スペイン航空
20	イージージェット

表39-1　国際線・国内線輸送実績。
(1～20位, 2009年)

順位	航空会社名
1	アメリカン航空
2	デルタ航空
3	ユナイテッド航空
4	ブリテッシュ・エアウェイズ
5	エールフランス
6	コンチネンタル航空
7	ルフトハンザ
8	サウスウエスト航空
9	エミレーツ航空
10	ノースウエスト航空
11	カンタス航空
12	USエアウェイズ
13	中国南方航空
14	シンガポール航空
15	キャセイパシフィック航空
16	KLMオランダ航空
17	中国国際航空
18	JAL
19	エア・カナダ
20	ライアンエアー

(国土交通省航空局監修、航空振興財団発行、「数字でみる航空2011」より)

図39　国際線輸送実績1位に輝いたエミレーツ航空、大型機を積極的に運航した結果が功を奏した。(A380、香港空港)

大手3社が1、2、3位を独占する。アメリカの航空会社は旅客輸送量の半分以上は国内線で稼いでいて、国内需要が大きいことを示している。国際線中心に運航していたパンナムが倒産したというのもうなずける結果である。また6位にコンチネンタル航空、10位にノースウエスト航空がランクされているが、コンチネンタル航空はユナイテッド航空に、ノースウエスト航空はデルタ航空と統合したので現在はユナイテッド航空とデルタ航空の数字はさらに膨れ上がっている。

注目されるのは国際線・国内線輸送実績の8位に入っているサウスウエスト航空だ。日本人にはなじみのない航空会社だが、アメリカ国内線では定評のある格安航空会社である。ここでは国際線と国内線の合算の順位だが、サウスウエスト航空は国際線を運航しておらず、この数字はアメリカの国内線だけで稼いでいる。しかも同社の機材はB737のみ、この機材は長距離を飛ぶことができないので、短距離便だけでこの数字を稼いでいる。旅客輸送実績は人数と飛んだ距離を乗じた数字であることは前述したが、短距離便で数字を大きくするには人数で稼ぐしかなく、サウスウエスト航空をいかに多くの人が利用しているかが理解できる。サウスウエスト航空は元祖LCCで、1971年にテキサス州に就航、以来、格安運賃で、しかも利用者に信頼の高い航空会社として成長、その経営姿勢は大手航空会社も手本にしているほどの存在だ。国内線、しかも小型機だけで、国際線を含めた旅客輸送実績7位になるのは立派としかいいようのない順位である。

逆に20位までにランクされている航空会社で、国際線のみを運航しているのがシンガポール航空とエミレーツ航空、またKLMオランダ航空も実質的には国際線のみ、またキャセイパシフィック航空も中国本土への路線は準国際線であるとすれば国際線のみの運航になる。そしてこれらの航空会社は謎038で紹介した航空会社ばかりで、自国の空港を拠点にして第三国間の輸送をすることで旅客輸送実績を伸ばした航空会社である。

次に国際線・国内線輸送実績20位にライアンエアーが、国際線輸送実績10位にもライアンエアー、20位にイージージェットがランクされた。ライアンエアーはアイルランド国籍のＬＣＣ、運航はダブリンほかロンドン、フランクフルト、ローマ、マドリードなど多くのヨーロッパ主要都市を拠点に運航している。ヨーロッパ最大の格安航空会社で、物価の高いヨーロッパにおいて、その運賃は日本円で２０００〜３０００円程度（燃油サーチャージ、空港使用料などを除く運賃部分）、鉄道やバスの運賃よりずっと安いものになっている。近年では旅客機の立席搭乗やトイレの有料化などを検討していると報道されて話題になった航空会社である。イージージェットはイギリスのＬＣＣで、ライアンエアーとともにヨーロッパの２大格安航空会社のひとつである。スイスにもイージージェット・スイッツランドという会社を持ち、ヨーロッパ全土に格安便を運航している。

２社に共通するのは、ヨーロッパは経済圏ではひとつの地域なので、イギリスの航空会社だからといってイギリスだけを拠点にしているのではなく、フランスやドイツを拠点にする便もたくさん飛んでいることで、網の目のようなネットワークを形成している。機材はライアンエアーがＢ７３７、イージージェットがＡ３１９を中心にしたＡ３２０ファミリーで、いずれも長距離路線は持たず、最も遠くで北アフリカまでの路線にとどまっている。それでいて世界の航空会社で旅客輸送実績が上位にランクされるということは、やはり利用者が多いことにほかならない。

シンガポールやドバイのように航空業を産業として育てる風潮、また格安航空会社の台頭で、主要航空会社の顔触れも変わっている。

謎040

日本を発着する国際線で最も便数が多いのは？

発展途上国の航空会社やLCCは少ない

現在日本を発着する定期国際線を運航するのは68社、うち2社が日系航空会社で残り66社が35の国や地域から乗り入れる海外の航空会社である。表40は日本を発着する国際線を便数順にまとめたもので、たとえば成田からロンドンを1往復するものを1に数えて集計してみた。数字が14とあれば数を1に数えて集計してみた。数字が14とあれば1日2便飛んでいることになる。機材には関係なく便数だけを数えているので、500人以上乗れるA380でも、100席前後の機材であっても1便に数えている。週間便数の多さが直接、供給座席数や利用者数と合致するものではない。

便数が多い順に見ていくとJALが週に400便以上、ANAが300便以上を運航し、やはり断トツで他社の数を上回っている。JALは経営破綻から多くの便を整理したが、それでも国際線の数では他社を圧倒している。ANAも300便以上を飛ばしJALを猛追している。ただし日系航空会社は、かつてに比べて機材の小型化が進んだので、座席供給量は便数ほどには多くなっている。しかしANAの国際線は後発で、長らくは成田空港の発着枠の関係で増便できず、当時のノースウエスト航空より日本発着の国際線数が少なかったことを考えると、これでも国際線はかなり増えている。20年くらい前はANAの国際線はJALの足元にも及ばない数字であった。

日系航空会社に次いで日本発着国際線が多いの

表40　日本発着国際線の週間便数順位（2011年10月現在）。

順位	航空会社	週間便数
1	JAL	434
2	ANA	382
3	大韓航空	238
4	デルタ航空	209
5	アシアナ航空	183
6	中国東方航空	149
7	中国国際航空	128
8	チャイナエアライン	99
9	キャセイパシフィック航空	96
10	コンチネンタル航空	85
11	ユナイテッド航空	84
12	中国南方航空	67
13	タイ国際航空	59
14	エバー航空	50
14	シンガポール航空	50
16	ベトナム航空	46
17	アメリカン航空	35
18	フィリピン航空	31
19	ルフトハンザ	28
20	チェジュ航空	27
21	ガルーダ・インドネシア航空	24
22	エールフランス	22
23	エアプサン	21
23	フィンエアー	21
25	マレーシア航空	20
26	ジェットスター	20
27	アリタリア-イタリア航空	17
27	KLMオランダ航空	17
27	エア・カナダ	17
30	上海航空	16
31	香港エクスプレス	14
31	ハワイアン航空	14
33	エミレーツ航空	12
33	ブリティッシュ・エアウェイズ	12
35	トルコ航空	11
36	エティハド航空	10
37	イースター航空	9
37	香港ドラゴン航空	9
39	マカオ航空	8
40	カンタス航空	7
40	香港航空	7
40	ジェットスター・アジア航空	7
40	カタール航空	7
40	アエロフロート・ロシア航空	7
40	オーストリア航空	7
40	スイスインターナショナルエアラインズ	7
40	スカンジナビア航空	7
40	ヴァージンアトランティック航空	7
49	深圳航空	6
49	エアカレドニアインターナショナル	6
49	エアインディア	6
52	ニュージーランド航空	4
53	MIATモンゴル航空	3
53	エアアジアX	3
53	スリランカ航空	3
53	アエロメヒコ	3
53	セブ・パシフィック航空	3
58	山東航空	2
58	ジンエアー	2
58	エアタヒチヌイ	2
58	パキスタン航空	2
58	ウズベキスタン航空	2
58	ウラジオストク航空	2
58	サハリン航空	2
58	海南航空	2
66	ニューギニア航空	1
66	イラン航空	1

は、大韓航空、デルタ航空、アシアナ航空と続く。大韓航空は成田からロサンゼルス、関西からグアムへも運航するが、それは合計しても週14便なので、韓国系航空会社の数字のほとんどが日韓線である。日本と韓国の間は2002年のワールドカップサッカー大会の開催や羽田空港国際化などによって交流が盛んになったが、それに合わせるように2社の便数は飛躍的に増えた。2社とも地方空港発着路線で数字を稼いでおり、逆にいえば地方空港発着国際線は日系航空会社が次々に撤退したので、海外の航空会社に頼っていることになる。

4位と11位にアメリカのデルタ航空とユナイテッド航空がランクされているが、この2社は日本からアジア地域に運航する以遠権を持っており、他社に比べて便数は多くなる。デルタ航空は2010年に日本便を多く運航していたノースウエスト航空を統合していて、その時点で日本発着便は大きく膨れ上がった。実はそれよりずっと以前、ノースウエスト航空とユナイテッド航空の日本発着アジア路線はほぼ拮抗《きっこう》していた。しかし現在ではユナイテッド航空の日本発着アジア路線は減少している。ユナイテッド航空ではアジアの拠点を成田だけでなく、香港に分散させるほか、中国国際航空の「スターアライアンス」加盟などから、アメリカから北京や上海に飛ぶ便を増やしたことによる。ただしユナイテッド航空は日本発着便では10位のコンチネンタル航空と統合されるので、大幅に便数が増加し、デルタ航空と肩を並べることになる。

中国の大手航空会社3社も上位にランクされているが、こちらは日本から中国以外への便はなく、すべてが日中間の便で、韓国の航空会社同様に地方空港へのきめ細かな乗り入れでこの数字を稼いでいる。

次に日本発着国際線の傾向も考えてみよう。すると以前に比べてヨーロッパからの乗り入れは会社数、便数ともに減少している。たとえばブリティッシュ・エアウェイズはかつて名古屋、大阪、福岡に乗り入れていた時期もあったが、現在は成田と羽田だけ。ＫＬＭオランダ航空が名古屋や新千歳に乗り入れていた時期もあった。オーストリア航空、スイス航空、スカンジナビア航空は関西に乗り入れの経験を持っている。かつてはギリシャ、スペイン、ベルギーの航空会社が日本に乗り入れていた時期もあった。日系航空会社もヨーロッパ内の就航地はかなり集約してしまった。東欧の航空会社も何度か日本乗り入れの噂があったものの実現には至っていない。物価高や燃油サーチャージなどの影響から日本からヨーロッパへの渡航者が減っているという印象で、需要が高くなる夏季のみチャーター便で対応するというのも昨今の傾向である。

日本発着のアフリカ路線はエジプトのみ、南米路線は現在ないが、韓国からは南米路線があるほか、中国からのアフリカ路線は多い。アジアの発展途上国路線も日本便は少ない。アジア各国に比べてＬＣＣといわれる格安航空会社の乗り入れもまだまだ少ないのが現状だ。

これらにはいくつか理由がある。航空会社が乗り入れの際、空港会社に支払う空港使用料、いわゆる着陸料が高額で、なかなか採算に合わないこともその一つだ。そして最も大きい理由として挙げられるのが、日本に発着する渡航者の安定した需要がある路線が少ないということだ。日本人の旅行熱はバブル時代に大きくなったが、近年は低迷、景気に左右されてしまうのだ。インフルエンザなどの感染などでも旅行熱が冷めてしまい、需要の変動が大きいのである。またアジアのＬＣＣ利用者の多くは経済的なつながり、つまりは出稼ぎ労働者の利用が多い。日本の場合そういった需要が低く、定期便就航に漕ぎ着くのが難しいという現状もある。

Column ⑤

消えたルート

かつて日本と海外を結ぶルートだったものの、需要の低迷や旅客機の航続性能向上で、消えてしまったというルートも多い。こうしたルートは副産物的な需要を生み、さまざまな人種が行き交う国際的な社交場だった。直行化で便利にはなったが一抹の寂しさもある。

図⑤-1　日本〜南米
現在は日本と南米を直接結ぶルートはないが、ブラジルのサンパウロは日系人が多く住む都市で、JALが乗り入れていたほか、ヴァリグ・ブラジル航空が成田と名古屋に乗り入れ、ヴァスピ・ブラジル航空が関西に乗り入れていた。(ヴァリグ・ブラジル航空のB747-300、ロサンゼルス空港)

図⑤-2　日本〜南アフリカ
現在は日本へ乗り入れるアフリカの航空会社はエジプト航空１社だが、一時期南アフリカ航空がバンコク経由で関西に乗り入れていた時期がある。この地域からの乗り入れは唯一の存在だったので、ヨハネスブルクは南部アフリカのゲートウェイであった。(B747-200、関西空港)

図⑤-3　アジア経由南回り便
かつて日本からヨーロッパへのルートといえば、東南アジア、西アジア、中東を経由し、約30時間かけて行き来したものである。パキスタン航空の成田発マニラ、バンコク経由カラチ行きもヨーロッパ行き格安旅行者でにぎわっていた。(B747-200、成田空港)

図⑤-4　アンカレッジ経由北回り便
南回りに続いてヨーロッパへの近道として登場したのが北回り便であった。磁石の利かない北極上空のルートを開拓したのはスカンジナビア航空であった。このルートの開拓によって所要時間は大幅に短縮されたのだった。(DC-10、成田空港)

第6章　空港の謎

空港は多くの航空会社が乗り入れてこそ価値がある。（香港空港）

謎041

日本の空の玄関は成田空港のはずなのだが……

関西と中部は伸び悩み、羽田は再国際化

航空会社とともに注目されるのが空港である。

旅客機や機内サービスが注目されがちだが、空港の役割は大きい。評価の高い航空会社は、拠点にする空港の評価も高い。キャセイパシフィック航空、シンガポール航空、エミレーツ航空、KLMオランダ航空など、拠点にする香港、シンガポール、ドバイ、アムステルダム、どれも評価の高い空港ばかりである。これらの航空会社も、高評価の空港がなかったら評価はもっと低かったに違いない。それほどに空港の存在は重要である。日本の空港は明るさ、清潔さ、施設の充実度などで高評価を得ているが、全体的にはアジアの空港に追い付けない状況だ。

成田空港開港は1978年、この時に政治的配慮で羽田空港に残った当時の中華航空以外の国際線は成田空港発着に移転した。「国内線は羽田、国際線は成田」と棲み分けされた。しかし用地買収の遅れや騒音問題から完全な形でないままの運用が続く。長らくA滑走路のみで運用、航空各社の新規乗り入れや増便希望を断り続けた。1986年に全日空が国際線に進出するが、思うように路線開業ができず、やむなく関西空港発着の国際線を増便し、関東からは羽田からの接続便で対応するなどの処置を行ったものである。B滑走路が暫定使用を開始するのが2002年で、日韓共催のワールドカップサッカー大会に間に合わせるた

めであった。しかし2180メートルの長さでは増便できたのはアジア便などの近距離便のみで、新たに乗り入れた航空会社は中国や台湾、最も遠方でニューギニア航空という状態であった。既存の乗り入れ航空会社はB滑走路を着陸に利用する方法で増便を図るにとどまった。B滑走路が本来の長さである2500メートルになったのは2009年で、翌年から基本的にA滑走路は離陸、B滑走路は着陸用にと用途を分けることができた。しかし運用時間制限は開港以来続いていて、23時から翌朝6時までは一切の離着陸が禁止で、24時間空港化は実現していない。

1994年に関西空港、2005年に中部空港が24時間海上空港として開港、ともに「アジアの拠点空港」「国内線と国際線の乗り継ぎが便利」ということを掲げての開港であった。そこには成田空港が不完全な形であることを関西や中部が補う狙いもあった。実際、将来の成田乗り入れのステップとして、とりあえず関西や中部に乗り入れる航空会社もあった。両空港が海上空港になったのには、成田空港における用地確保の難しさ、伊丹空港における騒音問題の教訓も影響している。

関西空港開港によって、伊丹空港を発着していた国際線は全便が移転、国内線も遠距離を中心に関西空港発着となった。開港しばらくの間は当時成田からの直行便がなかった中国の地方都市、ベトナム、ブルネイ、ミャンマー、ネパール、南アフリカ、スウェーデンなどへの便が開設され「新しい日本の玄関」として脚光を浴びた。地方空港からも羽田・成田と経由するよりも関西で乗り継いだほうが便利となり、日系航空会社も国内線と国際線の接続に配慮した。

しかし2000年以降は採算性の悪さから国内線・国際線ともに撤退が続き、たとえば関東からわざわざ関西空港を使って海外に行くような魅力はなくなってしまう。24時間空港のため深夜発着便も運航されたが、深夜の空港アクセスがなく、現在も深夜発着なのは貨物便ばかりになった。2003年には伊丹空港時代から乗り入れていたブリティッシュ・エアウェイズすら撤退し、これでは伊丹空港時代より後退である。日系航空会社すら多くの国際線が撤退したので、現在となっては「国内線と国際線の接続がスムーズ」といわれても、具体的な例を見出すのが難しい状況である。

関西空港では世界一高いといわれる着陸料の値引きなどを行っているが、期間限定のキャンペーン的に行っているので、果たしてそれが航空会社の定期便開設につながるか疑問なところである。着陸料が高くなる理由は、やはり海上空港ゆえの建設費と地盤沈下による維持費などが多額であることが第一に考えられる。しかし二期工事も計画にあり、ターミナルは建設されなかったもののB滑走路は2007年に完成している。当初A滑走路は離陸専用、B滑走路は着陸専用になるはずだったが、現状では便数が少ないため、ターミナルから遠いB滑走路が使われるのはわずかな時間帯で、無駄が指摘されている。2012年には人気のある伊丹空港との経営統合が予定されている。

中部空港も関西空港と似たような経緯を経ていて、2007年をピークに便数は減り続けている。たとえば国際線の便数は、現状では中部空港開港前の名古屋空港での水準に近いものになっている。名古屋空港時代は乗り入れていたマレーシアやオーストラリアの航空会社は撤退してしまい、後退した路線も多い。一時期はエミレーツ航空も乗り入れていたが、前述通り、成田に乗り入れられないことを理由に中部に乗り入れていたと考えられる。そのため同社は2010年、成田乗り入れが決定すると中部空港からは撤退してしまった。

こういったことにより、日本を代表する国際空港の地位が分散することになり、国内で需要を奪い合っている間に、アジアの周辺諸国に東アジアの拠点空港の座を奪われてしまった。さらに２０１０年には羽田空港が再国際化され、羽田までが国内の拠点空港候補に名乗りを上げてしまった。羽田空港にしてみれば「関西や中部でなくても、国内線と国際線の接続ができます」ということだ。

羽田空港再国際化後は、近隣諸国行きを中心に成田空港利用者が羽田空港に流れていることも事実である。首都の玄関口の座を奪われまいと、成田空港も年間発着回数を現在の22万回から、２０１４年度には30万回にまで引き上げる計画で、２０１１年には２本の滑走路での同時離陸の新方式が稼働を始めたほか、駐機場やターミナル２の拡張が進んでいる。日本では新たなＬＣＣ設立がラッシュとなっているが、この発着枠拡大をにらんでの動きなのである。

ますます日本の空港の役割分担がはっきりしなくなってきた。成田・羽田は拡張後も余裕がない半面、関西と中部は立派な施設を持て余している。

図41　業績不振が続く関西空港、昼前のターミナルはわずかに大韓航空が１機、あとは閑古鳥が鳴く。

謎042

羽田再国際化でもアジア経由が便利な理由

空港と航空会社はセットで考える

羽田空港の新国際線ターミナルが完成したのは2010年だが、国際線が運航を始めたのはそれより前で、2002年から深夜に限ってチャーター便が、2003年から「定期チャーター」という、意味の分かりにくい実質的な定期便が昼間に近隣諸国へ飛んでいた。ソウル、北京、上海、香港、そして2010年のD滑走路と新国際線ターミナル完成以降は台北にも飛び始めた。ソウル、上海、台北では羽田同様に市内から近い、国内線が主に発着する空港に飛び、東アジアの主要都市間の往来が盛んになった。なぜ羽田から国際線が飛べるようになったかというと、羽田発着の国際線を望む声が多いこと、そして羽田からの国内線で最も遠い石垣島と同程度の距離に限って、国際線を認めたことを拡大解釈しての対応であった。

2010年からは深夜・早朝に限って長距離国際線も就航するが、深夜・早朝に限っている理由は、前項で述べた通り「国内線は羽田・国際線は成田」という基本方針があるためだ。それを尊重しながらも、成田空港が運用していない早朝・深夜に限っては羽田空港にも国際線を発着させ、羽田と成田を合わせて24時間運用という、いわば都合のいい理屈で運用させている。「成田は深夜に開いてないので羽田で対応しよう、ソウルや上海は国際線といっても国内線程度の距離だから昼間に飛んでもいいだろう」という考えのもとの運用なのである。そのため長距離便が発着できるのは22時から翌日7時まで、昼間にニューヨーク行き、ロンドン行きなどが飛ぶことはない。

しかし困ってしまうのは、そのような理屈で発着時間が決められ、利用者の利便性が不在ということだ。羽田空港深夜・早朝発着の便が当初予想より増えないのは、この時間制限にある。深夜に離発着すると帰国した乗客に、また早朝に離発着すると出発便乗客の空港アクセスに問題が出る。機材運用から考えて、深夜に到着した便は折り返し0時頃の出発になるし、5時頃に到着すると6時半頃の出発になる。するとどうしても到着か出発のどちらかは利用者に不便な時間帯となる。日系航空会社のアジア便は往路・復路とも夜行で、機体は現地で折り返し成田など別の空港に飛ぶ運用ができ、往復とも利用者に都合のいい便になるが、こういったことが可能なのは日系航空会社だけである。つまり近隣国以外の航空会社は、羽田に乗り入れにくい。

そのため羽田空港は国内線と国際線双方が発着するといっても、それぞれの接続がいいわけではない。昼間に飛んでいるのは近隣国ばかり、近隣国へなら地方空港からでも直行便が発着している。早朝・深夜便を利用する場合は空港での待ち時間がかなり長くなる。また国内線と国際線ターミナルが離れていてバス移動になるが、地方で預けた手荷物が海外の空港までスルーで流れるのは同一航空会社同士の乗り継ぎの一部の便だけである。

このように、日本は「玄関口となる空港はここで決まり」という空港がない。成田が最もそれに近そうだが、首都の空港が24時間化されていないのはお粗末である。しかしその間にアジアでは空港整備が進んだ。1998年に香港とクアラルンプール、1999年に上海、2001年にソウル、2004年に広州、2006年にバンコクと、新空港開港が相次ぎ、北京やシンガポールの空港では拡張が行われた。すべてが機材を問わず離発着できる複数の滑走路を持ち、24時間稼働している。また大きくて設備の整った空港を作ればいいというものではない。その空港をどう利用するか、それはその空港を拠点にする航空会社の運航姿勢に左右される。乗り継ぎしやすいようなスケジュールを構築、最低接続時間短縮などが必要だ。

ではなぜ日本の地方空港からソウルや上海などで乗り継いだほうがスムーズなのか。それはそれら空港を拠点にする航空会社が、日本〜ソウル〜海外などを結ぶことを意識したスケジュールを組んでいるからである。たとえば大韓航空では成田、中部、関西、福岡、新千歳、新潟、岡山から朝の便に乗ると、仁川では2時間30分以内の待ち時間でロンドン、パリ、フランクフルトなどに毎日乗り継ぎができる。預けた手荷物は途中でピックアップする必要はなく目的地まで運ばれる。羽田で乗り継ぐより、はるかにスムーズな行程になる。

図42　ソウル・仁川空港の利便性は施設だけでなく韓国系航空会社の運航スケジュールにもよる。(B747-400)

このように空港をどう運用するかは大切である。日本人には利用度の高いソウルの仁川空港は国際空港評議会（ＡＣＩ＝Airports Council International）が毎年選ぶ「世界ベスト空港」部門で６年連続して最高の評価を得ている。このように仁川空港は立派な施設、広いターミナル、３本の滑走路、アクセス鉄道などを持つが、やはりこういった施設だけではない。ここを拠点とする大韓航空やアシアナ航空の運航スケジュールも利用者の利便性が重視されている。

またソウルを海外への玄関口にしたほうがさまざまな地域に飛ぶことができる。日系航空会社は年々就航地を減らしているが、韓国の航空会社は逆に就航地を増やしている。ＪＡＬ、ＡＮＡが就航する海外の都市がそれぞれ32都市と31都市であるのに対し、大韓航空、アシアナ航空の場合は日本の都市を除いてもそれぞれ80都市と51都市もある（４社とも共同運航の相手側機材による便は除く）。近年、日系航空会社の海外での就航都市は減少していて、アジア諸国の主要航空会社では就航都市は最も少なくなった。

ただしソウルのような大規模な24時間空港を建設し、そこに便を集中させる方法が必ずしもすべてではなく、中規模な空港をいくつか建設し、需要を分散させるという方法もある。どちらがベストというものではない。ケースバイケースなので、日本の状況が１００％悪いわけではないだろう。しかし現在の日本は、はっきりした将来のビジョンがないままに個別のプロジェクトだけが進んでいる。いっぽうで「アジアのハブ」といいながら、いくつも大空港を造ったのでは需要は当然分散される。航空会社も拠点を分散せざるを得ず、有力なＬＣＣであるスカイマークも安価に使えて発着枠に余裕のある神戸を拠点にしつつある。理想の形とは別に「あるもの」を使わざるを得ないというのが日本の現実である。

謎043

どうして地方空港がこんなに増えたのか

対新幹線に打つ手はあるのか

地方空港が抱える問題も大きい。近年では静岡空港や茨城空港が開港するものの、開港前から健全経営は無理とされていて、実際にも需要予測を大きく下回っており、苦しい運営を強いられている。表43－1、43－2を見ると分かる通り、日本の国内線で利用者の多い路線は上位20路線中、17路線が羽田発着便である。そのため羽田との路線がない空港は運営が厳しいといわれる。静岡、茨城、また、やはり需要予測を大きく下回っている福島空港も羽田との路線がなく、利用者が低迷している。これらの空港を発着する便は全便がナローボディ、通路が2列あるワイドボディ機は就航していない。空港経営は着陸料収入が大半を占めるが、着陸料は機体の重さで決まるので、当然大型機が就航したほうが空港収入は大きくなる。B767クラスで幹線が運航されることを予測しての計画だったが、実際には100席に満たないRJ機で運航している路線が多く、このあたりも需要予測と実際が大きく離れてしまった要因である。

日本の空港では成田と羽田は需要に対し施設が追い付かず、関西と中部は施設があるのに乗り入れ便数が少ないという状況にあるが、地方空港も同じく立派な施設が活かされてないのが現状である。たとえば滑走路、日本の地方空港はジャンボ機を誘致するために2500メートルに、さらにそのジャンボ機で長距離国際線も飛べるようにと

表43-２　空港別乗降客数順位（国内線と国際線の合算　2009年度）。

順位	路線	旅客
1	羽田空港	6193万人
2	成田空港	2888万人
3	新千歳空港	1654万人
4	福岡空港	1590万人
5	伊丹空港	1456万人*
6	那覇空港	1404万人
7	関西空港	1332万人
8	中部空港	918万人
9	鹿児島空港	503万人
10	熊本空港	285万人
11	広島空港	284万人
12	仙台空港	280万人
13	宮崎空港	271万人
14	松山空港	237万人
15	長崎空港	234万人
16	神戸空港	233万人*
17	小松空港	207万人
18	石垣空港	176万人*
19	大分空港	155万人
20	函館空港	150万人
21	高松空港	137万人
22	岡山空港	132万人
23	高知空港	119万人*
24	旭川空港	119万人
25	北九州空港	116万人
26	秋田空港	109万人
27	青森空港	105万人
28	宮古空港	105万人*
29	新潟空港	96万人
30	富山空港	95万人

表43-１　国内線路線別旅客順位（2009年度）。

順位	路線	旅客
1	羽田～新千歳	904万人
2	羽田～福岡	750万人
3	羽田～伊丹	521万人
4	羽田～那覇	512万人
5	羽田～鹿児島	216万人
6	羽田～広島	202万人
7	羽田～熊本	172万人
8	羽田～小松	151万人
9	羽田～長崎	139万人
10	羽田～松山	136万人
11	福岡～那覇	133万人
12	羽田～宮崎	132万人
13	羽田～関西	126万人
14	那覇～石垣	116万人
15	羽田～高松	115万人
16	羽田～大分	108万人
17	中部～新千歳	107万人
18	羽田～函館	105万人
19	羽田～北九州	102万人
20	羽田～神戸	100万人
21	伊丹～仙台	97万人
22	伊丹～鹿児島	95万人
23	関西～新千歳	95万人
24	中部～那覇	94万人
25	羽田～旭川	94万人
26	関西～那覇	90万人
27	羽田～岡山	88万人
28	伊丹～福岡	82万人
29	那覇～宮古	78万人
30	羽田～高知	76万人

*伊丹空港は国内旅客のみの数。

神戸、石垣、高知、宮古空港は定期国際線がないが、国際線チャーター便旅客と国内旅客の合計。

（国土交通省航空局監修、航空振興財団発行、「数字でみる航空2011」より）

3000メートルに延長した空港が多いが、その長さは活用されておらず、せいぜい中型機が近隣諸国へ飛ぶ程度で「宝の持ち腐れ」になっている。新千歳、函館、青森、仙台、岡山、広島、長崎、熊本、鹿児島、那覇が3000メートルの滑走路を有するが、いずれも長距離国際線の発着はない。多くの空港では「滑走路延伸でジャンボ機による長距離国際線の発着も可能になる」という触れ込みで滑走路が整備されたが、日本ではジャンボ機自体運航する航空会社がまもなくなくなる。

ジャンボ機に限らず日本では大型機から中型機へ、中型機から小型機へと機体のサイズは小さくなりつつある。ANA、JALが大量発注しているB787も中型機である。滑走路のほうは長くされる傾向にあるが、機体性能は向上し、同じ需要に対しては滑走路の長さが短くてすむようになってきたことも事実である。

ではなぜ採算性に疑問のあるような空港が次々に建設されたのか。また過剰投資とも思える施設が拡充されたのか。いったいそんなお金がどこにあったのか疑問になるが、それが1970年に創設された空港整備特別会計という財源である。これは当時日本国内の航空旅客が大幅に増加していたが、施設は追い付いていなかった。そのため航空会社に対して課せられる空港使用料、航行援助施設利用料、航空機燃料税などから一定額を徴収しそれをあてたのである。これは航空会社にとって大きな負担額で、それが運賃に反映されていた。本来なら主要空港の整備が終わったところでこの財源は不要になるはずだが、そういった動きはなく、新しい空港を造り続けたのである。

黒字経営する空港の利益で赤字空港の損失を穴埋めする構造になっており、いつまでたっても航空会社の負担は減らず、つまりは運賃が安くならないという構造がある。日本のLCCは海外のLCCに比べて運賃水準が高いが、航空会社に課せられる着陸料などを安くしない限りこれ以上の値下げは無理といわれるゆえんである。構造的には高速道路と同じで、東名高速道路がいつまでたっても無料にならないのと同じ仕組みである。

しかし地方空港にはほかにも前途多難である状況がある。たとえば以前は羽田〜仙台、花巻、新潟などという便があったが現在はこれらの路線はない。新幹線の開通ですべて姿を消している。2010年には新幹線は新青森へ、また博多〜新八代間も開通している。羽田〜青森間を新幹線開通前と開通後で比較してみると、開通前は6往復中5往復がワイドボディ機だったものが、開通後は全便がナローボディ機にサイズが小さくなった。

今後北陸新幹線が富山、金沢と伸びれば、当然羽田〜富山、小松間といった航空旅客は新幹線に流れるだろう。富山や小松空港は大阪とは航空路でつながっておらず、羽田便が唯一の稼げる路線、羽田便の存亡は死活問題であるはずだ。

こうなると地方空港に明日はないように思えるが、海外ではどうか。日本のように狭い国土に空港が密集し、空港も新幹線もと欲張った国はそうはないが、やはり日本にないのは全国をくまなく運航するLCCではないだろうか。海外では大手とLCCの運航が拮抗《きっこう》、もしくは国内線ではLCCが有利になっているというのが流れである。前述の新幹線ができると新幹線が有利というのは、航空運賃より新幹線が安いという前提の話であって、航空運賃のほうが安ければ話は別になる。

やはり着陸料など、航空会社の負担を少なくし、LCCに参入しやすい環境にすること、それが必要に思われる。日韓間の航空自由化から2011年には韓国の複数のLCCが成田に乗り入れた。海外にますます気軽に行ける時代に、日本の地方へは高値で安定していることは、地方との往来が少なくなり、結局は日本国内が損をすることになるのではないだろうか。

謎044

ハブ空港はアメリカの国内線向けに始まった

脇役に徹することが大切

「ハブ空港」という言葉を耳にする。自転車のスポークを路線とすると、路線が集まる軸の部分がハブに相当することから、多くの路線が集まる空港を「ハブ空港」と呼ぶ。しかし本当の意味は単に路線が集まるのではなく、ちゃんとした意図がある。日本では「ハブ空港」という言葉が独り歩きしているが、正しい意味も理解しておきたい。「ハブ空港」誕生の経緯を振り返ってみよう。

ハブ空港はアメリカの航空戦国時代にはじまった。航空業参入が自由化されたため、アメリカ内は多くの航空会社が競合していた。そこで大手航空会社は、自社のみでアメリカ内のすべての都市を網羅したかった。アメリカ内どこでも自由に参入できるのだから当然である。理想をいえばすべての都市間に直行便があれば最も便利である。しかしそんな数の機体もパイロットも、そして需要もない。そこで最大公約数的な便数ですべての都市間を網羅する方法として、ハブ&スポークというネットワークを築いたのだ。「ハブ空港」はアメリカ航空戦国時代、大手航空会社が新規参入航空会社の侵攻に勝つために行った施策だったのだ。

アメリカ中央部あたりに広大なハブ空港を設け、全米に路線を広げる。そうすれば就航地のすべてが、そのハブ空港1回の乗り継ぎでアクセスできる。すべての都市が平等といえ利用者も納得しやすい。接続をスムーズにするため全米からの便は同じ時間帯にハブ空港に到着するスケジュールにし、約1時間後にハブ空港から全米に出発する。ハブ空港は大都市にある必要はなく、広大な土地の確保しやすい場所が選ばれた。具体的にはアメリカン航空のダラス、ユナイテッド航空のシカゴ（後にデンバーも）、デルタ航空のアトランタ、コンチネンタル航空のヒューストンなどである。

ワシントンからサンディエゴでもオーランドからシアトルでもアメリカン航空ならダラス乗り継ぎ、デルタ航空ならアトランタ乗り継ぎとなり、各社はスムーズな接続にすることで乗客を奪い合ったのだ。だがケースバイケースで、アメリカン航空のほうがスムーズな場合やデルタ航空のほうがスムーズな場合がある。それでも固定客を得ようと、マイレージ・プログラムをはじめたのである。当時は日本では考えられないほど航空会社間の競争は激しかった。ハブ空港はアメリカ中央部よりやや東寄りに位置している都市に多かったが、西部より東部に主要都市が多かったため、自然にこれらの位置になったのである。

空港の構造にも特徴があり、その空港を起終点にする旅客よりも、乗り継ぎ客の利便が優先される構造となった。全米からの到着便と出発便は、一定の時間帯に特化していて、およそ朝、昼、夕方の3回に集中していた。それ以外の時間帯は大空港であるにもかかわらず閑散としていることも多く、中には発着便がない時間帯は売店が閉まっているターミナルさえあった。

このような運航なので、ハブ空港は空港とともに重要なのがその空港をハブにする航空会社である。前述通りテキサス州ダラスはアメリカン航空のハブ空港であると述べたが、ユナイテッド航空にとってはハブ空港ではない。ユナイテッド航空にとってダラスは就航都市のひとつに過ぎない。「ハブ空港」とは空港自らが「我こそハブ空港」と名乗るものではなく、航空会社がハブ空港として利用するものである。そのためロサンゼルスやニューヨークなどは、多くの路線が集まっているものの、ある一定の航空会社が集中して使っているわけではないので、ハブ空港とはいわない。

空港の大きさよりむしろ航空会社の運航姿勢がハブ空港かどうかに影響する。キャセイパシフィック航空は、香港がまだ啓徳空港発着だった頃から香港を「スーパーハブ」と称して効率的な運航を行っていたが、啓徳空港には滑走路は1本しかなかった。それでもアジアの「スーパーハブ」だったのだ。当時の啓徳空港では朝、昼、夜、深夜とキャセイパシフィック航空ばかりが発着する時間帯があった。当時この空港は街中に着陸する景観が人気で、飛行機撮影をする航空マニアはこの時間帯を「キャセイ・タイム」と呼んでいたほどである。そしてキャセイパシフィック航空の発着が少なくなる時間帯に海外の航空会社が発着するようなスケジュールになっていた。設備が充実していなくても、運航スケジュールを工夫することでハブ空港として機能していたいい例である。

またアメリカでは貨物便もハブ&スポークの運航を行っている。メンフィスは旧ノースウエスト航空のハブのひとつで、現在はデルタ航空がアトランタを補完するハブ空港のひとつとして機能しているが、深夜はアメリカ貨物航空会社大手のフェデックスがハブとして使っている。全米から集められた宅配便が深夜のメンフィスで行先別に仕分けされて、翌朝までに目的地に向かって再び飛び立つのである。なぜフェデックスがここをハブにしたかというと、メンフィスは大学の街で、深夜の仕分け作業のアルバイト労働力が豊富だったことが理由のひとつに挙げられる。

日本では空港側が「ハブ空港を目指し」と、簡単に口にするが、その空港をハブとして運航する航空会社がはっきりしないまま「ハブ」というのはおかしい。またハブ空港は主役ではなく脇役に徹していなければならない。前述のようにワシントンからサンディエゴならこの２都市が主役で、乗り継ぎのダラスやアトランタは脇役に過ぎない。ここもきちんと踏まえておく必要がある。

それでは日本にハブ空港は存在するだろうか。前述通り航空会社と空港をセットで考えると、まず成田空港を最もハブ空港として活用しているのはデルタ航空で、北米～成田～アジアというルートにおいて、成田を乗り換え空港と位置付けた運航を行っている。これはノースウエスト航空時代から続いている手法である。次に意外なところではＡＮＡの貨物便は深夜の那覇空港をハブと位置付けた運航を行うようになった。成田、羽田、関西からの貨物便が深夜の那覇に到着すると、早朝までに韓国、中国、東南アジア各国行きの便が出発する。深夜の那覇空港では貨物の仕分け作業が行われているのである。このようにハブ空港とは脇役なので、意外と目立たないものなのである。

図44　アメリカの大手航空会社はアメリカ中西部あたりに広大なハブ空港を持つ。（ヒューストン空港）

謎045

日本は空港アクセス鉄道先進国だが…

トータルの所要時間を短くしたい

日本で最も早く鉄道が空港に乗り入れたのは1964年、東京モノレールの羽田空港乗り入れで、その年に開催された東京オリンピックに合わせて整備された。当時の国鉄が最初に空港アクセス輸送を行ったのが1980年の千歳空港駅（当時）開業である。国鉄千歳線は空港のすぐそばに伸びていたが、空港にそっぽを向くように走っていた。当時の国鉄には「航空は敵」という考えがあり、鉄道が空港アクセス輸送を行うなどあり得なかった。東京〜札幌間でも連絡船を介して陸路を移動するのがまだまだ当たり前だった時代である。しかしさすがに東京〜札幌間は空を飛ぶ人が多くなり、鉄道も空港アクセス輸送に乗り出したのである。なお現在の新千歳空港駅は空港移転後の姿で、当時の千歳空港駅が現在の南千歳駅である。

成田空港開港はその2年前の1978年だが、当時の鉄道は空港直下に達しておらず、京成電鉄の成田空港駅とターミナルの間はバス連絡だった。それが解消されたのが1991年で、この年から京成電鉄とJRが乗り入れるようになった。1994年に関西空港、2005年に中部空港、2006年に神戸空港が開港するが、この3空港は開港時にアクセス鉄道も動き出している。1993年には福岡空港に地下鉄が開通、市内から近かった空港がより近くなる。1996年には宮崎空港にJRが乗り入れる。JR日南線が空港のそばを走っていたので、線路を空港に延伸させた。1997年には伊丹空港に大阪高速鉄道（モノレール）が延伸、1998年には羽田空港に京浜急行電鉄も乗り入れた。2003年には沖縄初の鉄道（モノレール）が那覇空港駅を起点に開業する。

仙台空港のそばをJR東北本線が走っていたが、2007年、仙台空港に線路を延伸、ただしJRではなく仙台空港鉄道の運行で、JRと相互乗り入れを行っている。2008年にはJR境線に米子空港駅が開業する。境線は米子空港のそばを走っていたが、滑走路延長の影響で線路配置が変わったのを機に大篠津駅をターミナル最寄りに移動、駅名を米子空港駅に改め、現在は連絡道で結ばれている。実際には機能していないが似たようなケースはほかにもあった。JR東北本線は花巻空港のそばを走っており、1988年、それまでの二枚橋駅を花巻空港駅に改められた。空港駅といっても「空港に近い」というだけで、ターミナルまでは2キロ余りあったのだが、現在はそのターミナルがさらに駅から遠い位置に移転し、空港駅から空港への徒歩連絡は困難になった。いっぽう空港駅とは名のっていないがJR宇部線草江駅と山口宇部空港は徒歩10分の距離で、同空港のホームページにも空港アクセスとして紹介されている。

こうして現在では日本は世界でも最も空港アクセス鉄道が充実している国となった。以前から、空港アクセス鉄道はヨーロッパに多かったが、現在のヨーロッパ主要空港はほとんどが鉄道アクセスを完備している。アメリカでも鉄道が乗り入れる空港が増えたが、ターミナルが複数あり、ターミナル間が離れているので、鉄道が乗り入れるだけではすぐに利便性が向上しないという特徴がある。アメリカでは鉄道は時間に正確な交通手段だが、必ずしも便利で速達性も兼ねているとはいえない状況もある。

アジアも新空港ラッシュとなったが空港アクセ

図44-１　京成電鉄の成田空港駅では、経路によって改札口を通る方法が異なる。たとえば一般特急で京成上野方面を目指す場合、改札口を２度通る必要があり、複雑で分かりにくい。

ス鉄道が走るのが当たり前となった。新たに建設された鉄道が多く、新空港になって市内から遠くなったぶんを鉄道のスピードで補っていて、そういう意味ではアジアでは成田空港などが現在でも最も時間的に市内から遠い空港となっている。

日本でも２０１０年に京成電鉄の成田空港線が開業し、「スカイライナー」は新線経由となり、新線区間では新幹線以外で最速となる時速１６０キロで走行、念願だった都心〜空港間を何とか30分台で運転できるようになった（日暮里〜空港第2ビル間36分）。日暮里を都心と称していいのかどうかなどの問題はあるにせよ、現在の線形ではこの速度が限界であろう。香港のエアポート・エクスプレスは香港島の中心と空港の間を12分間隔、所要23分で結んでいることなどを考えると、まだまだ成田空港は時間的に遠いということになる。距離が遠い空港を建設すると、その不利益はその後もずっとつきまとってしまうことも痛感させら

図44-2　香港のエアポート・エクスプレスは、市内～空港間に改札口は1回しかなく、空港駅には改札口がない。

れる。しかし空港が遠いなら、その他の部分で乗客の流れをスムーズにする努力は行わなければならないと思う。

その点問題に思うのが切符の複雑さだ。京成電鉄の成田空港線開通以降は京成電鉄だけでも都心へのルートが2通りになった。ところが経路によって運賃が異なり、新線経由のほうが高い。切符も別、空港駅では改札口を複数設け、京成本線経由の場合は同じ切符で改札を2回通らないとホームにたどり着けないという、面倒で分かりにくいシステムになっている。経路が違うから切符も違うのは日本人には理解できなくもないが、海外から日本に到着した観光客には、切符の買い方が理解できず、ここで時間を費やしてしまう。日本に着いての第一印象が「複雑で分かりにくい」になってしまうはずだ。これは改善の余地があるだろう。ちなみに前述の香港のエアポート・エクスプレスの空港駅には改札すらない。

表45-1　空港アクセス鉄道がある海外の空港①。

国名	空港名	空港アクセス鉄道
韓国	ソウル·仁川空港	空港アクセス専用列車と地域の列車
	ソウル·金浦空港*	空港アクセス専用列車と地域の列車、地下鉄
	釜山・金海空港	ＬＲＴ
中国	北京·首都空港	空港アクセス専用列車
	上海·浦東空港*	空港アクセス専用リニアモーターカーと地下鉄
	上海·虹橋空港*	地下鉄と高速鉄道
	広州·白雲空港	地下鉄
	深圳・宝安空港	地下鉄
香港	香港チェクラプコク空港	空港アクセス専用列車
台湾	台北・松山空港	新交通システム
	高雄空港	地下鉄
タイ	バンコク·スワンナブーム空港	空港アクセス専用列車と地域の列車
マレーシア	クアラルンプール·セパン空港	空港アクセス専用列車と地域の列車
シンガポール	シンガポール·チャンギ空港	地下鉄
オーストラリア	シドニー·キングスフォードスミス空港	地域の列車
	ブリスベン空港	地域の列車
	ゴールドコースト空港	地域の列車
インド	デリー·インディラガンジー空港	空港アクセス専用列車
アラブ首長国連邦	ドバイ空港	地下鉄
モロッコ	カサブランカ空港	地域の列車
南アフリカ	ヨハネスブルク·ヤンスマッツ空港	空港アクセス専用列車
ロシア	モスクワ·ドモジェドヴォ空港	空港アクセス専用列車
トルコ	イスタンブール·アタチュルク空港	地下鉄
イタリア	ローマ·フューミチーノ空港	空港アクセス専用列車
	ピサ空港	地域の列車
	ミラノ·マルペンサ空港	空港アクセス専用列車
オーストリア	ウィーン·シュベヒャート空港	地域の列車
スイス	チューリヒ·クローテン空港	地域の列車
	ジュネーブ空港	地域の列車
ドイツ	フランクフルト·マイン空港*	地域の列車と長距離列車
	ミュンヘン空港	地域の列車
	シュツットガルト空港	地域の列車
	ベルリン·シェーネフェルト空港	地域の列車
	デュッセルドルフ空港	地域の列車

表45-2　空港アクセス鉄道がある海外の空港②。

国名	空港名	空港アクセス鉄道
デンマーク	コペンハーゲン・カストラップ空港	地域の列車
スウェーデン	ストックホルム・アーランダ空港	空港アクセス専用列車
ノルウェー	オスロ・ガーデモエン空港	空港アクセス専用列車と地域の列車
フランス	パリ・シャルルドゴール空港*	地域の列車と高速鉄道
	パリ・オルリー空港	新交通システム
ベルギー	ブリュッセル空港	地域の列車
オランダ	アムステルダム・スキポール空港	地域の列車
スペイン	マドリード・バラハス空港	地下鉄
	バルセロナ・エルプラット空港	地域の列車
	マラガ・ピカソ空港	地域の列車
イギリス	ロンドン・ヒースロー空港*	空港アクセス専用列車と地下鉄
	ロンドン・ガトウィック空港	空港アクセス専用列車と地域の列車
	ロンドン・スタンステッド空港	空港アクセス専用列車
	ロンドン・シティ空港	新交通システム
カナダ	バンクーバー空港	地域の列車
アメリカ	ボストン・ローガン空港	地下鉄+無料連絡バス
	ニューヨーク・ジョンＦケネディ空港	空港内列車の延長
	ニューアーク空港	空港内モノレールの延長
	フィラデルフィア空港	地域の列車
	ボルチモア空港	ＬＲＴ
	ワシントン・ナショナル空港	地下鉄
	クリーブランド・ホプキンス空港	地下鉄
	アトランタ・ハーツフィールド空港	地下鉄
	セントルイス・ランバート空港	地下鉄
	シカゴ・オヘア空港	地下鉄
	シカゴ・ミッドウェイ空港	地下鉄
	ミネアポリス空港	ＬＲＴ
	シアトル空港	ＬＲＴ
	ポートランド空港	ＬＲＴ
	サンフランシスコ空港	地下鉄
	ロサンゼルス空港	ＬＲＴ+無料連絡バス
メキシコ	メキシコシティ・ベニトファレス空港	地下鉄

＊の空港には鉄道駅が複数ある。

謎046

国や地域で温度差がある空港内施設

日本の空港はまるでテーマパーク?

空港内の施設は国や地域、そしてその空港を拠点にする航空会社の運航スタイルによってもかなり異なる。空港の保安に対する考え方でも大きく変わり、近年この差は大きくなっている。

人気空港の代表格であるシンガポールのチャンギ空港の出国後のエリア(以降「保税エリア」と記述)には、スーパーマーケット、各国料理のフードコート、回転寿司、映画館、プール、フィットネスセンター、カラオケルームまであり、空港内施設が充実している。しかし施設が充実しているだけでなく、根本的な造りが成田空港などと異なる。チャンギ空港の保税エリアには出発階、到着階といった区別がなく、出発客、到着客、乗り継ぎ客、誰もがこれら施設を利用できる。成田空港の保税エリアは出発階と到着階で分けられており、これは旅客の動線を考えた構造で、交通整理はできているが、利用者の行動の自由はない。

少なくとも成田空港では、早めに空港に着いても、早めに出国手続きを済ませて保税エリア内で楽しもう、という気にならないだろう。どちらかというと、ぎりぎりまで出国手続きをしないほうがショッピングなどを楽しめ、保税エリアに入ったら搭乗を待つだけと考えてしまう。その点チャンギ空港は、夜の便に乗る時でも、昼間に出国手続きを終え、空港内で充分楽しめるほどに保税エリア内が充実している。ターミナルは3つあるが、すべて保税エリア内でつながっていて、ゴムタイヤ駆動の乗り物で自由に行き来できる。成田空港はターミナル1とターミナル2が離れているので、そのようなこともかなわない。

チャンギ空港のいいところは、搭乗待合室もホテルのロビーのような造りで「どうぞゆっくりしていってください」といったものを感じる。

チャンギ空港は航空会社にも評判の空港で、人気の空港であるにもかかわらず着陸料は成田や関西の半額以下である。どうやって経営が成り立つかというと、空港ビルのテナント料が大きな収入になっていて、テナント料を多くするには利用者が多くなければいけないが、その循環がうまくいっている例なのである。

しかしこれが保税エリア外、誰もが立ち入れる部分の施設では、日本はかなり充実している。1978年開港の成田空港は現在でも空港施設に入る際に身分証明書提示を求められるが、その物々しい警備への反省もあってか、1993年、現在の羽田空港のターミナル1部分が完成したとき、ターミナルを「ビッグバード」と命名、空港内をショッピングセンターのような施設にした。屋上には旅客機や夕景を楽しめる展望デッキを設け、ショッピング、そしてデートスポットとしても楽しめるようなスポットになったのだ。結婚式などを行えるイベントホールも設備されている。

これ以降に開港した関西空港、中部空港なども「空港に遊びに来る利用者」を強く意識した施設になった。関西空港では1階が国際線到着階、2階が国内線、4階が国際線出発階と分けられているが、3階は商業施設専門の階になった。中部空港では左右対称のスペースを活用して、和風の商店街と洋風の商店街とに分けたほか、「飛行機が眺められる銭湯」があると話題になった。羽田空港国際線ターミナルも「江戸の町」を再現した商店街が人気なほか、プラネタリウムのあるカフェが開店、2011年には新千歳空港も改装、空港内に日帰り温泉や100円ショップまで登場した。

ところが日本のような傾向がみじんもないのがアメリカの空港である。アメリカの空港は9・11同時多発テロ事件以降、警備がかなり厳しくなった。空港施設のほとんどが荷物検査を通過した後のスペースにしか設けられなくなった。荷物検査を済ませないとショッピング街やレストランなどが利用できないのだ。しかし荷物検査のゲートを越えるには航空券が必要で、つまり搭乗客以外は空港施設が利用できない構造になった。誰もが自由に使えるエリアにあるのは、トイレや簡単なサンドイッチや飲料程度を売る店しかないのが標準的なスタイルだ。旅行客が送迎者と空港で「ちょっと食事を」といってもそれは不可能である。

コインロッカー、手荷物預かりなどもすべて廃止されているので、旅行者はかなり不自由を感じる。少なくとも「空港には搭乗者以外は来てくれるな」というものを感じ、日本のように「空港に遊びに行こう」といった雰囲気は全くない国である。荷物検査は全員が靴まで脱ぐ厳しいもの。今後このような厳しい荷物検査が世界中に波及するのだろうか。アメリカ国内は実質的に航空路しか交通手段がなく、利用者もこのシステムを受け入れざるを得ないということなのだろうか。テロを防ぐには仕方ないという気持ちなのかもしれない。しかし日本であまりにも検査を厳しくしたら、利用者は新幹線などに流れてしまうだろう。

警備強化という意味では日本の空港でもそれを感じることがある。それが展望デッキのフェンスである。空港で旅客機の写真を撮影する人には近年厄介なものである。撮影用にフェンスの所々、網の間隔を大きくするなどして撮影の便宜が図られているが、動いているものを撮影するには、その動きに合わせてカメラを振らなくてはならず、現在の状況では「決まり切ったアングルの写真しか撮れない」というのが現状だ。

そんな中、フェンスとしては最も撮影しやすい方式が中部空港の展望デッキに採用された横のワイヤー方式である。このワイヤーは軽い張力で引っ張られていて、必要に応じてカメラのレンズをワイヤーから外に出すことができる。どうしても展望デッキをフェンスで囲わなくてはならないのなら、この中部空港方式がベストと思われ、実は羽田空港の国内線ターミナルはすでに従来の格子状のフェンスから、中部空港方式に変更されている。ところがこの方式も誤って利用されると何の意味もない。大分空港、鹿児島空港、那覇空港がその例で、手前に手すりがあるのでそのワイヤーに近づくことができない。大分空港では撮影が全く困難になった。豊後水道の美しい海をバックに旅客機の写真が撮れる場所だったのに台なしである。那覇空港のように、その後、撮影用に手すりの途切れている部分が設けられたところもあるが。

図46　中部空港の展望デッキにあるフェンスは比較的撮影しやすいタイプだ。

謎047

滑走路は長ければいいのか

費用対効果が重要

表47－1を見ていただこう。これは日本の空港を滑走路の長い順に列記したものである。1500メートル以上の滑走路を持つ空港のみ列記したが、それより短い滑走路の空港も数多い。日本でジェット便が発着する滑走路で最も短いのが石垣空港の1500メートルである。しかしジェット便運航に1500メートルは充分な長さとはいえず、石垣島から羽田空港への便は飛ばすことができないことは謎027で述べた通りだ。日本の国内線程度の距離なら、ジェット便就航には1800メートル、B767などのワイドボディ機就航には2000メートルが必要とされている。そして2500メートルあれば、日本の国内線程度ならB747ジャンボ機も就航可能となり、3000メートルで長距離国際線を飛ばすことができる。そして3500メートルあれば貨物便の長距離国際線も運航できるといった具合だ。

では4000メートル滑走路は必要だろうか。これは必要といえば必要、しかし3500メートルでも現在の運用には差し支えないというのが現状である。成田空港が計画された当初はまだコンコルドなどの就航も視野に入っていたという理由もある。また大型輸送機などが悪天候時などを含めて性能を100％活かすのであればやはり4000メートルあるにこしたことはないであろう。しかし関西空港B滑走路に関しては、海上なので

表47-1　日本で1500メートル以上の滑走路を持つ空港（定期便が就航する空港のみ）。

滑走路の長さ	空港名
4000メートル	成田（A滑走路）、関西（B滑走路）
3500メートル	中部、関西（A滑走路）
3050メートル	三沢
3000メートル	新千歳、函館、青森、仙台、羽田（A、C滑走路）、伊丹（B滑走路）、岡山、広島、長崎、熊本、大分、鹿児島、那覇
2800メートル	福岡
2740メートル	小牧
2700メートル	茨城　小松
2500メートル	女満別、旭川、釧路、帯広、秋田、花巻、福島、新潟、成田（B滑走路）、羽田（B、D滑走路）、静岡、神戸、米子、山口宇部、高松、徳島、松山、高知、北九州、宮崎
2200メートル	稚内
2000メートル	紋別、中標津、大館能代、庄内、山形、八丈島、松本、富山、能登、南紀白浜、鳥取、出雲、石見、隠岐、佐賀、福江、種子島、奄美、徳之島、久米島、宮古、与那国
1900メートル	対馬
1828メートル	伊丹（A滑走路）
1800メートル	利尻、大島
1500メートル	札幌丘珠、奥尻、屋久島、北大東、南大東、多良間、石垣

用地確保が容易ということもあるだろうが、費用対効果という点では大いにクエスチョンである。

滑走路の長さに関しては、発着する機体に注目されがちで、Ｂ７６７が発着するためには何メートル必要、Ｂ７７７なら何メートルという話になってしまいがちだが、同じ機体でも国内線程度の旅客便と国際線の貨物便ではかなり異なる。重さと同時に長い距離が必要なのが、離陸中にエンジントラブルなどで離陸を中止しなければならない場合で、それを想定して長さが決まる。離陸時、離陸決定速度に達する直前でトラブルがあったとして、離陸中止に必要な長さが求められるからだ。

それでも地方空港にチャーター便として大型貨物機が飛来することもあるが、やはり定期便で貨物便を飛ばすためにはそれなりの滑走路の長さが必要だ。チャーター便は荷主が輸送に必要な費用を負担するが、定期便就航となると、滑走路の長さゆえに積載する貨物重量が制限されるのでは、採算面から定期就航が難しくなる。

滑走路の長さが半端な数字になっている三沢空港はアメリカ軍の基地であるため、小牧、茨城、小松に関しても自衛隊基地のため、民間機の性能に合わせた長さではない。また福岡空港の2800メートルに関しては、本来は3000メートル欲しいところだが、市街地にあるため用地確保が難しいことを意味している。石垣空港に関しては新空港を計画中だが、このほか滑走路の長さが足りないと思われるのはやはり成田空港のB滑走路だろう。国の玄関となる空港の滑走路長が地方空港の、それもけっこうローカルな空港と同様というのは貧弱である。しかしこれでも成田空港のB滑走路は計画通りには違いない。成田空港の当初の計画ではA滑走路側のターミナル1が長距離便、B滑走路側のターミナル2がアジア便とする計画があったからだが、その計画が立てられたのは約40年前のことである。実際はそのような運用にはなっておらず、滑走路延伸が望まれるところだ。

しかし成田のB滑走路、福岡、石垣を除くとどの空港も長い滑走路が活かされていないというのも現状である。3000メートル滑走路を有する地方空港は多いが、そこを発着する最も長距離の便がアジア便で、しかもナローボディ機の運航がほとんどだ。種子島や隠岐のように、空港はジェット便に対応する長さにしたものの、現状ではプロペラ機しか発着しない空港もある。

次に滑走路の数、これは多ければいいわけでもないし、滑走路の数が多い空港＝発着便が多いという関係にはなっていない。たとえば滑走路が2本あって、平行に並んでいれば、1本を離陸専用、もう1本を着陸専用にすることが可能だが、十字に2本の滑走路が配置してあれば同時に使用することはできない。十字に配置したのでは離発着能力は1本の滑走路の空港と変わらないことになる。しかし実際に十字のように2本の滑走路が交差している空港も世界にはある。なぜそのような配置にするのか？　それは気象条件が関わってくるからだ。滑走路を1本配置しても、強い横風が頻繁に吹くようであれば横風用滑走路が必要になる。十字というのは、1本は横風用となる。

そのためアメリカではシカゴ・オヘア空港やダラス・フォートワース空港は滑走路が7本、オランダのアムステルダム・スキポール空港も滑走路6本を有するが、同時に使う滑走路は3〜4本である。アメリカ西海岸ではサンフランシスコ、ロサンゼルス両空港ともに4本の滑走路を有するが、離着陸量はロサンゼルスのほうがサンフランシスコより2倍の能力を持つ。ロサンゼルス空港の滑走路は4本が平行に並んでいて、2機同時離陸、2機同時着陸する光景が見られるが、サンフランシスコ空港は滑走路が4本といっても2本ずつが交差しているので、実際は同時に使えるのは2本の滑走路のみになる。

滑走路の条件でもうひとつ大きな意味を持つのがＩＬＳ（Instrument Landing System＝計器着陸装置）と呼ばれる着陸誘導装置だ。霧などで視界が悪い場合に旅客機を低高度まで導く装置である。ＩＬＳは精度によってカテゴリーⅠからⅢまであり、さらにカテゴリーⅢにはａからｃまでのランクがある。日本で最も精度の高いＩＬＳを持つのは成田、中部、釧路、広島、熊本の5空港でカテゴリーⅢｂ、青森がカテゴリーⅢａである。意外にも関西空港などが入っていないが、そのような濃霧が発生しないことを意味している。いっぽう地方空港にも制度の高いＩＬＳが設備されているが、釧路、広島、熊本は霧の発生率が高く、もし精度の高いＩＬＳがなければ欠航率が高くなってしまう空港である。精度の高いＩＬＳ設置は霧の発生率と、費用対効果などを考慮して進められている。

表47-2　ILSの種類。

	着陸決心高度	滑走路視程距離
カテゴリーⅠ	60m以上	550m以上
カテゴリーⅡ	30m以上	350m以上
カテゴリーⅢa	なし	200m以上
カテゴリーⅢb	なし	50m以上
カテゴリーⅢc	なし	なし

＊着陸決心高度とは着陸するかしないかを決心する最低の地上からの高度。

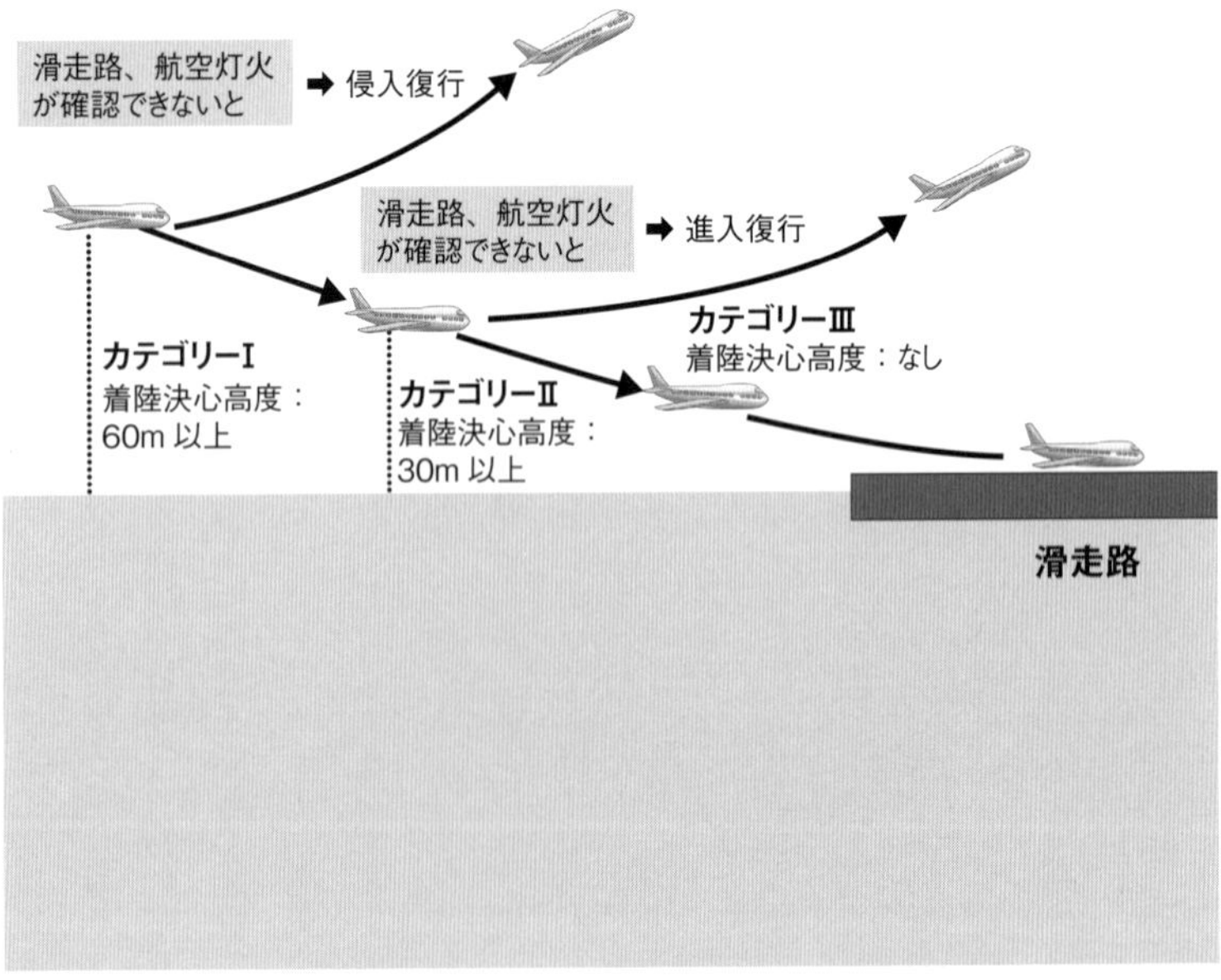

図47-1　カテゴリーの精度によって、どの時点で滑走路・航空灯火が視認できなければ着陸を断念するかの位置が異なる。

＊滑走路端の数字は滑走路の方向を表す（36が真北方向）。同方向の滑走路が複数ある場合はアルファベットで区別する（R=Right、L=Left、C=Center）。

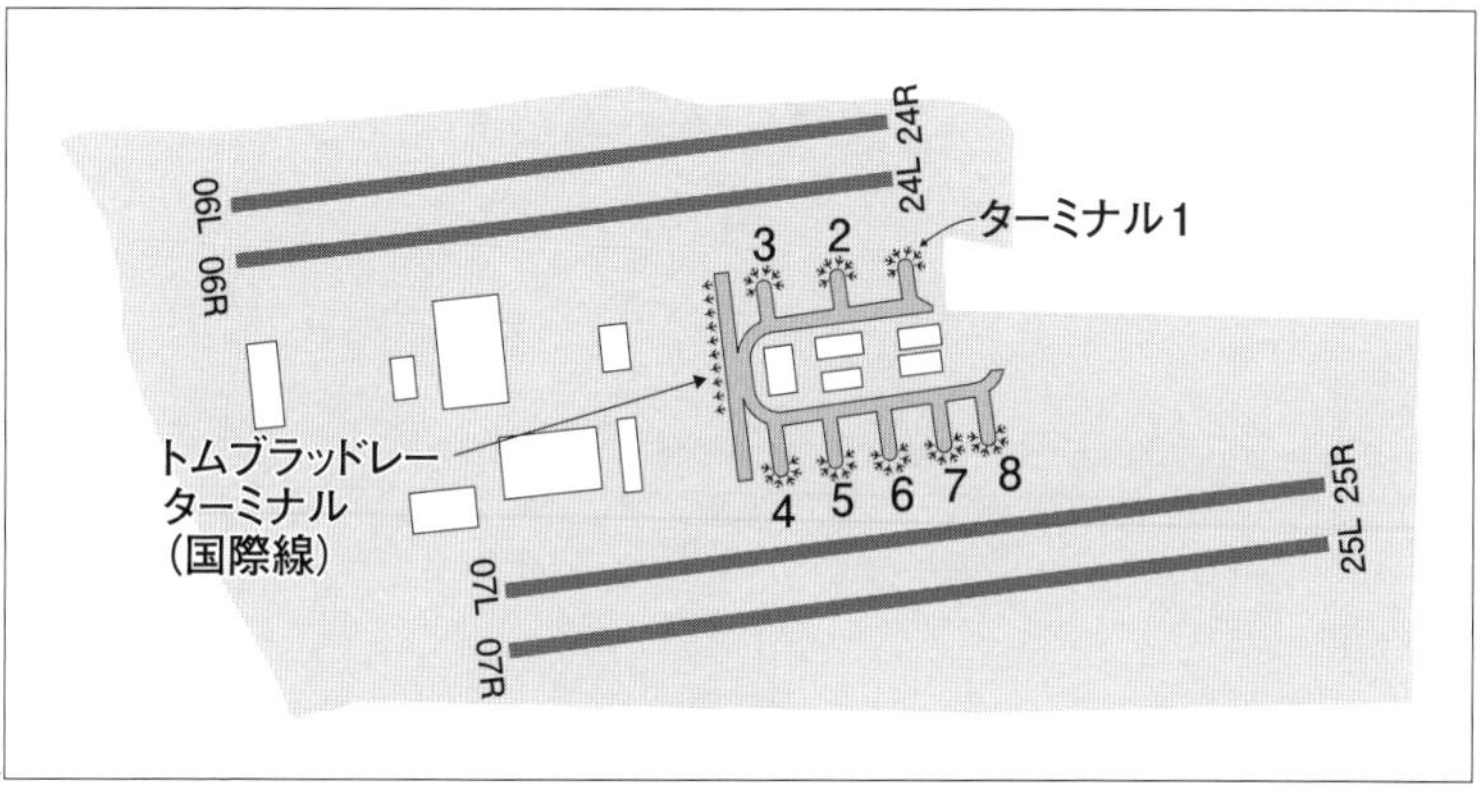

図47-2　ロサンゼルス空港の滑走路。

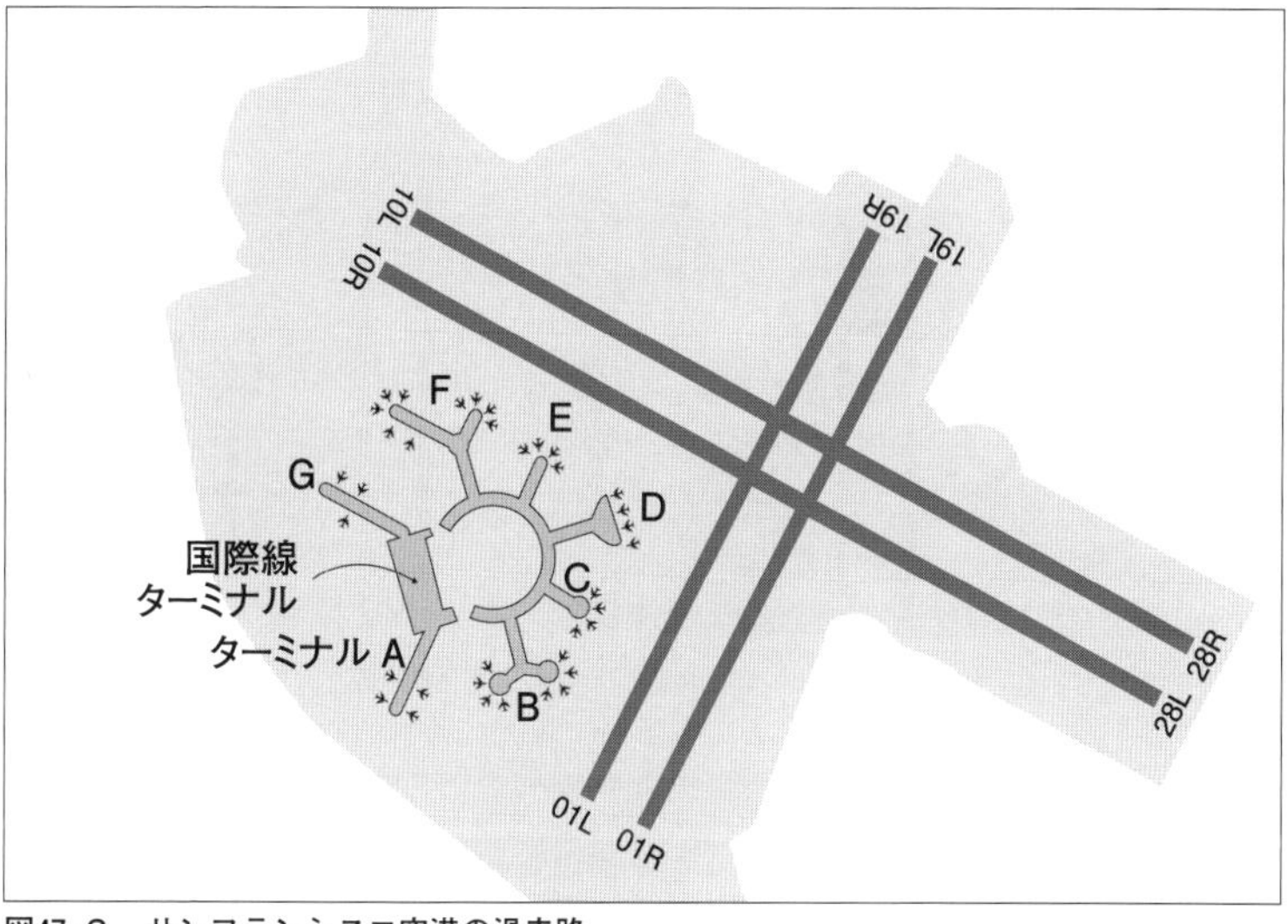

図47-3　サンフランシスコ空港の滑走路。

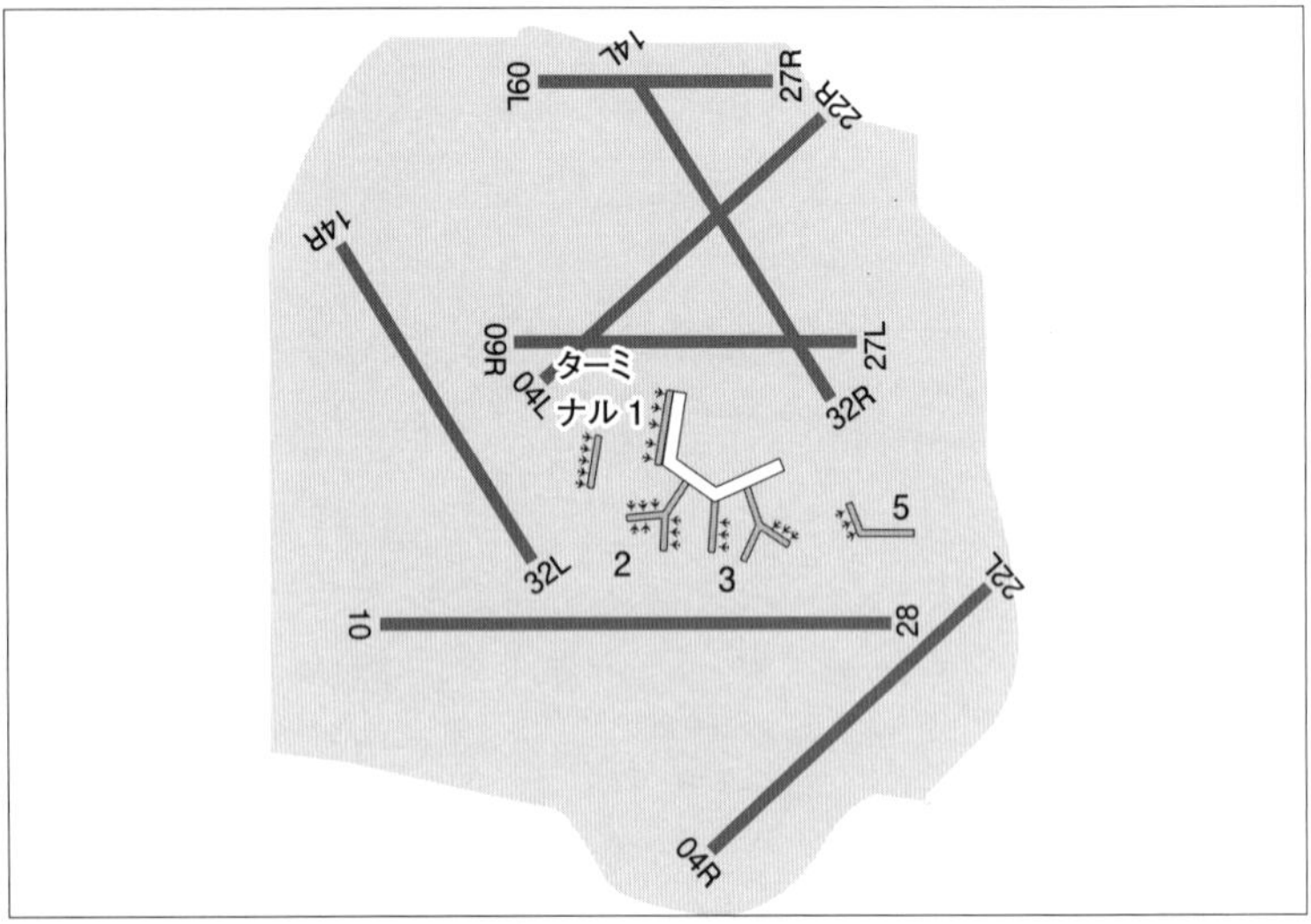

図47-4　シカゴ・オヘア空港の滑走路。

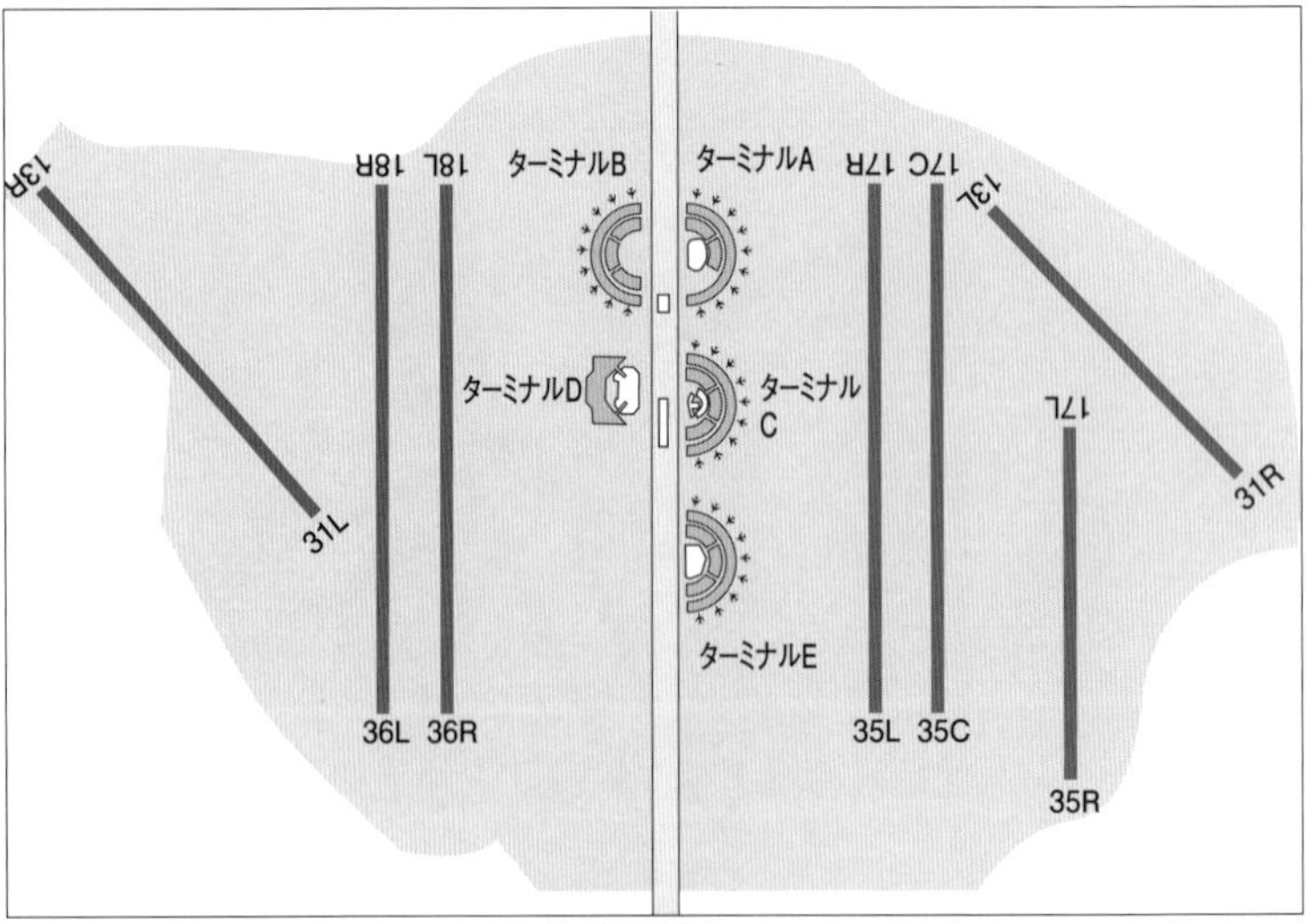

図47-5　ダラス・フォートワース空港の滑走路。

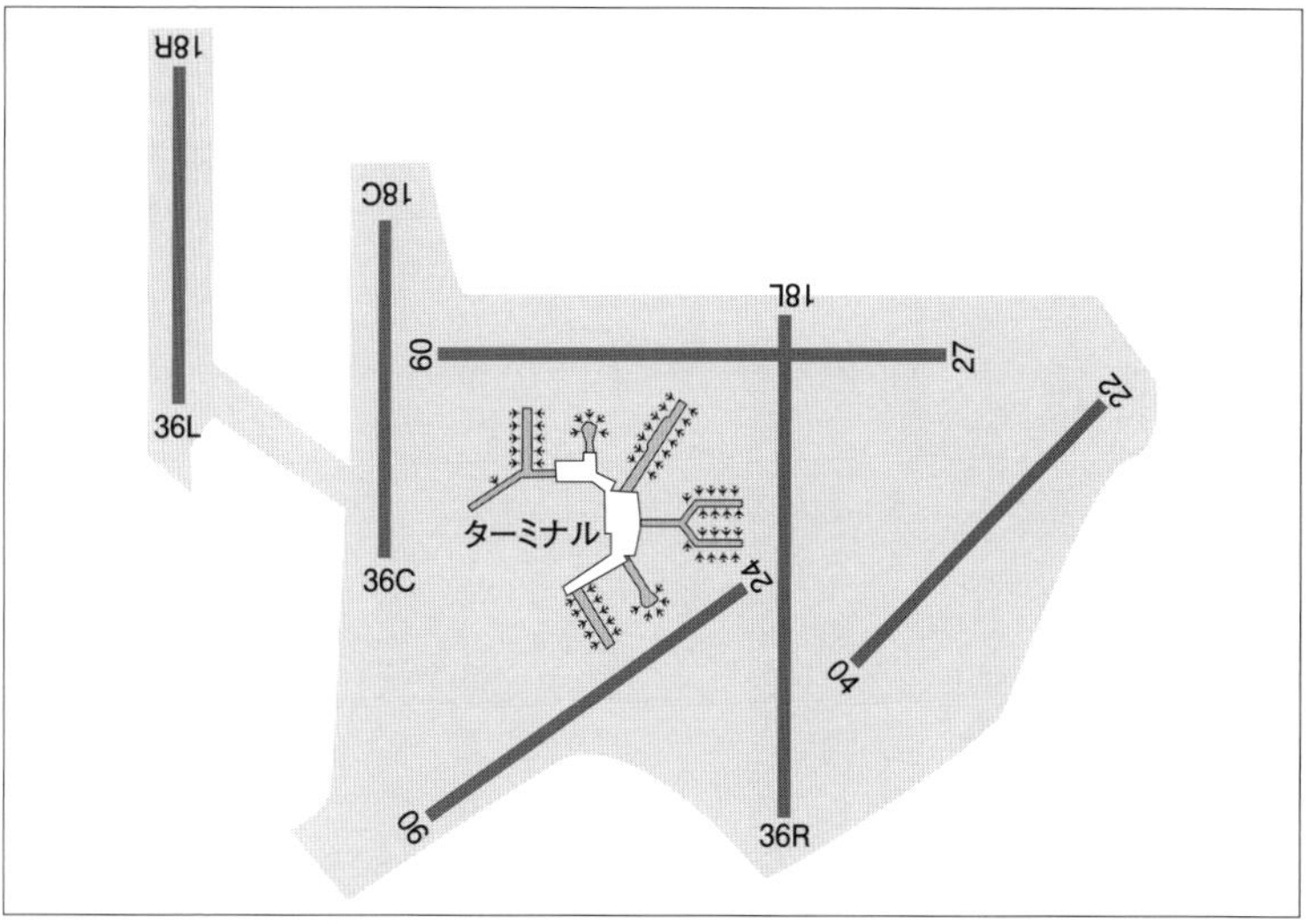

図47-6　アムステルダム・スキポール空港の滑走路。

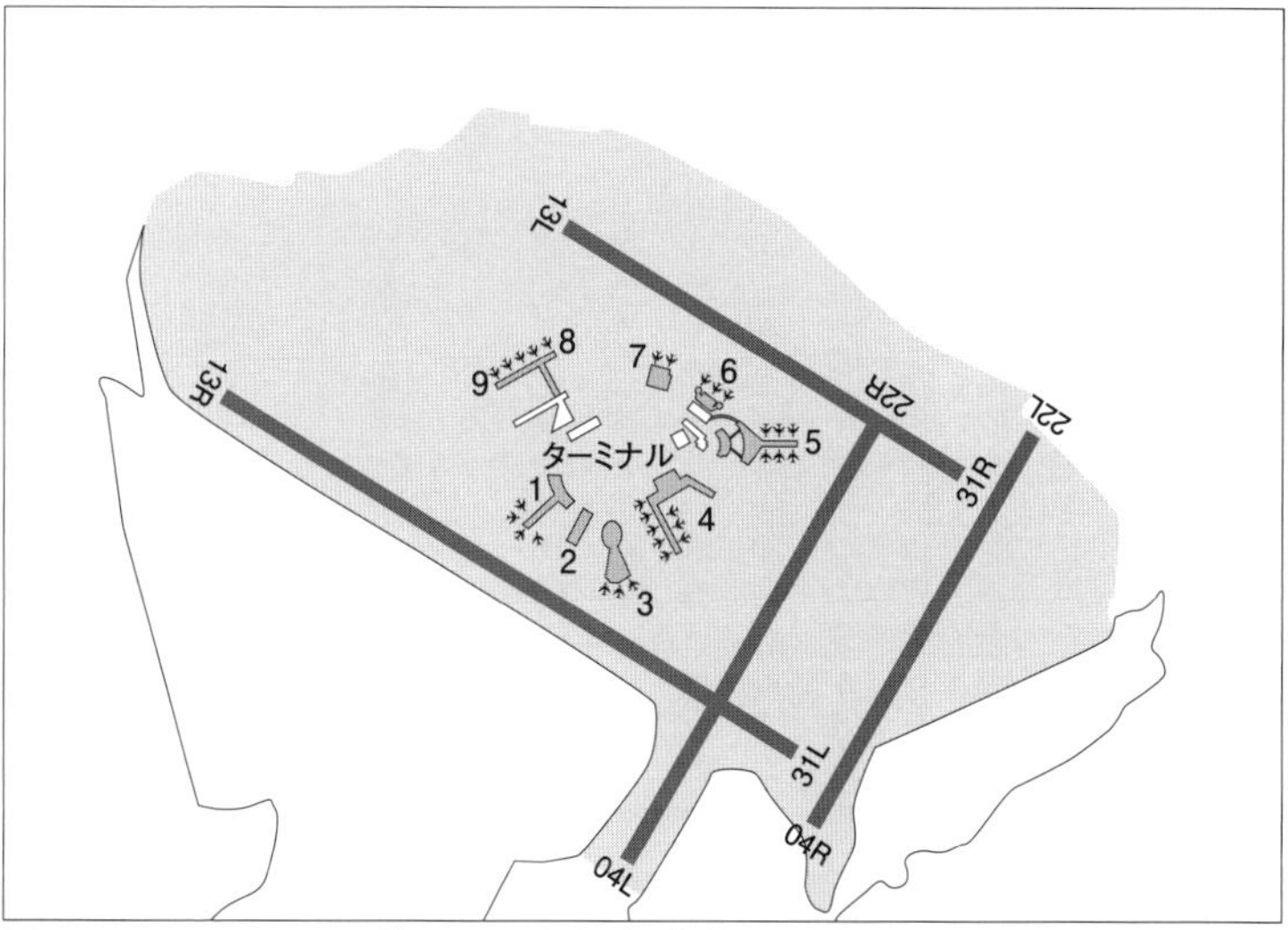

図47-7　ニューヨーク・ジョン・Ｆケネディ空港の滑走路。

謎048

複数の滑走路はどう運用しているのか

羽田や成田で検証する

滑走路の長さや方向などが旅客機の運航に大きく関わることが理解できたと思うが、実際の運用はどのように行われているだろうか。羽田空港や成田空港で見てみよう。これら空港の展望デッキに行くと、旅客機があっちで飛び、こっちで飛び、着陸機も複数の滑走路に次々にやってくるが、これらには決まった動きがある。知っていれば空港がもっと楽しくなるはずだ。

羽田空港の離発着は大きく分けて北風時と南風時の2パターンがある。北風時はC滑走路を北海道など北へ向かう便が離陸、D滑走路を九州など西へ向かう便が離陸、A滑走路に西からの便が着陸、C滑走路に北からの便が着陸する。つまり北風時はB滑走路を使わない。C滑走路は離陸機と着陸機が混在しているが、羽田に発着する便は新千歳など北方向と福岡など西方向の割合が3：7なのでこういった運用がされている。

南風時はA滑走路を西へ向かう便が離陸、C滑走路を北へ向かう便が離陸、B滑走路を西からの便が着陸、D滑走路を北からの便が着陸する。図48－2のように空港北側に位置するB滑走路に西からの便が、南に位置するD滑走路に北からの便がと、わざわざ交差させて着陸させているのにも理由がある。前述通り西方面からの着陸機が多いため、離陸機とルートが交差しないB滑走路に、便数が多い西からの便を着陸させている。北からの着陸機と西からの着陸機が千葉県上空で交差することになるが、高度差３００メートルで衝突を回避している。

また23時から翌朝６時までは市街地に近いＢ滑走路は騒音対策のため使用せず、Ａ、Ｃ、Ｄ滑走路のみで運用するので、当然発着能力は落ちる。

次に騒音対策は着陸誘導方式（ＩＬＳ）にも表れている。ＩＬＳはシステム上、旅客機は空港手前を滑走路に向かって直線状に飛ぶ必要がある。ところがＢ滑走路にＩＬＳで着陸すると千葉県浦安市上空を通ることになる。そこで好天時（視界がよい）はＬＤＡ（Localizer-Type Directional Aid）進入方式で着陸する。ある程度の視界が必要だが、滑走路手前で旋回するので浦安市上空を通過する必要がなくなるのである。

これが羽田空港のおよその滑走路の使い方だが、必ずしもこの通りになるとは限らない。南風がとくに強ければＣ滑走路への北側からの着陸もあるほか、空港周辺で積乱雲などが発生すれば滑走路の変更などは考えられる。全般にいえることは前項までで紹介した滑走路の使い方などは「概論」に過ぎず、実際の運用では、騒音問題や気候など、その地域にまつわるさまざまな条件があるので、必ずしも概論通りではないという点だ。

成田空港はどうだろうか。４０００メートルのＡ滑走路、２５００メートルのＢ滑走路の２本が平行配置され、風向きにかかわらず、Ａ滑走路を離陸機、Ｂ滑走路を着陸機が使用する。２５００メートルと短いＢ滑走路では、欧米への直行便など重い機体の離陸ができないことからの運用である。いっぽう着陸機はソウルからでも、ロンドンからでも、燃料がほぼなくなっている状態なので、方面にかかわらず着陸は可能である。そのため成田空港の滑走路運用は単純で、北風時はＡ滑走路を北へ離陸、Ｂ滑走路を南から着陸、南風時はＡ滑走路を南へ離陸、Ｂ滑走路に北から着陸になる。

しかしここまではあくまで原則である。

朝8時頃の成田空港ではA滑走路に着陸便が次々に到着する。前述の運用とは話が違う。A滑走路は離陸用ではなかったのか。これが「あくまで原則」と述べた理由である。朝の成田空港は、着陸機は多いが出発機は9時半頃までは貨物便しかなく、A滑走路は閑散としている。そのためA滑走路にも着陸機が大勢やってくる。B滑走路が着陸用といっても、実際にはA滑走路に着陸する便は多く、午後には着陸機が多くなるため、やはり多くの便がA滑走路に着陸する。「大は小を兼ねる」的な運用である。どういった便がA滑走路に着陸するかというと、主にA滑走路側にあるターミナル1に発着する航空会社である。また時間帯問わずA380の便はA滑走路に着陸する。

逆にB滑走路を離陸する便はほとんどなく、国内線や近隣国へのB737などの小さな機体が1日に数便離陸する程度であった。しかし2011年10月からは、2機同時離陸などの運用が開始されており、離陸機が集中する時間帯を中心にB滑走路からの離陸も増える見込みである。こうしないと2014年度の年間30万回の離着陸という計画は達成できない。また強い西風時も着陸機は極力A滑走路が使われる。横風時は高速での着陸になるため長い滑走路のほうが安全である。

着陸誘導装置の精度の高いILSⅢbはA滑走路北側だけに設置されている。これでは北風でなおかつ視程が悪いときは着陸に支障が生じそうだが、濃霧は無風時に発生するという前提である。ILSⅢbを稼働させなくては着陸できないような濃霧時は、必ず北側からの着陸、南側への離陸になる。またILSⅢbはB滑走路が完成する以前から稼働しているため、本来離陸用のA滑走路のみに設置されているが、濃霧の発生する時間帯は主に離陸機の少ない朝の時間帯なので運用上問題は起こらない。

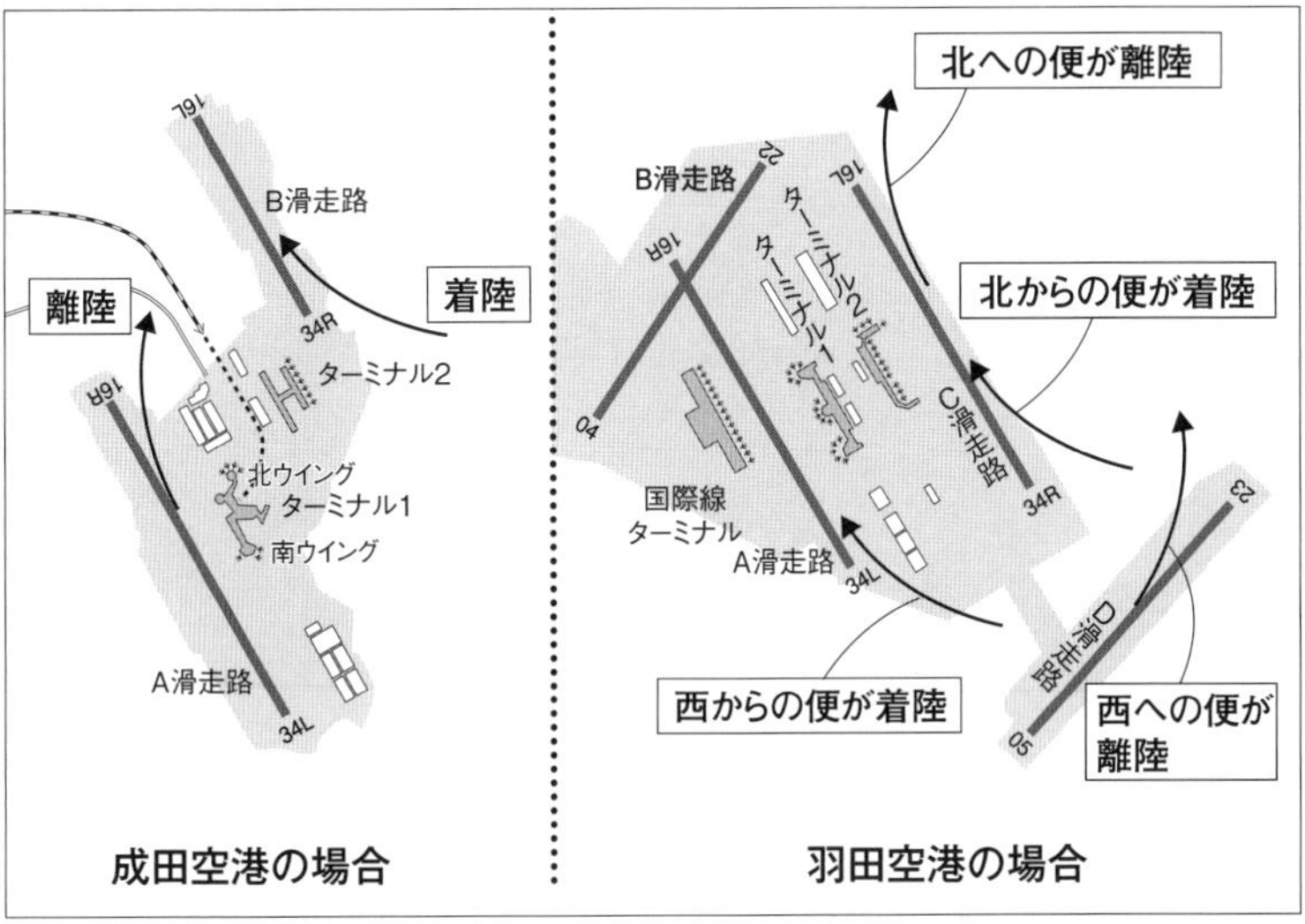

図48-1　北風時の滑走路の使い方（原則）。

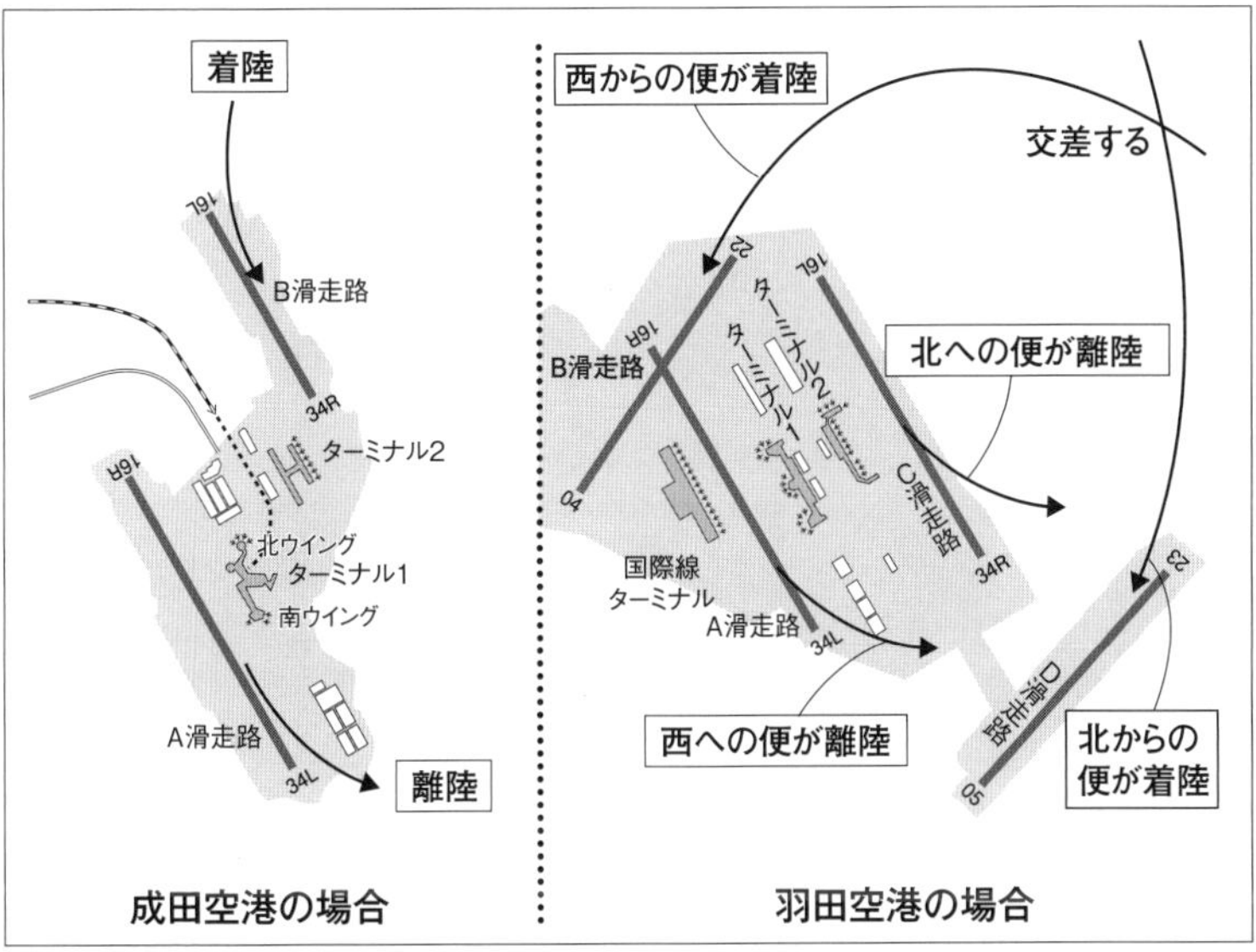

図48-2　南風時の滑走路の使い方（原則）。

Column ⑥

消えた空港、消えた国際線

新空港が開港すると発着能力が増大し、話題のほとんどは新空港に流れてしまうが、その陰でひっそりと消えていく旧空港がある。あるいは国内線専用となってあまりスポットライトを浴びなくなってしまう。しかしそういった空港ほど市街地に近く、利便性がよかった空港が多いものである。

図⑥-1　香港・啓徳空港
街中のネオン街を見下ろしながら、通称「香港カーブ」といわれる旋回を経て着陸する様は香港名物だった。そしてここを訪れる航空マニアにとっては、香港最大の見どころでもあった。しかし1998年、ランタオ島沖を埋め立てたチェクラプコク空港が開港、啓徳空港は役目を終えた。

図⑥-2　アテネ・ヘリニコン空港
2004年のアテネオリンピックを控えた2001年、アテネにはエレフテリオスヴェニゼロス空港が開港、ヘリニコン空港は役目を終え廃港となった。旧空港は乾いた地面の山が迫るアテネらしい景観であった。跡地の一部はオリンピックの施設となった。

図⑥-３　ソウル・金浦空港
現在は東アジアのハブ空港として世界でも評価の高い空港とされる仁川空港だが、2001年の開港までは金浦空港１カ所で国内線・国際線すべてをまかなっていた。ターミナル１、2、国内線ターミナルとあったが、現在はターミナル1に国内線、ターミナル２に羽田便など少ないながら国際線が発着している。

図⑥-４　バンコク・ドンムアン空港
バンコクは古くから空の十字路といわれ、さまざまな航空会社が乗り入れていた。アジアを旅するバックパッカーなどの拠点でもあった。空軍施設が併設されていたため現在でも健在なほか、わずかではあるが国内線が発着している。

第7章 航空運賃の謎

就航時、羽田〜クアラルンプール間5000円で話題になったエアアジアX。（A330-300、天津空港）

謎049 国内線の割引運賃はこうして生まれた

きっかけは意外なことが多かった

国内線航空運賃は1985年までいわゆる45・47体制（謎033参照）の下にあった。たとえば日本航空、全日空、東亜国内航空が同区間の運賃をそれぞれ1万5000円、1万3000円、1万2000円で申請すると、当時の運輸相は「仲良く3社とも1万3500円にしなさい」と国が決めていた。競争など微塵もなかった。割引運賃はほとんどなく、往復運賃にわずかな割引があった。大幅割引は当日スタンバイの「スカイメイト」だけであった。22歳未満が入会できる「スカイメイト会員」に適用され、普通運賃の半額＋ジェット特別料金という運賃構成だった。当時の空港カウンターでは「『スカイメイト』空席待ちの何番までのお客様、カウンターへおいでください」というアナウンスが聞かれたものである。当時は福岡でも札幌でも陸路が一般的で、飛行機は特別な乗り物だった。割引がなくてもあまり違和感はなかったものである。

高値で安定していた国内線航空券だが、割引航空券導入のきっかけになるのは、意外にも国際線航空券の動向であった。当時国際線の航空券には航空会社などで購入できるIATAの普通運賃と旅行会社のみで販売されている格安航空券があったが、その価格差が大きく、利用者の不審を生んでいるとして、1994年から一定の幅内で航空会社が割引運賃を設定できるようにした。こういった制度を国内線にも波及させたのが1995年の空の規制緩和であった。国内は「聖域」だったのか海外から手を付けた格好だ。

その後は「事前購入割引運賃」と「特定便割引運賃」を中心に割引運賃が徐々に日本の国内線に定着していくが、それぞれの経緯は全く違ったものであった。1995年、当時の運輸相主導のもとに行われた規制緩和により、早期に購入することで割引になる運賃がはじまったが、利用者からは「予約が取れない」「そもそも予約の電話がつながらない」と評判は悪かった。何しろ航空会社側が自発的に行った割引ではなく、運輸省主導で行われたため、航空会社側にしてみれば「お付き合い」程度だったのだ。しかし運輸省としては規制緩和をアピールしなければならない。そのため割引運賃をうたっているものの、提供座席数などは不明瞭で、実際に割引の恩恵を受けた人は少なかった。この先どれ程割引運賃が定着するのか半信半疑のスタートだった。

はじまってしばらくは定着しなかった国内線の割引運賃だが、やはり意外な出来事で割引運賃は定着していくことになる。それが1997年、羽田空港の沖合事業展開のひとつだった新C滑走路の完成であった（現在のC滑走路）。それまでより海側に位置していたため運用時間が伸び、早朝・深夜に発着可能になった。1988年には新千歳空港、1994年には関西空港も開港していたことから、国内線の運航時間が伸びたのである。それまでの国内線は早くても始発は7時、通常は8時で、夜も21時にはフライトを終えることが多かった。新幹線などに比べて運航時間が短かったのだ。機体も夜間は空港でお休みしていた。しかし運用時間が伸びたことで、航空会社は機材を増やすことなく、休んでいた機体を飛ばすことができ、運用効率がアップした。しかし早朝・深夜のフライトは利用者に敬遠されることが予想されたので、割引運賃を設定して利用促進を図った。これが「特定便割引運賃」のはじまりだ。

「事前購入割引運賃」と異なるのは、今度の割引は航空会社が自発的に行ったとこと、前日予約でも購入できたほか、割引の座席数も多かった。そのため「早朝・深夜割引」と呼ばれた時期もあった。早朝利用者が増えたことから、早朝運行の空港バスが飛躍的に増えた時期でもある。

その後はこの「特定便割引運賃」はさまざまな場面で導入される。1997年に秋田新幹線が開業するが、対新幹線、1998年にはスカイマークエアラインズや北海道国際航空が運航を開始するが、対新規参入航空会社にもこの運賃を活用した。そして当時、国内線は大手だけで3社あり、幹線以外では日本航空は営業力がなく便数も少なかった。そのため便数のハンデを、この「特定便割引運賃」でカバーするなど、航空会社は戦略的にこの割引制度を利用した。

図49　ソラシドエア（旧スカイネットアジア航空）はANAの運航会社と化していて、LCCの役割は果たさなくなった。（B737-400、長崎空港）

　そして何といっても国内線の価格破壊に大きな影響を与えたのは1998年、スカイマークエアラインズの参入であった。一時期は羽田～関西間を日本航空と共同運航、羽田～鹿児島便に参入するものの撤退、また全日空が撤退した羽田～青森便や羽田～徳島便に参入するものの短期間で撤退するなど、紆余曲折もあった。しかし現在は日本で唯一のLCCとして、ネットワークを充実しつつあり、神戸、中部などと拠点も増えてきた。

　いっぽう存在価値が薄れているのが北海道国際航空、ソラシドエア（旧スカイネットアジア航空）などである。もともとはスカイマークエアラインズに続けと誕生したのだが、現在は独自の運賃を残しつつもANAとの提携により、運航する全便がANAとの共同運航である。いわばANAの運航会社と化していて、かつてのエアーニッポンなどとあまり変わらない存在だ。また地方発着の新千歳路線をANAが撤退、その路線を引き継いだり、九州～沖縄路線をANAが撤退、その路線を引き継いだりと、大手の合理化の受け皿となっていて、もはやその存在はLCCとはいいがたい。

　現在日本の国内線でLCCが海外などに比べて、今ひとつ育たない理由として、日本国内で稼いで力を付けるには、需要の多い羽田発着の路線がどれだけあるかにかかっているが、羽田空港の発着枠はタイトである。そういう意味ではJALを救済する意味もいささか疑問である。大手2社体制もいいが、それは競争を促すために2社必要なのであって、2社が申し合わせたように同料金なのであれば、利用者には1社も同じである。貴重な発着枠は価格破壊に貢献してくれる事業者に割り振ってもらいたい。また現在のような着陸料制度（1回いくら）といった制度では、LCCも遠距離ばかり飛ばしたくなり、羽田～広島、四国といった比較的短い路線には参入したがらない。制度面の改革も必要である。

謎050

国際線航空運賃の波乱に満ちた経緯

日系航空会社の権益を守るために

日本発の国際線航空運賃はどのような過程をたどっただろうか。戦後、日本航空が初めての定期国際線を運航するのは1954年のことだが、その頃は一般庶民が海外旅行をできるような時代ではなかったし、団体旅行もなかった。日本で海外旅行が解禁されるのは東京オリンピック開催の1964年からである。

当時、日本発の国際線運賃は日本円ではなく外貨建てであった。アジアやアメリカ方面へは米ドル、ヨーロッパへは英ポンド建てで定められていた。その頃は世界ではまだ日本円はローカルな通貨、航空会社としては信用ある通貨しか受け付けなかったのだ。たとえ日本航空の航空券でも国際線購入には外貨が必要だった。しかし戦後の日本には外貨が少なく、一般庶民が観光旅行目的に外貨を購入することが許可されていなかった。これでは事実上海外旅行は不可能だ。これが緩和されたのが1964年なのである。翌1965年には日本で初めて団体包括運賃という、宿泊や観光をセットにして売るための割引運賃が登場し「ジャルパック」が誕生している。当時一般的なハワイ旅行が約50万円、現在の価値に換算すると約300万円で、庶民に手の届くものではなかったが。

しかしこの間、日本は高度成長を続け、大阪で万国博覧会が開催された1970年、日本航空もB747ジャンボ機を運航開始、空の大量輸送時代を迎える。そして1973年には日本発の国際線航空運賃は大きな変革期を迎える。それまでは1米ドル＝360円の固定為替相場制が長く続いたが、変動相場制へと変わったのをきっかけに、日本発の国際線運賃を円建てに切り替えたのである。それまでは100米ドルの航空運賃なら日本円で3万6000円と価格が一定していたが、変動相場制になると毎日航空券価格が変わることになってしまう。そこでIATAは日本発国際線運賃の円建て設定に踏み切る。高度成長で日本円が世界的に認められる通貨になった証しでもあった。

以降、航空運賃は関係する国家間で国（政府）が決めていた。当事国の物価などを踏まえ、たとえば日本とアメリカの間なら「日本発を日本円でいくらにします」「アメリカ発は米ドルでいくらにします」という具合に調整していた。同様に日本とタイの間なら「日本発が日本円でいくら」「タイ発がタイバーツでいくら」といった具合である。もちろん実際に旅客機の運航を行う航空会社の意向なども踏まえて行われるのだが、その運賃には経営努力による価格抑制などという考えはなかった。当時、日本で国際線を運航するのは半官半民だった日本航空1社、競争などはなく、日本発の国際線運賃は高値で安定していた。こうして政府間で決められた運賃をIATAがファイリング、管理していたのである。

国際線航空運賃が発地通貨建てに改められ、海外行き航空券は買いやすくなったが、違った問題も出てきた。それが内外価格差である。1ドル360円だったものが300円を切り200円も切る。為替レートが動くたびに、国によって航空券の価値に差が出てくるのである。当時日本は成長期だったため、海外の通貨に対して日本円は強くなるいっぽうであった。それに比例して円建ての航空券は、海外で買う航空券に比べて相対的に高くなっていく。ときには日本政府が相手国に相手国発の航空券の値上げを打診することさえあったという。当時は運賃だけでなく、運航する便数などもすべて関係各国間の航空交渉によって決められていた。たとえば週間あたりB747に換算して何便まで、また日本側の乗り入れ地点が多い場合には、相手側の国へは複数の航空会社が乗り入れる、などなどこと細かく決められ、お互いがほぼ同じ利益になるようにと定められた。しかしこのように仕事量を平等にしてしまうことで、日本発着の国際線には「競争原理」が育たないことも確かであった。

このようなことから「日本は航空券が割高」ということになってしまう。往路は日本で航空券を購入しても、復路の航空券は現地で購入する人が増え、輸入航空券なるものも多くなる。また一般庶民の海外旅行とIATA普通運賃は無縁のもので、庶民は団体旅行や旅行会社でのみ販売されている格安航空券に頼っていた。そして実勢価格と公の運賃はかけ離れた額のものであった。そこで関西空港が開港した1994年、国際線運賃制度が改められ、ある一定の幅の中で航空会社が自由に運賃を設定できる制度ができた。これがゾーンペックス運賃と呼ばれるもので、日本航空は「JAL悟空」、全日空は「とび丸」（後に「G・E・T」〈Great Economy Ticket〉を経て現在は「エコ割」）と名付けられた。これは当時全社共通に利用できるIATAペックス運賃額の65%を下限として運賃を自由に設定できるものであった。

そしてさらに1998年にはこのゾーンペックス運賃はIATAペックス運賃額の30%が下限へと、自由度が増したのである。なぜ当時の運輸相がこの制度を推し進めたかというと、公の運賃を安くすることで、格安航空券や輸入航空券などを排除しようとした。これは日系航空会社もそのような意向で、事実この新制度を境に日系航空会社の格安航空券はほとんど姿を消している。しかし

図50　日系航空会社は、1970年に導入されたB747ジャンボジェット機導入で空の大量輸送時代を迎える。（成田空港）

この制度はもともと日系航空会社の運航システムに都合がよくできていて、海外の航空会社には不利な条件が多かった。そのため格安航空券はなくならず、よく雑誌企画で「ゾーンペックス運賃VS格安航空券、どっちがお得か」といった記事が誌面をにぎわしていた。このゾーンペックス運賃は最終的には２００８年に、それまであった価格の下限が撤廃され、現在は、事実上運賃は自由化されている。いっぽうＩＡＴＡ運賃は形骸化していて、今後ますますその影響力は低下するだろう。

このように日本発の国際線運賃の歴史を振り返ると、長い間、日系航空会社の利益を守るために、日本政府は運賃の自由化を拒み、割引運賃の導入も段階的に条件を譲歩していったという過程がある。日系航空会社も政府に権益を守ってもらおうという意識があったことは事実で、それが日系航空会社の競争力低下を招き、ＪＡＬの破綻へとつながったと考えていいだろう。

謎051

格安航空券のたどった過程

さまざまな抜け道があった

日本発の国際線航空運賃は、長い期間、IATA普通運賃など、庶民には無縁の運賃のみが公の運賃とされてきた。1994年に新運賃制度がはじまり、航空各社が一定幅内で自由に設定できるゾーンペックス運賃が登場するが、それでも割引運賃の大勢を占めていたのは旅行会社のみで扱われる格安航空券であった。それではこの格安航空券、実際にはどのようなものであったのだろう。

よく格安航空券は団体割引運賃のばら売りなどといわれた。団体割引運賃とは団体包括運賃のことで、「包括」とは宿泊や観光をセットにして販売するための航空券という意味である。本来ならそういった団体旅行の、飛行機部分だけを売るので「エアー・オンリー」(Air Only)、略して「エアオン」、また足の部分だけ売るので「足売り」などともいわれた。この団体包括運賃は日本人の海外旅行が解禁された1964年に登場している。

具体的に団体とは何名以上なのか、方面によって5名だったり10名だったりしたが、実際にはフリータイム型のツアーでは「2名以上催行」というのが多かった。ツアーといっても内容はさまざまで「全食事付き、添乗員同行」というのもあるが「往復航空券+ホテル1泊と送迎のみ」というものもあった。包括運賃といってもその内容は曖昧であったのだ。そこで格安航空券では、事前に利用者に航空券を渡さず、出発の2~3時間前に空港の団体カウンターで渡すという方法がとられた。実際には1名で利用する場合にも出発案内には「集合場所」「集合時間」と記されていたが、こうして同じ便に搭乗する利用者が「集合」したということで、団体という条件をクリアーしていたともいえる。「包括」といっても運用次第であったのだ。

こういった格安航空券はどういった旅行会社で扱われたかというと、当時の日本交通公社（現在のJTB）などの大手旅行会社ではなく、中小、それも都内のマンションの一室、従業員数名などという業者で扱われていた。大手旅行会社は特定航空会社の卸業（ホールセラー）も兼ねていたが、大手旅行会社ではそれを規則通り団体ツアーとして宿泊や観光をセットにし、「主催旅行」として販売していた。そのほうが収益性も高かった。いっぽう中小の業者は航空券部分のみを卸業から購入して「手配旅行」として販売していたのだ。ここで「主催旅行」「手配旅行」という言葉が出てきたが、前者は旅行という商品を販売することになるので、たとえば飛行機が欠航で飛ばなくなった場合、旅行会社が代替便などの手配をする必要がある。しかし後者は基本的に交通機関や宿泊の手配なので、飛行機が欠航になった場合でも自力で代替便などを航空会社に請求することになる。

割引航空券が格安航空券しかなかった頃、個人旅行を応援していたのは中小の業者で、どうしても大手旅行会社の扱うツアーは大量生産的になってしまうのに対し、中小の業者のほうが、旅行知識豊富なスタッフが、さまざまな旅のアレンジを手伝ってくれたことも確かである。スカイマークを立ち上げたHISもこの時期、格安航空券販売で成長した会社の1社であった。

このように格安航空券は団体包括運賃のばら売りが多かったので「エアオン」と呼ばれたわけだが、実際にはそればかりではなかった。中には復

図51　かつて成田〜バンコク〜ダッカ間を週1便のみ運航していたビーマン・バングラデシュ航空はバックパッカーに人気があった。(DC-10、成田空港)

路の日付が変更可能な航空券や、有効期間が1年のもの、片道の格安航空券も存在した。滞在中に帰国日が変わったり1年間だったり、あるいは行ったきり帰って来ないツアーなどはない。これらも団体包括運賃だったのだろうか？　答えはそうではない。これらは航空会社独自の考えによる航空券で、当時の日本政府の決めた運賃制度の外の航空券と考えればいいだろう。IATA運賃を順守したものだけが国際線航空券ではなかった。

かといって当時のIATA運賃を否定するわけでもない。たとえば当時成田〜バンコク間を1日3便運航する航空会社も、週2便しかない航空会社でも、IATA普通運賃では同額であった。これは同じでなければならない理由があった。普通運賃は複数の航空会社にまたがって利用でき、日付変更やルート変更も可能、成田〜香港〜ホーチミン〜バンコクなどと途中降機も可能だった。A、B、C、D社と異なる4社で旅程が完結するなどということもできた。するとA社で航空券を発券すると、A社は、B、C、D社にそれぞれの取り分を分配しなければならない。当時はまだ世界全体で航空便が少なく、各地を飛び回るビジネスマンなどは普通運賃が必要だったのである。つまり当時はIATA普通運賃利用者も多かった。そのため週2便しかない航空会社でも定価で売るしかなかったのである。

しかし右記の話、もし週2便しか運航しない航空会社が、「他社には変更できません」という条件で航空券を安売りしたらどうなるだろうか。他社に変更できないということは運賃の分配といったことは起こらず、1年間有効の航空券だって安く販売することは可能である。週2便しかなく、他社が使えないということは、スケジュールが制限され、忙しいビジネスマンには使いにくいが、安く旅行したいバックパッカーには充分であった。このようなシステムで売られていたのが復路オープンや片道の航空券で、業界内では「ノーマル・ディスカウント」などと呼ばれ、この種の航空券は団体包括運賃などではないので、事前に利用者に航空券が渡されることが多かった。

ちなみに現在の割引航空券の状況はどうであろうか。事実上航空運賃は自由化されているので、以前のようなIATA運賃に対して下限がいくらというような制限はない。しかしそれでも格安航空券市場もなくなってはいない。航空会社の販売する航空券の多くは事前購入割引で、早期に予約・購入することで価格を抑えている。そしてこれだけで席が埋まれば問題はないが、実際は繁忙期を除いてそうはならない。航空会社としてはなるべく自社のホームページなどで直接販売したいところだが、最終的な目標は便を満席にして運航することである。それには旅行会社の手も借りねばならない。すると現在でも直前需要には旅行会社経由の格安航空券は有効なのである。

謎052

ビジネスクラスはなぜ誕生したか

エコノミー普通運賃利用者救済のためだった

旅客機のクラスは、Ｂ７４７ジャンボジェット機が就航した頃でもファーストクラスとエコノミークラスしかなかった。Ｂ７４７は当初メインデッキ前方がファーストクラス、アッパーデッキはファーストクラス乗客用のラウンジであった。初期型のジャンボ機はアッパーデッキに片側3カ所しか窓がなかったが、それがラウンジの証しである。その後もＢ７４７のアッパーデッキは、日本航空がファーストクラス利用客専用の寝台にするなど、その頃はファーストクラスのサービスに力が注がれていた。

ではビジネスクラスはどういった経緯で誕生したただろう。Ｂ７４７などの大型機が世界に普及し、空の大量輸送時代を迎えると、団体ツアーや格安航空券といった割引航空券利用者が多くなる。いっぽうで出張のビジネスマンなどは、正規の普通運賃を購入していたが、これらの利用者は全員同じエコノミークラスで同じサービスを受けていた。しかし普通運賃と割引運賃の価格差は広がるいっぽうで、普通運賃利用者が割引運賃利用者と同じサービスを受けるのは不公平ということがビジネスクラス誕生の理由であった。「エコノミークラスの多くが割引運賃利用者」という時代に入り、普通運賃利用者救済用のクラスだったのだ。

このようにビジネスクラスはエコノミークラスから派生したクラスだったので、当初はビジネスクラスといっても座席はエコノミークラス同様で、食事などのサービスで差を付け、セクションの境目にパテーションで仕切りを付ける程度であった。

　だが、割引運賃が主流になり、薄利多売を強いられていた時代に、普通運賃を利用してくれる利用者は、航空会社にとって最も大切にしなくてはならない顧客だった。航空各社はこのビジネスクラスに力を入れるようになり、年々豪華になっていった。ただし当初は航空会社間に温度差があったことは確かで、その頃、日本航空はビジネスクラスを運賃上は「中間クラス」と称しており、ビジネスクラス、つまり普通運賃利用者が中間でエコノミークラス利用者は中間以下だったことがうかがい知れる。

　とはいうものの世界的にはビジネスクラスは年々豪華なものになり、機内サービスだけでなく、空港でのラウンジや専用カウンター、優先搭乗、受託手荷物の優先引き渡しなど、各社のサービスは加熱した。ビジネスクラス誕生から10年もたたないうちに、はじまりがエコノミークラスの派生だったとは思えない豪華さになる。また航空各社にはあるジレンマもあった。それは、ビジネスクラスを豪華にしたいが、ファーストクラスがある手前、ファーストクラスとの差も明確にしておかなければならない。ビジネスクラスを豪華にするには、まずはファーストクラスのグレードアップが必要だった。しかし思うようには事はうまく進まない。ビジネスクラスも豪華に、ファーストクラスも豪華にと考えても、機内のスペースは変わらないので定員が減ってしまうのである。

　そこでこの時期に進んだのが、思い切ってファーストクラスを廃止することであった。ジャンボ機ほどの大きさがあれば、豪華なファーストクラス、豪華なビジネスクラス、そして充分な数のエコノミークラスという配置も可能であったが、中型機以下では3クラスにして運賃の差に見合う明確な差を設けるのが難しくなってきたのだ。たとえばヨーロッパではブリティッシュ・エアウェイズ、エールフランス、ルフトハンザ、スイスインターナショナルエアラインズの4社はファーストクラスを残すが、KLMオランダ航空やアリタリアーイタリア航空はファーストクラスに決別し2クラスの運航となる。独自のサービス路線だったヴァージンアトランティック航空はもともとファーストクラスを導入していなかった。

ファーストクラスを廃止する航空会社が多くなることでさらにビジネスクラスは豪華になり、ファーストクラスを残す航空会社は、ファーストクラスをより豪華な設備にする必要に迫られた。ブリティッシュ・エアウェイズは世界に先駆けてフルフラットシートをビジネスクラスに採用するが、その座席配置はユニークなものであった。フルフラットにするためには前後間隔をかなり長くする必要があり、それでは定員を確保できない。そこで横の配置で数を確保するために座席を互い違いにし、半数の乗客は進行方向とは逆に向くという苦肉の策に出たほどであった。

現在はファーストクラスでもビジネスクラスでもベッドのようなフラットシートは当たり前になったが、ファーストクラスは床に対しても水平な、正真正銘のフラットシートなのに対し、ビジネスクラスでは180度リクライニングのフラットシートではあるものの、定員確保から床に対してはやや斜め配置のものが主流になりつつある。またこれらの座席では全席が通路に面しているほか、パテーションで仕切られた個室感覚のものも多くなった。

歴史は繰り返されるというが、ビジネスクラスとエコノミークラスの関係がかつてのファーストクラスとエコノミークラス同様ほどに差がついたため、ビジネスクラスとエコノミークラスの中間にデラックスエコノミー、プレミアムエコノミーなどを設ける航空会社も現れ、各社のクラス分けは混沌としてきている。ファーストとエコノミーの2クラスが、ファースト、ビジネス、エコノミーの3クラスになり、次はビジネスとエコノミーの2クラスになる航空会社が増えるが、ビジネスとエコノミーの中間になるクラスが誕生したことから、再び3クラス、あるいは4クラスになる航空会社、路線もある。ANAが欧米路線に運航するB777－300ERにはファースト8席、ビジネス77席、プレミアムエコノミー24席、エコノミー138席と、かなり複雑な座席構成の機体もある。

機材の面からはA380という総2階建ての大型機材の登場により、再びファーストクラスやビジネスクラスの豪華さは増している。現在のところA380を運航する航空会社はすべてファーストクラスが健在で、3クラス、または4クラスで運航している。

謎053

欧米では域内需要の半分はLCCが担う

低価格実現へのあくなき努力

現在世界各国の空をにぎわせている存在にLCCがある。LCCが発達するためには航空運賃が自由化されていなければならないが、発祥はやはり欧米で、現在はアジア、南米、アフリカ・中近東と世界各国に波及した。LCCが高いシェアを誇る国や地域では、短距離地域需要の半分がLCCによってまかなわれている。その点、日本は主要国の中ではLCCの発達が最も遅れている国である。

2011年、すでに韓国のLCCは4社が日本へ定期便を運航しているが、日本ではまだ韓国へ定期運航を行うLCCは1社もない。アジアでも日本だけがLCCでは取り残されている感がある。

またLCCが発達していないことから、日本人は主要国の中では、最もLCCを使い慣れていない国民であることも事実である。

なぜ日本はLCCの発達が遅れたか。まず航空運賃が自由化されたのが遅かったという理由がある。それまでは新たな航空会社を立ち上げても大手と同じ運賃でしか競争ができなかったので「格安」を武器に新規参入ができなかった。そして規制緩和を受けて1998年にはスカイマークエアラインズが就航するが、最も需要の大きい羽田空港の発着枠がなく、会社の規模を急速に拡大することができなかったという事情がある。国際線に目を転じると、やっとスカイマークが2014年目途に国際線進出を計画しているが、こちらもつい最近まで成田空港の発着枠は満杯で、たとえ新会社ができても実際の運航は困難であった。

それでは海外のＬＣＣはどのような発達を遂げたのだろうか。そもそも「ＬＣＣ」という言葉はここ数年で定着したもので、以前は「ＬＣＣ」という言葉は使われていなかった。しかし現在でも運航している「ＬＣＣ」のパイオニア的存在というと、やはりアメリカのサウスウエスト航空であろう。一般的にもサウスウエスト航空が元祖ＬＣＣといわれるが、それは今振り返ってみるとそうなのであって、当時は格安運賃を武器にした航空会社は星の数ほど誕生しており、現在も同じ手法で生き残っているのがサウスウエスト航空というだけである。同社はテキサス州ダラスに１９７１年就航、当時は同じ州内に限って自由化されていたが、テキサス州内のダラス、ヒューストン、サンアントニオ相互間の運航がはじまりで、アメリ

図53　元祖LCC、アメリカのサウスウエスト航空は機材をB737に統一。（ヒューストン・ホビー空港）

カ国内の自由化に合わせて全米に路線を広げていった。

サウスウエスト航空の戦略は当時としてはユニークであった。大手が「ハブ&スポーク」の運航を行う中、サウスウエスト航空は網の目のようなネットワークで、長距離路線は運航しなかった。すべての路線が1～2時間のフライトのため、機内食などのサービスは行わなかった。サービスされるのはピーナッツだけだったので「ピーナッツフライト」と揶揄された時期もあった。しかし機内食の積み込みがなく、機内食を出さないことから掃除も大掛かりにならず、空港での折り返し時間が短縮され、機材の運用効率が向上した。このためこういった運航を「ノー・フリル・サービス」と呼ぶようになり、他社もサウスウエスト航空の手法をまねたものである。またすべての路線が同じような距離だったので機材をB737に統一、部品の共通化、整備の合理化を図ったのである。これらの手法はすべて現在のLCCにも当てはまることばかりで、サウスウエスト航空はLCCのビジネスモデルを1970年代に確立していたことになる。こんなサウスウエスト航空だが、就航時は客室乗務員が全員女性、制服はホットパンツであった。就航当初は色仕掛けだったといえるが、これが話題となり知名度を上げる結果になった。しかしサウスウエスト航空は利用者には満足度の高い航空会社として知られ、しばしば「全米で最も苦情の少ない航空会社」に選ばれている。

ヨーロッパのLCCで最も有名なのがアイルランド国籍で、地元ダブリンほか、イギリスのロンドン、ドイツのフランクフルト、イタリアのローマなどを拠点にするライアンエアーである。EU内はすでに経済統合されているので、アイルランド国籍の航空会社が他のヨーロッパ各国を拠点にすることなどは珍しくない。ヨーロッパ内、そして北アフリカまでネットワークを伸ばしているが、運賃は日本円で何千円単位のもので、空港施設使用料や空港アクセスのほうが高額になってしまうことがしばしばで、それほどに安い。なぜここまで安いのか、ライアンエアーは立席搭乗、トイレの有料化、肥満乗客に対する追加料金などという大胆なアイデアで話題になった（いずれも実現はしていない）。少し過激ではあるが、低価格実現のためにやれることをすべてやるといった意気込みを感じる。ライアンエアーも機材はB737に統一、これらの航空会社では座席も自由席である。

サウスウエスト航空、ライアンエアーなどLCCに共通していることとして、大都市では第二、第三の空港に乗り入れるということがある。たとえばサウスウエスト航空は、日本からの便があるダラス・フォートワース空港やシカゴ・オヘア空港に乗り入れていない。ダラスではラヴ・フィールド空港、シカゴではミッドウェイ空港に乗り入れる。同様にライアンエアーはロンドンではヒースロー空港ではなくスタンステッド空港、パリではシャルルドゴール空港ではなくボーヴェ空港、ローマではフィーミチーノ空港ではなくシャンピーノ空港、フランクフルトではマイン空港ではなくハーン空港、ことごとく大空港を避けている。発着料が安く、発着枠を得やすい空港を選んで乗り入れているのである。LCCは大手との乗り継ぎも考えていないので、メジャーな空港にこだわる必要はない。

これらの第二、第三の空港は必ずしも都心部から離れているわけではないが、ボーヴェ空港やハーン空港はそれぞれ都心から100キロ以上離れている。市内〜空港間の時間を含めると、決して便利な乗り物ではなくなってしまうのだが、ヨーロッパのLCCは安さが最大で唯一のメリットであり、安さ以外のメリットはあまり期待されていないというのが現状である。乗客もそれを承知で利用している。

謎054

利用方法によってLCCは大手より高くなる

LCC利用時の注意点は？

実はLCCは定義がはっきりしていない。大手はLCCではないとしても、世界には運賃が大幅に安い航空会社もあれば、ちょっとだけ安い航空会社だってある。どこまでがLCCかという定義はない。航空運賃の自由化が早かった欧米には古くから格安を売り物にした航空会社は多数あり、近年になってLCCと呼ばれるようになったケースも多い。また運航や運賃に対する規制から、チャーター会社として格安運賃を提供していたが、晴れて定期便を飛ばすようになり、現在はLCCに数えられるようになった航空会社もある。

以前は国際線を運航する航空会社の場合、IATA運賃を順守するかどうかでLCCかどうかが見分けやすかった。LCCは独自運賃で、大幅に安くなっているが、他社の運賃との結合などはできなかった。現在ではIATA運賃が形骸化し、大手でも割引運賃は自社便のみ、もしくは同じ連合の航空会社にのみ適用という運賃がほとんどだ。

国内線に関しては以前からLCCかそうでないかの見分けが難しかった。国内線運賃は世界的な指標がなく、国によってコーヒー一杯の値段が違うように、その国の物価に左右されていたからだ。もともと国内線は航空会社が複数あれば運賃は違っていた。日本のように大手が複数あるのに、運賃は同じという国はほとんどなかった。そのためLCCか、LCC以外かというのは実は難しい。

また大手かＬＣＣかという分類も難しく、サウスウエスト航空やライアンエアーは間違いなくＬＣＣだが、会社規模や保有機数から見れば大手中の大手になってしまう。このようにＬＣＣの概念は難しい。およそ大手運賃の70％以下（目玉運賃などではない普通の運賃）あたりがＬＣＣといわれており、最終的には利用者の判断である。

こうして世界中に飛ぶＬＣＣだが、機内食を廃止、単一機材で徹底的な合理化をすれば運賃が大幅に安くなるかというと、それほど甘くはない。ＬＣＣ発達はインターネット普及なくしてはあり得なかったといわれる。ＬＣＣはインターネット経由の予約・クレジットカードでの精算が基本で、市内の事務所・カウンター、また旅行代理店経由の販売は行わないのが普通だ。このようにして、旅行会社の仲介手数料などを省き、販売にかかるコストを抑えている。１９８０年代、アメリカの航空自由化で乱立した中小の航空会社は、最終的には大手に呑み込まれるが、大手航空会社は旅行代理店に予約端末を普及させており、中小は販売網で大手に勝てなかった。もし当時インターネットが普及していれば結果は違ったものになっていたかもしれない。日本人はどうしても「旅行」を旅行会社に任せがちで、そうした意識を変えていかなくてはＬＣＣ普及はない。

他社とのインターラインを組まないのもＬＣＣの特徴である。これはどういうことか。たとえばＪＡＬの普通運賃で羽田～福岡間往復を購入すると、復路をＡＮＡに変更可能である。２社がインターラインを組んでいるからで、これは国際線でも同様、海外の航空会社でも主だったところは同様である。これらのお金のやり取りは銀行経由で決済される。しかし前述の羽田～福岡間、復路をスカイマークに変更することはできない。これは各社間の運賃差によるものではない。スカイマークは他社とのインターラインを組んでおらず、お金の決済ルートがないからである。現在のように航空旅客が多くなかった頃は、ビジネスマンなどは少ない便の中で都合のよい便を選んで利用しており、インターラインは必要だった。しかし便数が多くなれば、1社で完結する旅程がほとんどで、必ずしもインターラインの必要はなくなる。

こうして前項で紹介したライアンエアーなどはヨーロッパ内どこを飛んでも日本円で何千円といった運賃を実現している。しかしなぜここまで安くする必要があるのだろうか。ライアンエアーの便が最も集中するイギリスは、日本より物価は高く、ロンドンの地下鉄は東京の地下鉄の倍以上もする。なのにLCCの航空運賃は日本の半分以下といったところだ。なんともバランスが悪い話であるが、イギリスは日本以上に貧富の差があり、日本以上に失業率も高い。ライアンエアーが飛ぶことで、一般庶民にとって空の旅が気軽になったことは事実、それが支持につながった。日本ではどうしても「新幹線がいくらだから、それより低くなるように」などといった運賃の決まり方が多いが、世界最大のLCCにはそういった法則は通用しない。「航空旅行を安くする」という目標に向かって邁進する。これが世界最大級のLCCだ。

こういったLCC、利用者もLCCに慣れる必要がある。LCCの多くは運賃、燃油サーチャージ、空港使用料、クレジットカード使用手数料など、利用にあたって避けられないもの以外の付加的なもので稼いでいるという特徴もある。インターネット上で予約すると「食事はどうしますか」「荷物はありますか」「座席は指定しますか」といろいろ聞いてくるが、すべて有料である。しかも「この場で予約すればいくらに割引します」という表示が出る。予約後に「やっぱり食事もお願いします」という注文は料金が高くなる仕組みだ。とくに日本人が気を付けたいのは荷物の重さである。約15キロを境に、それ以上の荷物があるのな

図54　茨城～上海4000円で話題になった春秋航空、大荷物で利用すると意外に割高？（A320、上海・浦東空港）

ら大手の航空券を買ったほうが得といわれる。運賃は安くても超過手荷物料金が高く、無料で運んでくれる荷物の重さも少ない。身軽な格好で利用すること、それがＬＣＣ利用の基本である。

また「ＬＣＣは必ず安い」と思い込まないこと。ＬＣＣの運賃も予約時期などによって段階的である。最安運賃を使えば安いことは間違いないだろうが、同時期の大手格安航空券の値段と比較することも忘れてはならない。大手航空会社とＬＣＣを航空会社のホームページ上で比較すればＬＣＣのほうが安いであろうが、大手は旅行会社経由で多くの格安航空券を流通させている。料金が僅差なら機内食などが出るぶん、大手のほうが割安になるだろう。またＬＣＣの運賃は片道、格安航空券は往復が基本ということも注目だ。ＬＣＣは片道でも格安運賃なので、往路と復路を異なるルートにするときなども重宝し、個人旅行のありかたをかなり変えるものである。

謎055

意外と大手系列が多いアジアのLCC

エアアジアとジェットスターが日本にも進出

ＬＣＣ拡大の中、なぜ大手が生き残っているのか疑問も多い。大手も対策は講じている。しかし世界的にはＬＣＣ増加で大手の顧客が減ったというより、ＬＣＣは新たな客層を創出し、航空旅客全体を増やす結果になった。今まで空を飛ばなかった需要を開拓したとされている。また長距離を運航するＬＣＣは世界でもわずか、ＬＣＣは国内線や域内を飛び、利用者の多くが地元民である。

その点、大手は違う。たとえばアメリカの元祖ＬＣＣといわれるサウスウエスト航空は世界でも指折りの利用者数を誇るが、日本人で同社を利用した人の数はわずかであろう。日本からの国際線購入時に、同じ航空会社でアメリカ国内線を購入すると、同料金、あるいはわずかな追加料金で国内線をプラスすることができるので、ＬＣＣを他の地域の人が利用する機会は少ない。ＬＣＣは他社からの接続もなく、たとえばアメリカに着いてすぐにＬＣＣを利用するなどというのは、国際線の遅延などを考えるとリスクも高い。これはヨーロッパでもアジアでも同様である。意外にもそれほどＬＣＣは大手の存在を脅かしていない。

大手とＬＣＣの差が、地域によって異なっている。鉄道など他の交通機関がなく、国内の移動がほぼ航空機に限られるアメリカでは、大手といえども短距離のフライトはサウスウエスト航空同様の合理化が進んでいる。機内食は出ないか有料、手荷物にも追加料金が必要だ。ヨーロッパでは客層も異なる。イギリスなどは階級社会の名残があり、「ブリティッシュ・エアウェイズの客」「ライアンの客」といった階級めいたものが存在する。中間層にしても「出張はスーツでブリティッシュ・エアウェイズ」でも、「バカンスはポロシャツを着て家族でライアン」という層は多い。ブリティッシュ・エアウェイズにしてみれば「LCCが脅威」でも、反面「LCCの活躍で、安さ優先の客が来なくていい」と思っているかもしれない。

そのためヨーロッパの大手航空会社は「LCCに対抗して安売り」ではなく「質の良さ、サービスのレベル、充実したネットワーク」などに力を入れており「大手とLCCは別物」といった雰囲気を感じる。発着空港がことごとく異なるので、大手とLCCは別世界に感じる。

アジアではどうだろう。アジア最大のLCCはマレーシアのエアアジアであろう。すでに域内だけでなく、羽田、ロンドン、パリ便などを運航するエアアジアXという長距離部門も持っている。アジア内のLCCは、客層の面で欧米とは異なる。アメリカでは普段の足、ヨーロッパではバカンス客が多いのに対し、アジアではLCCの活躍で経済交流がより盛んになった。それまで出稼ぎ客は長距離バスなどに頼っていたが、より頻繁に本国との間を行き来しやすくなった。

大手航空会社の対策として、大手系列のLCCが多いのもアジアの特徴である。大韓航空に対してジンエアー、アシアナ航空に対してエアプサン、タイ国際航空に対してノックエアー、シンガポール航空に対してタイガーエアウェイズ、カンタス航空に対してジェットスター、これらはすべて大手系列のLCCである。エアプサンはアシアナ航空と釜山市の共同設立のための名称だ。

また関西に乗り入れているジェットスター・アジア航空は、オーストラリアのカンタス航空系列のジェットスターが、シンガポールを拠点にする航空会社である。アジア最大のＬＣＣエアアジアはタイ、インドネシアに系列会社が、ジェットスターにもベトナムやニュージーランドを拠点にする系列会社がある。

オーストラリア国内で50％のシェアを誇るヴァージンオーストラリアは、社名通り日本にも乗り入れているイギリスのヴァージンアトランティック航空の系列会社だが、アメリカでもヴァージンアメリカをサンフランシスコ拠点に運航するほか、ヴァージンオーストラリアはオーストラリア～アメリカ間の長距離路線にも乗り出した。

日本のスカイマークと同じような経緯を持つのが、茨城～上海間４０００円で話題になった春秋航空である。スカイマークは格安航空券販売で成長したＨＩＳが設立しているが、春秋航空は、ずばり上海を拠点にしている春秋旅行社が設立した。春秋旅行社は旅行の取り扱いのほか、上海市内を走る2階建てオープントップ観光バスなどを運行している、やはり比較的新しい旅行会社だった。春秋航空は国内線就航時に、破格の就航記念運賃を発表したことで予約が殺到、社会を騒がせたとして、中国の運輸省から罰金が課せられたが、そのことが話題になって知名度がアップした。

いっぽう力を失った大手がＬＣＣに買収される事態も起きている。南米ブラジルでは、日本にも乗り入れていたヴァリグ・ブラジル航空がＬＣＣのゴル航空に買収された。買収後もしばらくは親会社とは別ブランドで運航したが、現在は完全にゴル航空に統合され、名門だった「ヴァリグ」の名は消滅している。同じくブラジルの航空会社で一時期関西にも乗り入れていたヴァスピ・ブラジル航空は新興勢力の台頭でやはり倒産している。

日本でも２０１１年、やっとＬＣＣ設立が相次いだ。ＡＮＡは香港の投資会社と共同でピーチアビエーションを設立、関西空港拠点にＡ３２０を運航する。さらにＡＮＡはマレーシアのエアアジアと共同でエアアジア・ジャパンも設立、成田空港拠点にやはりＡ３２０を運航する。就航都市はともに国内とアジア。そしてＪＡＬまでがＬＣＣに参戦、三菱商事、オーストラリアのジェットスターと共同でジェットスター・ジャパンを設立予定で、Ａ３２０で日本の国内線を運航予定だ。３社とも２０１２年就航を目指す。いずれも海外の会社との共同設立だが、日本では航空会社に対する外資規制があり、外資の出資比率は３分の１に抑えられるので、３分の２は日本側企業の出資となる。

しかし再びアジアのＬＣＣに目を転ずると、シンガポール航空は系列のＬＣＣであるタイガーエアウェイズに続いて、中長距離路線を運航するＬＣＣ設立を決めていて、日本よりかなり先を進んでいる。日本はＬＣＣでアジアを猛追することができるか、今後が楽しみである。

図55　エアアジアはマレーシアの航空会社だが、タイやインドネシアに系列会社を持つ。それぞれの機体にはタイやインドネシアの国旗が描かれているが、今度は日本にもエアアジアが就航する。（シンガポール空港、ジャカルタ空港）

謎056

マイレージ・プログラムはどんな過程を経たか

一時ほどのメリットが感じられないのが残念

世界で初めてマイレージ・プログラムを導入したのはアメリカン航空で、1981年のことであった。当時はアメリカ航空戦国時代といわれ、各社間の競合が激しく、顧客獲得の手段として導入されたのであった。当時は「マイレージ・プログラム」ではなく、FFP(Frequent Flyer Program)と呼ばれ、頻繁に飛ぶ顧客のための優遇制度であった(海外では現在も「FFP」というのが一般的)。アメリカン航空にはじまったマイレージ・プログラムはアメリカ系他社にも波及、当時の機内誌にはマイレージ・プログラムの申し込みシートが閉じられ、「今乗っているこの便からマイルをカウントします」と書かれていた。

当初マイレージ・プログラムは、あくまでも頻繁に利用する人のためのプログラムで、主にビジネスマン向けといった趣旨であった(ビジネスクラスを利用するという意味ではない)。ところが1990年代に入ると、当時日本路線を多く運航していたノースウエスト航空(現在はデルタ航空と統合)とユナイテッド航空が日本においても顧客獲得キャンペーンを繰り広げる。キャンペーン期間中に利用するとボーナスマイル、また友人を紹介してやはりキャンペーン中に利用するとその友人、紹介した人の双方にボーナスマイルというものので、マイレージ会員を増やしていった。

その時点でもマイレージ・プログラムは頻繁に

利用する顧客のためのプログラムだったのだが、ノースウエスト航空とユナイテッド航空の場合は少し意味合いが違っていた。この2社は日本からの路線が多く、マイルを貯めるための長距離路線（北米線）と、手軽にマイレージ特典が得られる近距離路線（アジア線）の双方があり、日本はマイレージ・プログラムのメリットが最も大きい国であった。そのためこの時期、日本におけるアメリカ系航空会社のマイレージ会員は数を増やし、それほど頻繁に飛ぶわけでもない一般旅行者が、マイレージ特典を楽しむことができたのである。

やがてマイレージ・プログラムはヨーロッパやアジアの航空会社にも波及し、世界のメジャーな航空会社は何らかのプログラムを持つようになる。また1社ではなかなかマイルは貯まるものではないので、航空会社間のマイレージにおける提携が活発になる。たとえばアジアではキャセイパシフィック航空、マレーシア航空、シンガポール航空共同の「パッセージ」があった。この3社は共同運航などをするわけではないが、マイレージ・プログラムでのみ提携を行ったのである。

日系航空会社はマイレージ・プログラムでも世界から遅れていた。日本航空「JALスカイプラス」、全日空「プログラムA」は1993年にはじまるが、ともに国際線のみのマイル加算であった。日本航空のプログラムでは、ビジネスクラス利用者が100％加算、エコノミークラスは普通運賃利用者のみの加算で80％であった。謎052　25 1ページで、「ビジネスクラスを中間クラス」と述べたが、その思考がよく出ている現象である。アメリカ系プログラムでは、格安航空券やパッケージツアー利用時も100％加算していたので、海外と日系プログラムの温度差は、差というより別物であったといったほうがいいだろう。

なぜ日系航空会社でのマイレージ・プログラム導入が遅れたかというと「公正取引委員会の規

制」を理由にしていた。景品は販売価格の1割までと決められ「おまけで釣るような販売方法は違法」という決まりである。しかし有償の航空券と、無料特典では条件がまったく異なり、販売価格の1割うんぬんというものではない。日系航空会社は単にマイレージ・プログラムに関心がなかったと考えるのが妥当であろう。

しかし時代の流れには逆らえず、日本航空は1996年に「JALマイレージ・バンク」をスタート、翌1997年に国内線のマイル加算を開始、全日空は「ANAマイレージクラブ」をスタートさせる。ちなみに日本航空は1983年に「JALマイレージ・バンク」をはじめていた。といってもこれはアメリカでのプログラムで、正式には「JALマイレージ・バンクUSA」という。「JALマイレージ・バンク」が日本ではじまる13年も前からアメリカではプログラムを行っていて、アメリカ居住者のみ入会資格があった。

そして1997年には、初の世界的航空連合である「スターアライアンス」がはじまり、マイレージ・プログラムも連合単位となる。航空各社ごとにあったプログラムだが、利用者は各連合中、最も使い勝手のよさそうなプログラムに入会すれば、おおよその旅行には対応できるようになった。連合に参加する航空会社は徐々に増え、現在では世界の主要航空会社のほとんどが何らかの連合に参加している。連合も「スターアライアンス」「ワンワールド」「スカイチーム」の3勢力に集約され、3枚のカードで事足りる計算になった。

それまで各社個別の特典だったが、連合内の共通ルールになり、同じ区間の特典なら、連合に参加する航空会社どれを使っても同じ必要マイル数というルールに改定される。いっぽうで、破格のお値打ち特典のようなものも姿を消した。日系航空会社もANAが「スターアライアンス」、JALが「ワンワールド」に参加、プログラム内容は世界標準に近くなっていった。

しかし相変わらず日系航空会社のプログラムは蓄積マイルに有効期限があり、その有効期限を延長する手立てがない。そのため日本居住者でも米系航空会社のプログラムのほうが使い勝手がいいことは現在も変わっていない。

またかつてに比べてマイレージ・プログラムそのものの魅力が減っていることも事実である。マイレージ・プログラムのメリットは何といっても無料航空券特典の獲得だが、航空会社の経営も厳しく、無料特典の席数はかなり抑えられていて、予約が容易ではない。ＬＣＣの増加などで有償の航空券が安くなっており、無料特典の価値は下がっている。航空会社の統合、連合の鞍替えが相次ぎ、必要マイル数などの条件が頻繁に改定されたことへの嫌気などから、プログラム会員が離れていくという傾向もあるようだ。

■航空年表(機体関連)

1903年	12月	ライト兄弟が人類初の飛行に成功
1949年	7月	デハビランドDH106コメット初飛行、初のジェット旅客機(現在は生産終了)
1952年	5月	デハビランドDH106コメット初就航、初のジェット旅客機就航(BOAC)
1957年	12月	ボーイングB707初飛行(現在は生産終了)
1958年	5月	ダグラスDC-8-10初飛行(現在は生産終了)
	10月	ボーイングB707初就航(パンナム)
1959年	1月	コンベアCV880初飛行(現在は生産終了)
	9月	ダグラスDC-8初就航(ユナイテッド航空、デルタ航空)
	11月	ボーイングB720初飛行(現在は生産終了)
1960年	6月	ボーイング720初就航(ユナイテッド航空)
1961年	1月	コンベアCV990初飛行(現在は生産終了)
1962年	8月	日本航空機製造YS-11初飛行(現在は生産終了)
1963年	2月	ボーイングB727初飛行(現在は生産終了)
1964年	2月	ボーイングB727初就航(イースタン航空)
1965年	2月	ダグラスDC-9初飛行(現在は生産終了)
	4月	日本航空機製造YS-11初就航(日本国内航空)
	12月	ダグラスDC-9初就航(デルタ航空)
1966年	3月	ダグラスDC-8-61初飛行(現在は生産終了)
1967年	4月	ボーイングB737-100初飛行(現在は生産終了)
1968年	2月	ボーイングB737-100初就航(ルフトハンザ)
1969年	2月	ボーイングB747-100初飛行(現在は生産終了)
	2月	超音速旅客機アエロスパシアル/BACコンコルド初飛行(現在は生産終了)
1970年	1月	ボーイングB747-100初就航(パンナム)
	8月	ダグラスDC-10初飛行(現在は生産終了)
	11月	ロッキードL-1011-1トライスター初飛行(現在は生産終了)
	12月	エアバス・インダストリー設立
1971年	8月	ダグラスDC-10初就航(アメリカン航空)
1972年	4月	ロッキードL-1011-1トライスター初就航(イースタン航空)
	10月	エアバスA300初飛行(現在は生産終了)
1973年	9月	ボーイングB747SR初飛行(現在は生産終了)
	10月	ボーイングB747SR初就航(日本航空)
1974年	5月	エアバスA300初就航(エールフランス)
1975年	7月	ボーイングB747SP初飛行(現在は生産終了)
1976年	1月	超音速旅客機アエロスパシアル/BACコンコルド初就航(エールフランス、ブリティッシュ・エアウェイズ)

1976年	4月	ボーイングB747SP初就航（パンナム）
	11月	超音速旅客機アエロスパシアル／BACコンコルド生産終了
1977年	4月	イギリスのホーカーシドレーなど4社が統合されてブリティッシュ・エアロスペースに
1978年	10月	ロッキードL-1011-500トライスター初飛行（現在は生産終了）
1979年	3月	ロッキードL-1011-500トライスター初就航（ブリティッシュ・エアウェイズ）
	10月	ダグラスDC-9-81、後のマクドネル・ダグラスMD-81初飛行（現在は生産終了）
1981年	1月	マクドネル・ダグラスMD-82初飛行（現在は生産終了）
	9月	ボーイングB767-200初飛行
	12月	ロッキードL-1011トライスター生産終了、ロッキードは旅客機開発撤退
1982年	2月	ボーイングB757-200初飛行（現在は生産終了）
	4月	エアバスA310初飛行（現在は生産終了）
	9月	ボーイングB767-200初就航（ユナイテッド航空）
	10月	ボーイングB747-300初飛行（現在は生産終了）
1983年	1月	ボーイングB757-200初就航（イースタン航空）
	3月	ボーイングB747-300初就航（スイス航空）
	7月	エアバスA300-600初飛行（現在は生産終了）
1984年	2月	ボーイングB737-300初飛行（現在は生産終了）
	12月	ボーイングB737-300初就航（サウスウエスト航空）
1986年	1月	ボーイングB767-300初飛行
	10月	ボーイングB767-300初就航（日本航空）
	12月	マクドネル・ダグラスMD-87初飛行（現在は生産終了）
1987年	2月	エアバスA320初飛行
	8月	マクドネル・ダグラスMD-88初飛行（現在は生産終了）
	12月	エアバスA300-600R初飛行（現在は生産終了）
1988年	1月	マクドネル・ダグラスMD-88初就航（デルタ航空）
	2月	ボーイングB737-400初飛行（現在は生産終了）
	3月	エアバスA320初就航（エールフランス）
	4月	ボーイングB747-400初飛行（現在は生産終了）
	10月	ボーイングB737-400初就航（ピードモント航空）
1989年	2月	ボーイングB747-400初就航（ノースウエスト航空）
	6月	ボーイングB737-500初飛行（現在は生産終了）
1990年	1月	マクドネル・ダグラスMD-11初飛行（現在は生産終了）
	3月	ボーイングB737-500初就航（サウスウエスト航空）
	12月	マクドネル・ダグラスMD-11初就航（フィンエアー）
1991年	3月	ボーイングB747-400D初飛行（現在は生産終了）

1991年	5月	ボンバルディアCRJ-100初飛行
	10月	エアバスA340-300初飛行
	10月	ボーイングB747-400D初就航（日本航空）
1992年	4月	エアバスA340-200初飛行（現在は生産終了）
	11月	エアバスA330-300初飛行
	11月	ボンバルディアCRJ-100初就航（ルフトハンザ・シティライン）
1993年	2月	マクドネル・ダグラスMD-90初飛行（現在は生産終了）
	3月	エアバスA321初飛行
	3月	A340-200初就航（エールフランス）
	3月	A340-300初就航（ルフトハンザ）
1994年	1月	エアバスA330-300初就航（エールアンテール）
	3月	エアバスA321初就航（ルフトハンザ）
	6月	ボーイングB777-200初飛行
1995年	4月	マクドネル・ダグラスMD-90初就航（デルタ航空）
	6月	ボーイングB777-200初就航（ユナイテッド航空）
	8月	エアバスA319初飛行
	8月	エンブラエルERJ-145初飛行
1996年	5月	エアバスA319初就航（スイス航空）
	12月	エンブラエルERJ-145初就航（コンチネンタル・エクスプレス）
1997年	2月	ボーイングB737-700初飛行
	4月	ボーイングB737-800初飛行
	7月	ボーイングとマクドネル・ダグラスが統合
	8月	エアバスA330-200初飛行
	10月	ボーイングB777-300初飛行
1998年	1月	ボーイングB737-600初飛行
	1月	ボーイングB737-700初就航（サウスウエスト航空）
	4月	ボーイングB737-800初就航（ハパグロイド）
	5月	ボーイングB777-300初就航（キャセイパシフィック航空）
	5月	エアバスA330-200初就航（カナダ3000）
	8月	ボーイングB757-300初飛行（現在は生産終了）
	9月	ボーイングB717初飛行（現在は生産終了）
	10月	ボーイングB737-600初就航（スカンジナビア航空）
1999年	3月	ボーイングB757-300初就航（コンドル航空）
	5月	ボンバルディアCRJ-700初飛行
	10月	ボーイングB717初就航（エアトラン）
	10月	ボーイングB767-400ER初飛行

1999年	11月	ブリティッシュ・エアロスペースがBAEシステムズに改称
2000年	8月	ボーイングB737-900初飛行
	8月	マクドネル・ダグラスMD-11生産終了
2001年	1月	ボンバルディアCRJ-700初就航(ブリト・エール)
	1月	ボンバルディアCRJ-900初飛行
	4月	エアバスA340-600初飛行
	5月	ボーイングB737-900初就航(アラスカ航空)
	9月	ボーイングB767-400ER初就航(コンチネンタル航空)
2002年	1月	エアバスA318初飛行
	7月	ボーイングB747-400ER初飛行(現在は生産終了)
	7月	エアバスA340-600初就航(ヴァージンアトランティック航空)
	11月	ボーイングB747-400ER初就航(カンタス航空)
	12月	エアバスA340-500初飛行
2003年	2月	ボーイングB777-300ER初飛行
	2月	エンブラエルERJ-170初飛行
	2月	ボンバルディアCRJ-900初就航(アメリカウエストエクスプレス)
	6月	エンブラエルERJ-175初飛行
	7月	エアバスA-318初就航(フロンティア航空)
	10月	超音速旅客機アエロスパシアル/BACコンコルドの商用飛行終了
	10月	エアバスA340-500初就航(エミレーツ航空)
2004年	3月	エンブラエルERJ-190初飛行
	4月	エンブラエルERJ-170初就航(アリタリア航空)
	4月	ボーイングB777-300ER初就航(エールフランス)
	12月	エンブラエルERJ-195初飛行
2005年	3月	ボーイングB777-200LR初飛行
	4月	エアバスA380初飛行
	11月	エンブラエルERJ-190初就航(ジェットブルー航空)
2006年	5月	ボーイングB717生産終了、マクドネル·ダグラス系旅客機の生産終了
	9月	日本航空機製造YS-11の日本での商用飛行終了
2007年	10月	エアバスA380初就航(シンガポール航空)
2008年	5月	エアバスA380が日本初就航(シンガポール航空)
	9月	ボンバルディアCRJ-1000初飛行
2009年	6月	中国で生産された初のエアバスA320が四川航空に納入
	12月	ボーイングB787初飛行
2011年	3月	ボーイングB747-8IC初飛行
	11月	ボーイングB787初就航(ANA)

■航空年表（航空会社関連、戦後から）

1947年	7月	ノースウエスト航空が日本初就航（羽田）
	9月	パンナムが日本初就航（羽田）
1948年	3月	BOAC（英国海外航空）が日本初就航（岩国）
1949年	9月	カナダ太平洋航空（後のカナディアン航空）が日本初就航（羽田）
1951年	4月	スカンジナビア航空が日本初就航（羽田）
	8月	日本航空設立。スチュワーデス一期生入社
	10月	日本航空が国内線に就航（羽田～札幌、羽田～伊丹～福岡）
	12月	KLMオランダ航空が日本初就航（羽田）
1952年	1月	カンタス航空が日本初就航（羽田）
	4月	日本航空のマーチン202が大島三原山に墜落
	9月	日本航空初の自社保有機就航（ダグラスDC-4）
	11月	エールフランスが日本初就航（羽田）
1954年	2月	日本航空が国際線進出（ウェーク島、ホノルル、サンフランシスコ）
	2月	日本ヘリコプター輸送の旅客便就航
	4月	極東航空の旅客便就航
	10月	日本航空に日本人初の機長誕生
1955年	5月	エアインディアが日本初就航（羽田）
	12月	日本航空に日本人初の国際線機長誕生
1957年	4月	日本航空の深夜便「オーロラ」が運航開始
	4月	スイス航空が日本初就航（羽田）
	12月	日本ヘリコプター輸送が全日空に改名
1958年	3月	全日空と極東航空が統合
1959年	7月	キャセイパシフィック航空が日本初就航（羽田）
1960年	5月	タイ国際航空が日本初就航（羽田）
	11月	日本航空初のジェット便運航（ダグラスDC-8）
1961年	1月	ルフトハンザが日本初就航（羽田）
1962年	3月	ガルーダ・インドネシア航空が日本初就航（羽田）
	3月	エジプト航空が日本初就航（羽田）
	5月	アリタリア航空が日本初就航（羽田）
1963年	3月	大韓航空が日本初就航（伊丹）
1964年	4月	日東航空、富士航空、北日本航空が統合されて日本国内航空に
	4月	日本人の海外旅行解禁
1965年	1月	「ジャルパック」販売開始
	3月	全日空に初のジェット便就航（ボーイングB727）
1966年	2月	日本航空と全日空が「スカイメイト」導入

1966年	2月	全日空機が東京湾に墜落（ボーイングB727）
	3月	BOAC（英国海外航空）機が富士山に墜落（ボーイングB707）
	11月	全日空機が伊予灘に墜落（日本航空機製造YS-11）
1967年	3月	日本航空の世界一周便が運航開始
	4月	中華航空が日本初就航（羽田、伊丹）
	4月	アエロフロート・ソ連航空が日本初就航（羽田）
	7月	南西航空就航
1968年	4月	フィリピン航空が日本初就航（羽田）
	7月	ヴァリグ・ブラジル航空が日本初就航（羽田）
	8月	マレーシア・シンガポール航空が日本初就航（羽田）
1969年	4月	サベナ・ベルギー航空が日本初就航（羽田）
	11月	パキスタン航空が日本初就航（羽田）
1970年	3月	日本航空「よど号」ハイジャック事件（ボーイングB727）
	7月	日本航空国際線にボーイングB747ジャンボ機就航
1971年	3月	エア・サイアムが日本初就航（羽田）
	5月	東亜航空と日本国内航空が統合されて東亜国内航空に
	6月	サウスウエスト航空就航
	7月	東亜国内航空機が横津岳に墜落（日本航空機製造YS-11）
	7月	全日空機と自衛隊機が岩手県雫石上空で空中衝突（ボーイングB727）
1972年	7月	日本の航空会社の事業割り当て定めた政策が発動、通称45・47体制
	8月	日本航空国内線にB747ジャンボ機就航
	8月	東亜国内航空初のジェット便就航（ボーイングB727）
	10月	マレーシア・シンガポール航空がマレーシア航空とシンガポール航空に分離
	11月	日本航空機がモスクワで墜落（ダグラスDC-8）
	12月	ナウル航空が日本初就航（鹿児島、那覇）
1973年	4月	IATAが発地国通貨建て国際線運賃を導入、日本発運賃は円建てに
	7月	日本航空機がハイジャックされるベンガジ事件（ボーイングB747）
1974年	3月	日本近距離航空就航
	3月	全日空初のワイドボディ機ロッキードL-1011トライスター就航
	4月	BOAC（英国海外航空）とBEA（英国欧州航空）が統合、ブリティッシュ・エアウェイズ（英国航空）に
	9月	中国民航が日本初就航（羽田）
	11月	イラン航空が日本初就航（羽田）
	11月	UTAフランス航空が日本初就航（羽田）
1975年	3月	東亜国内航空が国内幹線進出
	9月	日本アジア航空就航

1975年	9月	空港周辺の騒音問題からジェット特別料金設定
1977年	1月	エア·サイアムの日本便が運航休止
	1月	ニューギニア航空が日本初就航（福岡、鹿児島）
	2月	エア·サイアムが倒産
	3月	KLMオランダ航空のボーイングB747とパンナムのボーイングB747がテネリフェ島で衝突（史上最大の航空機事故）
	4月	コンチネンタル航空が日本初就航（羽田）
	9月	日本航空機がハイジャックされるダッカ事件（ダグラスDC-8）
	9月	日本航空機がクアラルンプールで墜落（ダグラスDC-8）
1978年	4月	イラク航空が日本初就航（羽田）
1979年	3月	新中央航空就航
1980年	1月	パンナムとナショナル航空が統合
	5月	長崎航空就航
	5月	ビーマン·バングラデシュ航空が日本初就航（成田）
	8月	ニュージーランド航空が日本初就航（成田）
1981年	3月	東亜国内航空に初のワイドボディ機A300就航
	5月	アメリカン航空が世界初のマイレージ・プログラムを開始
1982年	2月	日本航空機が羽田空港沖に墜落（ダグラスDC-8）
1983年	4月	フィンエアーが日本初就航（成田）
	4月	ユナイテッド航空が日本初就航（成田）
	9月	大韓航空機がサハリン上空でソ連戦闘機に撃墜される（ボーイングB747）
	12月	日本エアコミューター就航
1984年	7月	エアランカ航空が日本初就航（成田）
1985年	8月	日本航空機が群馬県御巣鷹山に墜落（ボーイングB747）
1986年	2月	パンナムの日本路線をユナイテッド航空が継承
	3月	全日空が国際線進出（グアム）
	5月	イベリア·スペイン航空が日本初就航（成田）
	7月	日本の航空会社の事業割り当てを定めた政策廃止、通称45・47体制の廃止
1987年	2月	琉球エアーコミューター就航
	3月	デルタ航空が日本初就航（成田）
	4月	西瀬戸エアリンク就航
	4月	日本近距離航空がエアーニッポンに改名
	5月	アメリカン航空が日本初就航（成田）
	6月	ブリティッシュ・カレドニアン航空が日本初就航（成田）
	11月	半官半民だった日本航空を民営化
1988年	4月	東亜国内航空が日本エアシステムに改名

1988年	4月	ブリティッシュ・エアウェイズとブリティッシュ・カレドニアン航空が統合
	5月	香港ドラゴン航空が日本初就航(鹿児島)
	6月	中国民航から中国東方航空が独立
	7月	日本エアシステムが国際線進出(ソウル)
	7月	中国民航から中国国際航空が独立
	7月	ナウル航空の日本便が運航休止
	10月	エア・パシフィックが日本初就航(成田)
1989年	5月	ヴァージンアトランティック航空が日本初就航(成田)
	7月	オーストリア航空が日本初就航(成田)
	8月	トルコ航空が日本初就航(成田)
1990年	1月	アシアナ航空が日本初就航(成田)
	6月	オリンピック航空が日本初就航(成田)
	8月	イラク航空の日本便が運航休止
1991年	2月	アメリカウエスト航空が日本初就航(名古屋)
	4月	中日本エアラインサービス就航
	4月	西瀬戸エアリンクをジェイ・エアが継承
	12月	パンナムが倒産
1992年	3月	AOMフランス航空が日本初就航(成田)
	4月	アメリカウエスト航空の日本路線をノースウエスト航空が継承
	7月	アエロフロート・ソ連航空がアエロフロート・ロシア国際航空に改名
1993年	1月	エールフランスとUTAフランス航空が統合
	7月	南西航空が日本トランスオーシャン航空に改名
1994年	4月	日本発の国際線新運賃制度実施。「JAL悟空」などが誕生
	4月	中華航空機が名古屋空港着陸に失敗、墜落(エアバスA300)
	9月	アンセット・オーストラリア航空が日本初就航(関西)
	9月	エア・カナダが日本初就航(関西)
	10月	ロイヤル・ネパール航空が日本初就航(関西)
	11月	ベトナム航空が日本初就航(関西)
	11月	オリンピック航空の日本便が運航休止
	12月	エアーニッポンが国際線進出(台北)
	12月	ロイヤル・ブルネイ航空が日本初就航(関西)
	12月	エバー航空が日本初就航(福岡)
1995年	2月	AOMフランス航空の日本便が運航休止
	3月	中国西北航空が日本初就航(名古屋)
	9月	中国南方航空が日本初就航(関西)
1996年	4月	旭伸航空就航

1996年	4月	MIATモンゴル航空が日本初就航(関西)
	7月	ヴァスピ・ブラジル航空が日本初就航(関西)
1997年	4月	南アフリカ航空が日本初就航(関西)
	5月	「スターアライアンス」設立
	7月	パンアジア航空設立
1998年	3月	北海道エアシステム就航
	3月	中国西南航空が日本初就航(名古屋)
	7月	JALエクスプレス就航
	9月	スカイマークエアラインズ就航
	9月	「ワンワールド」設立
	10月	ロイヤル・ブルネイ航空の日本便が運航休止
	11月	エアタヒチヌイが日本初就航(成田)
	12月	北海道国際航空就航
	12月	イベリア・スペイン航空の日本便が運航休止
1999年	1月	南アフリカ航空の日本便が運航休止
	1月	ヴァスピ・ブラジル航空の日本便が運航休止
	6月	アエロフロート・ロシア航空の新潟～ハバロフスク便をダリアビア航空が継承
	7月	エアランカ航空がスリランカ航空に改名
	8月	パンアジア航空(未就航)がスカイネットアジア航空に改名
	9月	アエロフロート・ロシア航空の函館便をサハリン航空が継承
	10月	ジャパンエアチャーターがJALウェイズに改名、自社便名での運航開始
	10月	全日空が「スターアライアンス」加盟
2000年	3月	天草エアライン就航
	3月	エア・カレドニア・インターナショナルが日本初就航(関西)
	6月	「スカイチーム」設立
	8月	フェアリンク就航
	10月	エア・カナダとカナディアン航空が統合
2001年	3月	長崎航空がオリエンタルエアブリッジに改名
	4月	ウズベキスタン航空が日本初就航(関西)
	6月	エンジェルエアーが日本初就航(関西)
	9月	アメリカでアメリカン航空、ユナイテッド航空を使った同時多発テロ事件
	9月	アンセット・オーストラリア航空倒産
	9月	AOMフランス航空はエール・リブと統合
	10月	エンジェルエアーの日本便が運航休止(その後倒産)
	10月	サベナ・ベルギー航空の日本便が運航休止
	11月	壱岐国際航空就航

2001年	11月	サベナ・ベルギー航空倒産
2002年	1月	壱岐国際航空倒産
	4月	チャイナエアラインが成田発着に移転、羽田発着定期国際便なくなる
	6月	北海道国際航空が民事再生法を申請
	8月	スカイネットアジア航空就航
	10月	オーストラリア航空(カンタス航空の系列会社)が日本初就航(名古屋、関西)
	10月	エミレーツ航空が日本初就航(関西)
2003年	1月	中国西南航空が中国国際航空に統合
	2月	エール・リブ倒産
	3月	中国西北航空が中国東方航空に統合、中国北方航空が中国南方航空に統合
2004年	4月	日本航空と日本エアシステムが統合、新生JALに
	4月	エアーニッポンはANAの運航会社に
	4月	上海航空が日本初就航(関西)
	6月	スカイネットアジア航空が産業再生機構に支援申請
	9月	海南航空が日本初就航(関西)
	10月	フェアリンクがIBEXエアラインズに改名
	11月	厦門航空が日本初就航(関西)
	12月	エアーパラダイス国際航空が日本初就航(関西)
2005年	2月	中日本エアラインサービスがエアーセントラルに改名、ANAの運航会社に
	3月	北海道国際航空再建完了
	4月	カタール航空が日本初就航(関西)
	5月	エアーパラダイス国際航空の日本便が運航休止
	12月	バンコクエアウェイズが日本初就航(広島)
	11月	エアーパラダイス国際航空倒産
	12月	ナウル航空倒産
2006年	1月	ヴァリグ·ブラジル航空の日本便が運航休止
	3月	スターフライヤー就航
	9月	サウジアラビア航空が日本初就航するものの同月に運航休止(関西)
	11月	ビーマン·バングラデシュ航空の日本便が運航休止
2007年	3月	ヴァリグ・ブラジル航空がゴル航空に買収される
	4月	JALが「ワンワールド」加盟
	8月	ジェットスターが日本初就航(中部、関西)
	9月	アメリカウエスト航空がUSエアウェイズと統合
	12月	ネパール航空の日本便が運航休止
2008年	3月	日本アジア航空便をJAL便に統合
	5月	JALの鶴丸デザイン機運航終了

2008年	9月	ヴァスピ・ブラジル航空倒産
	9月	ダリアビア航空倒産、日本路線をウラジオストク航空が継承
	11月	セブパシフィック航空が日本初就航(関西)
2009年	3月	チェジュ航空が日本初就航(関西、北九州)
	3月	エア·パシフィックの日本便が運航休止
	7月	フジドリームエアラインズ就航
	10月	バンコクエアウェイズの日本便が運航休止
2010年	1月	JALが会社更生法適用を申請
	1月	デルタ航空とノースウエスト航空が統合
	3月	エアプサンが日本初就航(関西、福岡)
	7月	ジェットスター·アジア航空が日本初就航(関西)
	7月	春秋航空が日本初就航(茨城への定期チャーター)
	11月	スカイマークがエアバスA380発注
	11月	ハワイアン航空が日本初就航(羽田)
	12月	JALウェイズ便をJAL便に統合
	12月	エアアジアXが日本初就航(羽田)
2011年	2月	JALのボーイングB747ジャンボ機が運航終了
	3月	JAL再建完了
	4月	JALに鶴丸デザイン復活
	5月	イースター航空が日本初就航(新千歳)
	7月	スカイネットアジア航空がソラシドエアに改名
	7月	ジンエアーが日本初就航(新千歳)

■航空年表(空港関連)

1931年	8月	東京飛行場(羽田空港)開港、滑走路300メートル(1939年までに800メートル×2本に)
1947年	7月	羽田空港国際化(ノースウエスト航空就航)
1951年	10月	伊丹空港が米軍と民間共用空港として開港、滑走路1800メートル、1300メートル
	10月	福岡空港が民間空港として開港、滑走路600メートル
	10月	千歳空港が米軍と民間共用空港として開港、滑走路2700メートル
1952年	1月	三沢空港が米軍と民間共用空港として開港、滑走路3050メートル
	3月	名古屋空港が米軍と民間共用空港として開港、滑走路1500メートル
	7月	東京飛行場を東京国際空港(羽田空港)に改名、A滑走路2133メートル(1954年に2500メートル、1961年に3000メートル)、B滑走路1676メートル
1955年	5月	旧長崎空港(大村空港)が民間空港として開港、滑走路1200メートル

1956年	1月	仙台空港が民間空港として開港、滑走路1150メートル
	2月	米子空港が民間空港として開港、滑走路1200メートル
1957年	3月	旧大分空港開港、滑走路1080メートル
	7月	旧鹿児島空港開港、滑走路1080メートル
1958年	6月	旧高松空港開港、滑走路1200メートル
	6月	名古屋空港、滑走路2361メートルに
1959年	4月	羽田空港にジェット便初乗り入れ(BOAC)
	8月	高知空港が民間空港として開港、滑走路1200メートル
	10月	松山空港が民間空港として開港、滑走路1200メートル
1960年	4月	伊丹空港国際化(キャセイパシフィック航空就航)
	4月	稚内空港開港、滑走路1200メートル
	4月	旧熊本空港開港、滑走路1200メートル
	5月	新潟市営飛行場が第二種空港として開港、滑走路1200メートル
1961年	3月	北九州空港が民間空港として開港(当初は小倉空港)、滑走路1500メートル
	4月	函館空港開港、滑走路1200メートル
	5月	宮崎空港が民間空港として開港、滑走路1500メートル
	7月	釧路空港開港、滑走路1200メートル
	9月	千歳空港にジェット便就航
	9月	旧広島空港(後の広島西空港)開港、滑走路1200メートル
	10月	旧秋田空港開港、滑走路1200メートル
	11月	札幌・丘珠空港開港、滑走路1000メートル
	12月	小松空港が自衛隊と民間の共用空港として開港、滑走路1700メートル
1962年	2月	徳之島空港開港、滑走路1080メートル
	5月	八丈村営飛行場が第三種空港として開港、滑走路1200メートル
	7月	旧種子島空港開港、滑走路1100メートル
	8月	利尻空港開港、滑走路600メートル
	10月	旧岡山空港開港、滑走路1200メートル
	10月	徳島空港が民間空港として開港
1963年	4月	旧女満別空港開港、滑走路1200メートル
	8月	富山空港開港、滑走路1200メートル
	10月	伊丹空港、滑走路配置を変更、A滑走路1828メートル
	10月	五島福江空港開港、滑走路1100メートル
1964年	2月	千歳空港に2本目の滑走路2700メートル
	2月	羽田空港にC滑走路3150メートル
	4月	花巻空港開港、滑走路1200メートル
	6月	伊丹空港にジェット便就航

1964年	6月	大島空港開港
	6月	山形空港開港、滑走路1200メートル
	6月	旧奄美空港開港、滑走路1240メートル
	9月	羽田空港に東京モノレール乗り入れ
	9月	小松空港、滑走路2700メートル化（自衛隊戦闘機発着のための長さ）
	11月	旧青森空港開港、滑走路1200メートル
	12月	旧帯広空港開港、滑走路1200メートル
1965年	7月	松本空港開港、滑走路1500メートル
	7月	中標津空港開港、滑走路1200メートル
	8月	隠岐空港開港、滑走路1200メートル
	9月	福岡空港国際化（大韓航空就航）
1966年	3月	宮崎空港、滑走路1800メートル化
	4月	名古屋空港ジェット便就航、国際化（日本航空が台北、香港便開設、キャセイパシフィック航空就航）
	6月	福井空港開港、滑走路1200メートル
	6月	出雲空港開港、滑走路1200メートル
	7月	旧紋別空港開港、滑走路1200メートル
	7月	旭川空港開港、滑走路1200メートル
	7月	宇部空港開港、滑走路1200メートル
	10月	宮崎空港ジェット便就航
1967年	4月	アムステルダム・スキポール空港開港
	7月	鳥取空港開港、滑走路1200メートル
	12月	旧秋田空港、滑走路1500メートル化
1968年	4月	南紀白浜空港開港、滑走路1200メートル
1970年	2月	伊丹空港にB滑走路3000メートル
	12月	出雲空港、滑走路1500メートル化
1971年	3月	羽田空港、B滑走路2500メートル化
	4月	熊本空港開港、滑走路2500メートル、当初からジェット便就航
	10月	大分空港開港、滑走路2000メートル
	11月	函館空港、滑走路2000メートル化、ジェット便就航
1972年	3月	仙台空港、滑走路2000メートル化
	3月	大分空港ジェット便就航
	4月	新潟空港、滑走路1500メートル化
	4月	松山空港、滑走路2000メートル化、ジェット便就航
	4月	福岡空港、滑走路2800メートル化
	4月	鹿児島空港開港、滑走路2500メートル、当初からジェット便就航

1972年	5月	沖縄返還、那覇空港が第二種空港に指定、滑走路2700メートル
	6月	羽田空港に超音速旅客機アエロスパシアル/BACコンコルドがデモフライト
	6月	鹿児島空港国際化(日本航空が香港便開設)
	9月	旧広島空港(後の広島西空港)、滑走路1800メートル化
1973年	2月	久米島空港が第三種空港に指定、滑走路1200メートル
	2月	宮古空港が第三種空港に指定
	3月	仙台空港ジェット便就航
	3月	米子空港、滑走路1500メートル化
	4月	旧青森空港、滑走路1400メートル化
	5月	山形空港、滑走路1500メートル化
	6月	新潟空港ジェット便就航、国際化(日本航空がハバロフスク便開設、アエロフロート·ソ連航空就航)
	9月	千歳空港、滑走路の1本を3000メートル化
	11月	釧路空港、滑走路1800メートル化
	11月	小松空港ジェット便就航
	12月	釧路空港ジェット便就航
1974年	3月	パリ·シャルルドゴール空港開港
1975年	3月	宮古空港、滑走路1500メートル化
	5月	三沢空港ジェット便就航
	5月	長崎空港開港、滑走路2500メートル、当初からジェット便就航
	5月	石垣空港開港、滑走路1500メートル
	6月	対馬空港開港、滑走路1500メートル
1976年	4月	福井空港から定期便撤退
	12月	山形空港ジェット便就航
1978年	5月	成田空港開港、滑走路4000メートル、当初からジェット便、国際線就航
	12月	函館空港、滑走路2500メートル化
	12月	宮古空港ジェット便就航
1979年	5月	石垣空港ジェット便就航
	7月	下地島空港開港、滑走路3000メートル(現在は定期便なし、訓練に使用)
	8月	広島空港(後の広島西空港)ジェット便就航
	9月	長崎空港国際化(日本航空が上海便開設)
	9月	熊本空港国際化(日本航空がソウル便開設、大韓航空就航)
	11月	宇部空港、滑走路2000メートル化
	12月	小松空港国際化(日本航空がソウル便開設)
1980年	4月	宇部空港ジェット便就航
	4月	長崎空港、滑走路3000メートル化

1980年	4月	熊本空港、滑走路3000メートル化
	6月	徳之島空港、滑走路2000メートル化、ジェット便就航(現在は無し)
	10月	千歳空港駅開業、国鉄初の空港駅
	10月	鹿児島空港、滑走路3000メートル化
	11月	出雲空港ジェット便就航
1981年	3月	帯広空港開港、滑走路2000メートル、当初からジェット便就航
	4月	山形空港、滑走路2000メートル化
	6月	秋田空港開港、滑走路2500メートル、当初からジェット便就航
	6月	新潟空港、滑走路2500メートル化
	7月	シンガポール・チャンギ空港開港
	12月	米子空港ジェット便就航
1982年	4月	八丈島空港、滑走路1800メートル化、ジェット便就航
	11月	旭川空港、滑走路2000メートル化、ジェット便就航
1983年	3月	花巻空港、滑走路2000メートル化、ジェット便就航
	4月	対馬空港、滑走路1900メートル化、ジェット便就航
	7月	宮古空港、滑走路2000メートル化
	11月	徳島空港ジェット便就航
	12月	名古屋空港、滑走路2740メートル化
	12月	高知空港、滑走路2000メートル化、ジェット便就航
1984年	3月	富山空港、滑走路2000メートル化、ジェット便就航
1985年	4月	女満別空港開港、滑走路2000メートル、当初からジェット便就航
	7月	鳥取空港、滑走路1800メートル化、ジェット便就航
	11月	帯広空港、滑走路2500メートル化
1986年	3月	那覇空港、滑走路3000メートル化
1987年	4月	徳島空港、滑走路2000メートル化
	6月	稚内空港、滑走路1800メートル化、ジェット便就航
	7月	青森空港開港、滑走路2000メートル、当初からジェット便就航
1988年	3月	岡山空港開港、滑走路2000メートル、当初からジェット便就航
	7月	千歳空港から新千歳空港へターミナル移転、A滑走路3000メートル
	7月	羽田空港、現在のA滑走路3000メートル化
	7月	奄美空港開港、滑走路2000メートル、当初からジェット便就航
	10月	稚内空港、滑走路2000メートル化
	10月	五島福江空港、滑走路2000メートル化、ジェット便就航
	10月	大分空港、滑走路3000メートル化
1989年	6月	新千歳空港国際化(大韓航空就航)
	12月	高松空港開港、滑走路2500メートル、当初からジェット便就航

1990年	3月	青森空港、滑走路2500メートル化
	3月	宮崎空港、滑走路2500メートル化
	4月	仙台空港国際化(アシアナ航空就航)
1990年	7月	中標津空港、滑走路1800メートル化、ジェット便就航
	7月	鳥取空港、滑走路2000メートル化
1991年	3月	成田空港に京成電鉄とJR東日本が乗り入れ
	3月	出雲空港、滑走路2000メートル化
	3月	旧北九州空港ジェット便就航
	6月	岡山空港国際化(大韓航空就航)
	6月	旧広島空港(後の広島西空港)国際化(アシアナ航空就航)
	10月	庄内空港開港、滑走路2000メートル、当初からジェット便就航
	12月	松山空港、滑走路2500メートル化
1992年	4月	高松空港国際化(アシアナ航空就航)
	4月	大分空港国際化(大韓航空就航)
	12月	成田空港第2ターミナル完成
	12月	仙台空港、滑走路2500メートル化
1993年	3月	岡山空港、滑走路2500メートル化
	3月	福島空港開港、滑走路2000メートル、当初からジェット便就航
	3月	福岡空港に市営地下鉄が乗り入れ
	4月	富山空港国際化(アシアナ航空就航)
	7月	石見空港開港、滑走路2000メートル、当初からジェット便就航
	9月	羽田空港「ビッグバード」完成
	10月	広島空港開港、滑走路2500メートル、当初からジェット便、国際線就航
1994年	4月	函館空港国際化(アエロフロート・ロシア航空就航)
	7月	松本空港、滑走路2000メートル化、ジェット便就航
	9月	関西空港開港、滑走路3500メートル、当初からジェット便、国際線就航
1995年	4月	青森空港国際化(大韓航空就航)
	4月	松山空港国際化(アシアナ航空就航)
	11月	マカオ空港開港
1996年	3月	南紀白浜空港、滑走路1800メートル化、ジェット便就航
	3月	米子空港、滑走路2000メートル化
	4月	新千歳空港、B滑走路3000メートル化
	7月	宮崎空港にJR九州が乗り入れ
1997年	2月	旭川空港、滑走路2500メートル化
	3月	中標津空港、滑走路2000メートル化
	3月	羽田空港に新C滑走路(現在のC滑走路)3000メートル

1997年	4月	伊丹空港に大阪高速鉄道（モノレール）が乗り入れ
	7月	久米島空港、滑走路2000メートル化、ジェット便就航
1998年	3月	仙台空港、滑走路3000メートル化
	6月	クアラルンプール・セパン空港開港
	7月	大館能代空港開港、滑走路2000メートル、当初からジェット便就航
	7月	佐賀空港開港、滑走路2000メートル、当初からジェット便就航
	7月	香港・チェクラプコック空港開港
	11月	羽田空港に京浜急行電鉄が乗り入れ
	12月	福島空港、滑走路2500メートル化
1999年	3月	函館空港、滑走路3000メートル化
	4月	名古屋空港国際線新ターミナル完成
	5月	福岡空港国際線ターミナル完成
	6月	利尻空港、滑走路1800メートル化、ジェット便就航
	6月	福島空港国際化（中国東方航空就航）
	10月	上海・浦東空港開港
	11月	紋別空港開港、滑走路2000メートル
2000年	2月	女満別空港、滑走路2500メートル化
	3月	羽田空港に新B滑走路（現在のB滑走路）2500メートル
	7月	紋別空港ジェット便就航
	9月	南紀白浜空港、滑走路2000メートル化
	11月	釧路空港、滑走路2500メートル化
2001年	1月	広島空港、滑走路3000メートル化
	2月	羽田空港で夜間に限って国際チャーター便解禁
	3月	宇部空港、滑走路2500メートル化
	3月	ソウル近郊に仁川空港開港
	3月	アテネ・エレフテリオスヴェニゼロス空港開港
	4月	米子空港国際化（アシアナ航空就航）
	4月	宮崎空港国際化（アシアナ航空就航）
	10月	秋田空港国際化（大韓航空就航）
	10月	岡山空港、滑走路3000メートル化
2002年	4月	成田空港にB滑走路2180メートル
	10月	大島空港、滑走路1800メートル化、ジェット便就航
2003年	7月	能登空港開港、滑走路2000メートル、当初からジェット便就航
	8月	那覇空港に沖縄都市モノレールが乗り入れ
	11月	羽田空港に定期チャーター扱いでソウル便就航（毎日運航）
2004年	2月	高知空港、滑走路2500メートル化

2004年	3月	札幌·丘珠空港、滑走路1500メートル化
	4月	成田空港民営化、正式名称も新東京国際空港から成田国際空港へ
	8月	現在の広州白雲空港開港
	9月	八丈島空港、滑走路2000メートル化
	12月	羽田空港第2ターミナル完成
2005年	2月	中部空港開港、滑走路3500メートル、当初からジェット便、国際線就航
	3月	花巻空港、滑走路2500メートル化
	4月	青森空港、滑走路3000メートル化
	4月	伊丹空港に3発機、4発機の乗り入れ禁止に
2006年	2月	神戸空港開港、滑走路2500メートル、当初からジェット便就航
	3月	北九州空港開港、滑走路2500メートル、当初からジェット便就航、開港の月から国際線就航(中国南方航空)
	3月	種子島空港開港、滑走路2000メートル
	6月	旭川空港国際化(アシアナ航空就航)
	6月	成田空港第1ターミナル南ウイングが拡張オープン、連合ごとの利用に
	7月	隠岐空港、滑走路2000メートル化
2007年	3月	仙台空港に仙台空港鉄道が乗り入れ
	8月	関西空港にB滑走路4000メートル
2008年	6月	JR西日本境線に米子空港駅開業
2009年	6月	静岡空港開港、滑走路2200メートル、当初からジェット便、国際線就航
	8月	静岡空港、滑走路2500メートル化
	10月	成田空港B滑走路2500メートル化
	11月	稚内空港、滑走路2200メートル化
	12月	米子空港、滑走路2500メートル化
2010年	3月	新千歳空港に国際線ターミナル完成
	3月	茨城空港開港、当初からジェット便就航、国際線のみ就航(アシアナ航空)
	4月	茨城空港に国内線就航(スカイマーク)
	4月	徳島空港、滑走路2500メートル化
	7月	京成電鉄成田空港線開業(スカイアクセス線)
	10月	羽田空港新国際線ターミナル完成、D滑走路完成2500メートル

＊空港の開港時期に関しては、表記の日付よりも以前に旧日本軍の施設として使用を始めていたり、不定期運送として民間機が発着していた場合もある。

＊正式には「空港」ではなく「飛行場」である場合も、ここでは「空港」に統一した。

■日本および日本に乗り入れる航空会社のコード

2レター	3レター	会社名	国名	運航の拠点都市	備考
AA	AAL	アメリカン航空	アメリカ	ダラス	
AC	ACA	エア・カナダ	カナダ	トロント	
AF	AFR	エールフランス	フランス	パリ	
AI	AIC	エアインディア	インド	デリー	
AM	AMX	アエロメヒコ	メキシコ	メキシコシティ	
AY	FIN	フィンエアー	フィンランド	ヘルシンキ	
AZ	AZA	アリタリア-イタリア航空	イタリア	ローマ	
BA	BAW	ブリティシュ・エアウェイズ	イギリス	ロンドン	
BC	SKY	スカイマーク	日本	東京	
BR	EVA	エバー航空	台湾	台北	
BX	ABL	エアプサン	韓国	釜山	
CA	CCA	中国国際航空	中国	北京	
CA	CAO	エア・チャイナ・カーゴ	中国	北京	貨物
CI	CAL	チャイナエアライン	台湾	台北	
CK	CKK	中国貨運航空	中国	上海	貨物
CO	COA	コンチネンタル航空	アメリカ	ヒューストン	
CV	CLX	カーゴルックス	ルクセンブルク	ルクセンブルク	貨物
CX	CPA	キャセイパシフィック航空	中国	香港	
CZ	CSN	中国南方航空	中国	広州	
C8	ICV	カーゴルックス・イタリース	イタリア	ミラノ	貨物
DL	DAL	デルタ航空	アメリカ	アトランタ	
D7	XAX	エアアジアX	マレーシア	クアラルンプール	
EK	UAE	エミレーツ航空	アラブ首長国連邦	ドバイ	
EY	ETD	エティハド航空	アラブ首長国連邦	アブダビ	
FM	CSH	上海航空	中国	上海	
FW	IBX	IBEXエアラインズ	日本	仙台	
FX	FDX	フェデックス	アメリカ	メンフィス	貨物
GA	GIA	ガルーダ・インドネシア航空	インドネシア	ジャカルタ	
HA	HAL	ハワイアン航空	アメリカ	ホノルル	
HD	ADO	北海道国際航空	日本	新千歳	
HU	CHH	海南航空	中国	海口	
HX	CRK	香港航空	中国	香港	
HY	UZB	ウズベキスタン航空	ウズベキスタン	タシケント	
HZ	SHU	サハリン航空	ロシア	ユジノサハリンスク	
IR	IRA	イラン航空	イラン	テヘラン	
JH	FDA	フジドリームエアラインズ	日本	静岡	
JL	JAL	JAL	日本	東京	
JQ	JST	ジェットスター	オーストラリア	ケアンズ	
KA	HDA	香港ドラゴン航空	中国	香港	
KE	KAL	大韓航空	韓国	ソウル	
KL	KLM	KLMオランダ航空	オランダ	アムステルダム	
KZ	NCA	日本貨物航空	日本	東京	貨物
LD	AHK	エア・ホンコン	中国	香港	貨物
LH	DLH	ルフトハンザ	ドイツ	フランクフルト	
LH	GEC	ルフトハンザカーゴ	ドイツ	フランクフルト	貨物
LJ	JNA	ジンエアー	韓国	ソウル	
LQ	SNJ	ソラシドエア	日本	東京	

2レター	3レター	会社名	国名	運航の拠点都市	備考
LX	SWR	スイス インターナショナル エアラインズ	スイス	チューリヒ	
MF	CXA	厦門航空	中国	厦門	
MH	MAS	マレーシア航空	マレーシア	クアラルンプール	
MS	MSR	エジプト航空	エジプト	カイロ	
NH	ANA	ANA	日本	東京	
NU	JTA	日本トランスオーシャン航空	日本	那覇	
NX	AMU	マカオ航空	中国	マカオ	
NZ	ANZ	ニュージーランド航空	ニュージーランド	オークランド	
OM	MGL	MIATモンゴル航空	モンゴル	ウランバートル	
OS	AUA	オーストリア航空	オーストリア	ウイーン	
OZ	AAR	アシアナ航空	韓国	ソウル	
PK	PIA	パキスタン航空	パキスタン	カラチ	
PO	PAC	ポーラーエアカーゴ	アメリカ	ニューヨーク	貨物
PR	PAL	フィリピン航空	フィリピン	マニラ	
PX	ANG	ニューギニア航空	ニューギニア	ポートモレスビー	
QF	QFA	カンタス航空	オーストラリア	シドニー	
QR	QTR	カタール航空	カタール	ドーハ	
RU	ABW	エアブリッジ・カーゴ	ロシア	モスクワ	貨物
SB	ACI	エアカレドニアインターナショナル	ニューカレドニア	ヌーメア	
SC	CDG	山東航空	中国	済南	
SK	SAS	スカンジナビア航空	北欧3カ国	コペンハーゲン	
SQ	SIA	シンガポール航空	シンガポール	シンガポール	
SQ	SQC	シンガポール航空カーゴ	シンガポール	シンガポール	貨物
SU	AFL	アエロフロート・ロシア航空	ロシア	モスクワ	
TG	THA	タイ国際航空	タイ	バンコク	
TK	THY	トルコ航空	トルコ	イスタンブール	
TN	THT	エア タヒチ ヌイ	タヒチ	パペーテ	
UA	UAL	ユナイテッド航空	アメリカ	シカゴ	
UL	ALK	スリランカ航空	スリランカ	コロンボ	
UO	HKE	香港エクスプレス航空	中国	香港	
VN	HVN	ベトナム航空	ベトナム	ホーチミン	
VS	VIR	ヴァージン アトランティック航空	イギリス	ロンドン	
XF	VLK	ウラジオストク航空	ロシア	ウラジオストク	
Y8	YZR	揚子江快運航空	中国	上海	貨物
ZE	ESR	イースター航空	韓国	ソウル	
ZH	CSZ	深圳航空	中国	深圳	
3K	JSA	ジェットスター・アジア航空	シンガポール	シンガポール	
5J	CEB	セブパシフィック航空	フィリピン	マニラ	
5X	UPS	UPS	アメリカ	ルイーズビル	貨物
7C	JJA	チェジュ航空	韓国	済州島	
7G	SFJ	スターフライヤー	日本	北九州	
8Y	CYZ	中国貨運郵政航空	中国	天津	貨物
9C	CQH	春秋航空	中国	上海	
	AHX	天草エアライン	日本	天草	
	CUK	新中央航空	日本	調布	
	NGK	オリエンタルエアブリッジ	日本	長崎	
	NTH	北海道エアシステム	日本	札幌	

〔著者略歴〕 谷川一巳（たにがわ・ひとみ）

1958年（昭和33）、横浜市生まれ。日本大学卒業。旅行会社勤務を経てフリーランスライターに。雑誌、書籍で世界の公共交通機関や旅行に関する執筆を行う。利用した航空会社は90社以上、訪れた空港は230以上になる。著書に『旅客機・空港の謎と不思議』『旅客機・航空会社の謎と不思議』『空港・航空券の謎と不思議』『普通列車の謎と不思議』『地下鉄の謎と不思議』（以上、東京堂出版）、『ローカル線ひとり旅』『速さだけが空の旅か』（以上、光文社）、『ローカル線こだわりの旅』（角川書店）、『バスの雑学読本』『フェリー活用読本』（以上、中央書院）、『航空検定』（河出書房新社）などがある。

●本文記事は、平成23年10月現在のものです。

まだある旅客機・空港の
謎と不思議

平成23年11月20日　初版印刷
平成23年11月30日　初版発行

©Hitomi Tanigawa, 2011
Printed in Japan
ISBN978-4-490-20751-4 C0065

著　者　　谷川一巳
発行者　　松林孝至
印刷製本　図書印刷株式会社
発行所　　株式会社東京堂出版
〒101-0051 東京都千代田区神田神保町1-17
電話03-3233-3741 振替00130-7-270

東京堂出版の鉄道・交通趣味書

地域に密着した多彩な車両

普通列車の謎と不思議

谷川　一巳
四六判　1890円

“空の旅”の疑問が氷解!

旅客機・空港の謎と不思議

谷川　一巳
四六判　1680円

「見える」「撮れる」部屋から列車を堪能

鉄道ファンのためのトレインビューホテル

伊藤　博康（鉄道フォーラム）
A5判　1995円

読めば乗った気になる、世界の空の旅

旅客機・航空会社の謎と不思議

谷川　一巳
四六判　1680円

ローカル線の問題点と代替化の影響

鉄道・路線廃止と代替バス

堀内　重人
A5判　2100円

大きく変わる空の旅の現状と今後

空港・航空券の謎と不思議

谷川　一巳
四六判　1680円

通勤や観光輸送で大活躍!

私鉄・車両の謎と不思議

広岡　友紀
四六判　1680円

日本の全路線の開業の経緯と車両の特徴

地下鉄の謎と不思議

谷川　一巳
四六判　1680円

（価格は税込です。改定することがありますので、あらかじめご了承下さい）